KB109492

유튜버가 말하는

유튜버

인터뷰어 런업(김찬준)

인터뷰이 연애 멘토링 채널 〈김달의 연애학개론〉 | 영화 리뷰 채널 〈민호타우르스〉 | 경제경영 채널 〈신사임당〉 | 테크 리뷰 채널 〈가전주부 GJJB〉 | 코미디 채널 〈리도동동 Leedo〉 | 생활 법률 채널 〈법알못 가이드〉 | 미니멀라이프 채널 〈강과장〉 | ASMR 채널 〈윔잇 ASMR〉 | 글로벌 브이로그 채널 〈윤선 YoonSun〉 | 테크 리뷰 채널 〈이상한 나라의 영태형〉 | 베이핑 트릭 채널 〈테일러 909〉 | 사업 멘토링 채널 〈정찬영 dobby〉 | 독서·영어 교육 채널 〈서메리 MerrySeo〉 | 직장 브이로그 채널 〈택배아저씨 Taek-A〉 | 교양 미술 채널 〈김찬용의 아싸티비〉 (이상 원고 게재 순)

유튜버가 말하는 유튜버

2019년 12월 5일 초판 1쇄 발행
2022년 5월 30일 초판 2쇄 발행

지은이 런업(김찬준) | 펴낸곳 부키(주) | 펴낸이 박윤우
등록일 2012년 9월 27일 | 등록번호 제312-2012-000045호
주소 03785 서울 서대문구 신촌로3길 15 산성빌딩 6층
전화 02) 325-0846 | 팩스 02) 3141-4066
홈페이지 www.bookie.co.kr | 이메일 webmaster@bookie.co.kr
제작대행 올인피앤비 bobys1@nate.com
ISBN 978-89-6051-759-2 14300
ISBN 978-89-85989-61-9(세트)

책값은 뒤표지에 있습니다.
잘못된 책은 구입하신 서점에서 바꿔 드립니다.

이 도서의 국립중앙도서관 출판예정도서목록(CIP)은 서지정보유통지원시스템 홈페이지(http://seoji.nl.go.kr)와 국가자료공동목록시스템(http://www.nl.go.kr/kolisnet)에서 이용하실 수 있습니다.(CIP제어번호: CIP2019045746)

부키 전문직 리포트 23

유튜버가 말하는
유튜버

16명의 유튜버들이
솔직하게 털어놓은
유튜버의 세계

런업(김찬준) 지음

부·키

들어가는 말

1장 매력적인 유튜브 크리에이터의 세계

2장 낮에는 직장인, 밤에는 유튜버를 꿈꾸다

3장 유튜브의 확장 가능성을 발견한 사람들

유튜브 크리에이터들의 일과 일상,
삶과 꿈을 들여다보다

| 런업 |

사람, 세상, 테크에 관심이 많은 유튜브 크리에이터. 브이로그가 중점이지만 제품 리뷰와 여러 직종의 종사자들을 만나 인터뷰하는 등 다방면의 콘텐츠를 선보이고 있다. 한때 잘나가던 영어 강사였으며 직접 학원을 운영하기도 했지만 공황장애를 겪으면서 일과 일상, 모든 것을 내려놓게 되었다. 그러나 유튜브를 시작하면서 이를 극복하고 새로운 일과 일상을 만들어 가고 있다. 이미 어른이 되었어도 얼마든지 더 배우고 성장할 수 있으며, 나아가 흥미롭고 재미있는 일을 '업'으로 삼을 수 있다고 믿는다. 그래서 자신의 채널이 호기심 많은 어른들의 놀이터가 되기를 희망한다. 빼어난 영상미와 감각적인 편집으로 약 24만 명의 구독자들로부터 절대적인 지지를 받고 있다(2022년 5월 기준).

출판사로부터 이 책의 집필을 제안받았을 때가 2019년 초였습니다. 아직 1년이 채 지나지 않은 지금, 놀랍게도 유튜브 환경은 사뭇 달라졌습니다. 처음 집필을 시작할 때만 해도 많은 이가 유튜브라는 블루오션을 발판 삼아 자신의 꿈을 펼치겠다며 장밋빛 꿈에 부풀었습니다. 유튜브가 대중적으로 널리 인기를 얻으면서 언론으로부터도 크게 주목받았습니다. 유튜브 크리에이터가 되기 위해 지지부진한 직장 생활을 그만두는 사람도 많이 생겼습니다.

2020년을 앞둔 지금, 사람들은 벌써부터 유튜브가 레드오션이냐고 묻습니다. 연예인이나 유명인이 유튜브 채널을 개설해 단숨에 수십만, 수백만 구독자를 모으기도 합니다. 혹은 이미 자리를 잡은 대형 크리에이터들이 그동안 쌓은 내공만큼 커진 자본력을 바탕으로 커다란 스케일의 프로젝트를 선보이기도 합니다. 다소 느슨했던 유튜브의 규제도 정비되었기 때문에, 저작권 문제에 철저하게 대응하지 못하는 채널들은 바뀐 유튜브 정책에 의해 도태되고 있는 상황입니다. 순식간에 높아진 유튜브의 장벽 앞에서 신규 크리에이터들은 몸을 사릴 수밖에 없습니다. 얼마 전까지만 해도 1인 1채널 시대가 온다는 분위기였는데 이제는 '누구나 유튜버가 될 수 있다'고 말하기 어렵게 되었습니다.

하지만 유튜브가 레드오션이 되었다는 이야기는 거꾸로 생각하면 그만큼 많은 시청자를 확보했다는 뜻이기도 합니다. 수많은 기업과 기관에서 유튜브에 집행하는 광고비의 규모는 공중파 방송의 그것을 훌쩍 뛰어넘은 지 오래입니다. 전자 기기에 익숙하지 못한 중장년층, 심지어 노년층마저 유튜브를 즐겨 시청하게 되면서 지상파 방송의 입지는 흔들리고 전에 없던 미디어 소비 시장이 형성되었습니다. 보다 정교해진 자막 서비스가 언어와 국가의 장벽을 뛰어넘게 해 주고, ASMR 장르처럼 언어가 아닌 영상과 음악만으로 이루어진 신선한 콘텐츠가 주류로 부상하면서 세계는 유튜브를 통해 한층 더 가까워졌습니다. 이 세상 어딘가에 존재했지만 그동안 우리 눈에 보이지 않았고 그래서 알 수 없었던 수많은 문화가 유튜브를 통해 향유되고 있습니다. 어떤 시각에서는 유튜브가 레드오션이 되었다기보다는 늘어난 크리에이터의 숫자만큼 그 영역이 확장된 것이라고 볼 수 있겠지요.

그동안 만난 여러 크리에이터와 그들의 채널은 주제도, 운영 방식도, 구독자의 성향도 모두 달랐습니다. 세상에 존재하는 수많은 유튜브 채널 중에서 완전히 똑같은 모습의 채널은 없습니다. 마찬가지로 모든 크리에이터에게 통용되는 단 한 가지 성공 공식 또한 존재하지 않습니다. 이 책을 쓰기 시작하면서 단순히 구독자 수가 많은 대형 채널보다는 다양한 형태와 내용을 담은 흥미로운 채널들을 탐방하고자 했습니다. 그리고 여러 크리에이터를 만나면서 유튜브 생태계란 제가 생각한 것보다 훨씬 더 다채로운 채널들이 공존하는 곳임을 깨달았습니다. 여러분도 '유튜버는 이렇고, 유튜브 채널은 이럴 것'이라는 막연한 고정관념은 버리는 게 좋습니다. 본업을 포기하고 유튜브 활동에 전념하여 소기의 성과를 낸 크리에이터가 있는가 하면, 역으로 본업과의 연계를 통해 두 마리 토끼를 모두 잡은 크리에이터도 있습니다. 구독자 수나 조회 수가 많지 않아도 다루는 주제가 희소하거나 영상의 완성도가 높아 다양한 협업의 기회를 얻은 유튜버도 있습니다. 또한 국내보다 해외에서 먼저 알려지고 인기를 얻어 성장한 크리에이터와 채널도 있습니다. 무엇보다 자신의 콘텐츠를 통해 세상에 메시지를 전하고 싶은 유튜버만큼, 세상 어딘가에서 그 메시지를 듣고자 하는 사람도 많습니다.

저는 여러 공통 질문과 개별 질문을 통해 유튜브에서 성공적으로 자리를 잡은 크리에이터들이 처음에는 어떤 마음가짐으로 유튜브 활동을 시작했는지, 그들의 수익 모델은 어떤지, 어떤 성격의 사람이 유튜버라는 직업에 적합할지 등을 살펴보고자 했습니다. 그리고 채널을 운영하는 데 있어 힘들거나 즐거운 점은 무엇이고 어려움은 어떻게 극복했는지 등 현장의 생생한 목소리를 이 책에 담고자 했습니다. 각각의 답변 속에서 모두가 입을 모아 강조하는 공통된 조언도 발견할 수 있었습니다. 부디 이 책을 통해 유튜브 크리에이터를 꿈꾸는 사람뿐 아니라 이미 채널을 운영하고 있는 이들이 실질적인 정보와 통찰을 얻을 수 있으면 좋겠습니다. 또한 기꺼이 인터뷰에 응하여 경험과 깨달음을 나누어 준 크리에이터들에게 감사의 말씀을 전합니다.

1장

매력적인 유튜브 크리에이터의 세계

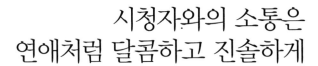

시청자와의 소통은
연애처럼 달콤하고 진솔하게

― 연애 멘토링 채널 〈김달의 연애학개론〉

| 김달 |

대한민국 대표 연애 유튜브 크리에이터. 그의 채널은 약 77만 명이 구독하고 있으며 총 누적 조회 수는 2억 8000만 뷰를 돌파했다(2022년 5월 기준). 사랑과 연애에 관한 다양한 문제와 고민에 대하여 명쾌하고 현실적인 조언과 솔루션을 선사한다. 이러한 내용을 엮어 《쓰레기처럼 사랑하라》라는 책을 펴냈다. 남녀 관계뿐 아니라 대인관계와 인생에 대한 멘토링에도 힘쓰고 있다.

사회 구조가 단순하고 변화가 크지 않았던 시절에는 주변 어른들이 살아가는 방식을 보고 배웠다. 학교를 다니고 직업을 가지고 적령기가 되면 결혼을 하고 아이를 낳는 것처럼 인생의 경로를 크게 벗어날 필요 없이 대부분 비슷한 삶을 살았기 때문에 미래도 충분히 예측 가능했다. 그런데 지금은 다르다. 미래에 대한 예측 가능성이 줄어들고 안전한 길도 존재하지 않는다. 남과 똑같이 살면 되는 줄 알았는데 그 기준이 모호해진 것이다. 그럴수록 개인은 자신이 처한 상황에 대해 빠른 판단을 내려야 한다. 하지만 자신과 비슷한 길을 걸었던 선배들의 조언이 없으니 판단하기가 쉽지 않다. 그래서 사람들은 멘토를 찾는다. 당장 이번 시즌에 유행할 운동화가 무엇인지부터 인생의 크고 작은 문제와 방향에 대해 현명한 조언을 해 줄 각 분야의 전문가가 필요해진 것이다. 특히 인간관계, 그중에서도 남녀 관계는 예전보다 더욱 복잡해졌다. 과거에는 때가 되면 결혼에 적합한 배우자를 만나는 게 목표였다면 지금은 결혼 시기도 늦어지고 비혼주의도 늘어났다. 연애의 형태도 다양해졌고 그 수만큼 고민도 많아졌다.

유튜버 김달은 바로 이 지점을 꿰뚫어 보았다. 생각보다 많은 사람이 연애 문제를 고민하고 이것은 곧 자존감 문제로 이어진다는 사실을 말이다. 그 사실이 안타까웠던 김달은 본인이 깨달은 바를 공유하게 되었고 그 결과는 기대치도 못한 대성공이었다. 본격 연애 및 인생 상담 유튜버는 이렇게 탄생하게 되었다. 김달은 어떤 통찰력을 가지고 유튜버로서 성공적으로 안착할 수 있었을까? 남들과 어떤 점이 달랐기에 낯선 장르를 대중화시킬 수 있었을까?

라이브 방송을 바탕으로 영상을 만들다

현재 운영하는 채널의 주제는 무엇이고 어떤 특징이 있습니까?

제 채널은 기본적으로 연애 채널입니다. 지금 현재 연애를 하고 있거나 헤어진 이들의 고민을 상담하고 있지요. 일단 라이브(실시간 스트리밍) 방송으로 고민 상담을 하고 그중 많은 사람의 공감대를 얻을 수 있겠다 싶은 부분을 편집해 유튜브 영상으로 만들어 업로드하고 있지요. 일주일에 2번, 자정부터 새벽 4~5시까지 방송하고 여기서 2~6개 정도를 업로드용 영상으로 편집합니다.

그냥 제 개인적으로 유추해 본 결과로는

:: 늦은 밤까지 이어지는 라이브 방송을 통해 시청자들의 연애 문제나 대인관계 문제를 상담해 준다.

김달 님의 하루 일과가 궁금한데요.

제 일상은 밤낮이 바뀌어 있어요. 라이브 방송을 하는 날은 보통 저녁 9~10시쯤 일어나서 곧바로 방송을 시작합니다. 새벽 5시쯤 방송을 마치면 영상을 추출하는 데 2~3시간 정도 걸려요. 그리고 바로 편집에 들어가지요. 이 흐름이 끊기면 일이 잘되지 않기 때문에 잠을 안 자고 계속 작업을 이어 갑니다. 그렇게 모든 작업을 마치면 오후 1~2시가 되는데 그때에야 비로소 잠자리에 들지요. 라이브를 한 다음 날은 방송을 쉬니까 저녁에 일어나서 다시 편집에 집중합니다.

영상 편집을 도와주는 분이 있나요?

처음에는 혼자서 다 했는데 어느 시점부터 벅차더라고요. 그래서 여자 친구에게 도움을 청했지요. 초반에는 조금 일을 덜어 주는 수준이었는데 지금은 여자 친구가 편집을 더 많이 하고 있습니다. 제 성격이나 작업 스타일, 중요하게 여기는 부분을 누구보다 잘 알기 때문에 손발을 빨리 맞출 수 있었지요. 여자 친구 덕분에 저는 편집에 들이는 시간을 절약해서 영상 퀄리티를 높이는 데 할애하고 있습니다.

본격적으로 유튜버 활동을 시작하기 전에 고민해야 할 부분이 바로 편집 담당을 결정하는 일이다. 영상 전공자가 아닌 일반인이 처음부터 카메라와 편집 프로그램을 능숙하게 다루기란 쉽지 않다. 그래서 본인은 출연만 하고 촬영과 편집을 다른 사람에게 맡기는 경우도 많다.

김달의 상담 콘텐츠는 한 장소에서 진행된 긴 라이브 방송을 여러 개의 짧은 영상으로 나누었다는 특징이 있다. 그러다 보니 촬영보다는 편집의 비중이 높다. 이 과정에서 여자 친구와의 협업이 가능한 이유는 김달이 혼자서 편집을 도맡아 해 봤고 이를 통해 나름의 작업 기준과 틀이 정립되었기 때문이다. 그러므로 유튜브를 처음 시작할 때 가능하면 편집자를 따로 두지 말고 우선 스스로 편집해 보는 것이 좋다. 편집자의 도움을 받는 것은 어느 정도 채널이 안정된 이후에 해도 괜찮다.

구독자와의 소통으로 콘텐츠를 발굴하다

주제 선정은 어떻게 하나요?

처음에는 사람들이 많이 궁금해하거나 관심을 가질 만한 주제로 라이브를 시작합니다. 이를 테면 썸과 어장 관리, 환승 이별, 상대방의 음주나 바람 같은 문제들 말이죠. 시청자마다 처한 상황이나 궁금한 주제가 다르니까 개별적인 질문이 들어오면 그때그때 '즉문즉설' 방식으로 진행합니다.

주제나 소재는 고갈되기 마련이잖아요. 영감을 주로 어디서 얻으세요?

저와 주변 사람들의 경험이 가장 큰 원천이죠. 그리고 상담 요청 댓글에서 주제를 선택하기도 합니다. 때로 라이브 방송 중 채팅창에 달리는 글들을 보기도 하는데요. 하지만 채팅창에서 얻은 소재는 즉흥적이기 때문에 충분히 고민하지 못한 채 대답할 수도 있어서 되도록 댓글을 참고합니다. 깊이 생각하고 신중해야 좋은 조언을 할 수 있으니까요.

자신에게 특별했던 에피소드를 하나 소개해 주세요.

제가 《쓰레기처럼 사랑하라》라는 책을 출간했는데요. 이 책의 바탕이 된 게 '쓰레기처럼 연애하세요'라는 제목의 영상입니다. 이 영상은 라이브 방송을 편집해서 만든 첫 영상이에요. 이전까지는 업로드용 영상을 따로 촬영해서 만들었지요. 그런데 라이브 방송의 시청자들이 "이 부분은 잘라 내서 따로 올리면 좋을 것 같다"는 의견을 주었어요. '쓰레기처럼 연애하세요' 영상은 그렇게 탄생했습니다. 그리고 기대 이상으로 좋은 반응을 얻었고요. 이 영상 덕분에 제가 이렇게 성장할 수 있었습니다.

김달 님 콘텐츠의 특징은 무엇인가요?

제 영상 콘텐츠들은 영상미보다는 대화가 위주입니다. 그리고 시청자들은 꾸준히 방문하기보다 연애 중 힘든 상황에 닥쳤을 때 찾아오는

:: 서울에서 진행되었던 《쓰레기처럼 사랑하라》 출간 기념 사인회 모습. 오프라인에서 시청자들과 소통했던 소중한 시간이었다.

경향이 강하죠. 자기 문제에 대한 답을 얻으면 떠나가고 새로운 이들이 새로운 문제를 안고 찾아오는 겁니다. 유튜버 입장에서는 어려운 상황이지만 시청자들을 생각하면 좋은 일이기도 합니다. 힘들고 아파서 제 채널을 찾아왔더라도 제게서 답을 얻고 힘든 상황에서 빨리 벗어났으면 좋겠거든요.

김달은 시청자들의 연애 고민에 실질적인 도움을 주기 위해 신중을 기한다. 가벼운 마음과 듣기 좋은 말만 늘어놓는 것이 아니라, 반드시 필요한 조언을 주기 위해 시간과 노력을 들여 고민하는 것이다. 바로 이런 진정성이야말로 채널의 성공 비결이 아니었을까.

'1일 1영상 업로드'라는 목표 의식

업로드 주기는 어떻게 되나요?

일주일에 6번 영상을 올립니다. 처음 유튜브를 시작할 때 다른 이들의 영상을 많이 참고했는데 다들 영상을 꾸준히 업로드하는 게 답이라고 하더군요. 그래서 되든 안 되든 무조건 자주 영상을 올렸습니다. 그중 하나라도 좋은 반응을 얻으면 나를 좋아해 주는 사람도 생기지 않을까 싶었지요.

매일 영상을 업로드하거나 5시간이 넘게 라이브 방송을 하는 건 쉽지 않잖아요? 따로 연습이나 훈련을 하나요?

처음에는 무척 힘이 들었지만 지금은 몸이 따라오더라고요. 사람마다 자기에게 맞는 일이 있잖아요? 5시간씩 라이브 방송을 하는 건 누구에게는 힘에 부치는 일이지만 저는 그렇게 힘들지 않았습니다. 이런 성향은 어느 정도 타고나는 것 같아요.

육체적으로 힘든 건 둘째 치고, 채널의 성격상 하소연을 하는 시청자가 많은데 이를 5년 동안 들어주는 게 결코 쉬운 일은 아닐 겁니다. 답변하기 난처한 질문을 하는 경우는 없었나요?

가끔 스스로 답을 정해 놓고 질문하는 시청자들이 있는데 이런 경우 꽤 곤란합니다. 그리고 유튜버 활동 초반에는 저에 대해 묻는 질문이 많았어요. 몇 살이냐, 어디에 사느냐, 연애는 얼마나 했느냐 등등. 그래서 그런 질문은 안 받겠다고 했었지요. 그런데 곰곰 생각해 보니 '시청자들이 나를 잘 모르면 내 조언이나 답변도 이해하기 힘들지 않을까'

라는 생각이 들었습니다. 그래서 저에 대한 시청자들의 관심은 제가 감당해야 하는 부분이라고 판단했고 답은 못 할지언정 이것 때문에 스트레스는 받지 말자고 다짐했습니다.

3년의 기다림 끝에 찾아온 터닝 포인트

유튜버를 꿈꾸는 청소년에게 알려 주고 싶은 힘든 점은 무엇이 있을까요?

제가 생각하는 유튜버로서의 어려움은 첫째로 금전적인 부분입니다. 이게 따라와야 생활이 되니까요. 둘째로 자기 얼굴이 알려지는 것에 대한 두려움입니다. 내 영상을 지인이 보는 걸 꺼리는 사람이 많잖아요. 셋째로 악플입니다. 악플을 일일이 신경 쓰게 되면 내가 하고 싶은 대로 할 수 없고 제삼자의 의견을 따라가게 됩니다. 결국 자기 채널의 정체성을 잃어버릴 수 있지요. 저는 스스로 결심하면 끝까지 해 보는 편입니다. 그리고 남이 나를 어떻게 보는지, 어떻게 생각하는지 별로 신경 쓰지 않는 성격이어서 얼굴이 알려지는 게 두렵지 않았습니다. 사실 저는 금전 문제가 가장 힘들었어요. 안정된 생활을 유지하기 위해 직장과 유튜브를 병행하기도 했고, 실제로 아르바이트나 영업일을 하면서 유튜브를 잠시 포기한 적도 있었지요. 그런데 유튜브를 하고 싶다는 생각이 머릿속에서 떠나질 않더라고요.

그런 힘든 시기를 어떻게 극복했나요?

유튜버가 되려면 아집을 내려놔야 합니다. 그런데 자기 스스로 그러한 필요를 느끼지 못하면 내려놓기 힘들지요. 자기 자신을 보는 시야는 좁을 수밖에 없어요. 하지만 타인은 내게서 내가 보지 못하는 것들을 보죠. 유튜브를 하면서 남들이 하는 말을 모두 들을 필요는 없지만 저는 그중 몇 가지를 시도해 봤어요. 그리고 덕분에 제 적성에 맞는 걸 발견하게 되었습니다.

지금의 연애 콘텐츠도 아집을 버렸기 때문에 시작할 수 있었던 거죠?

네, 맞습니다. 사실 연애 콘텐츠는 생각도 하지 못했습니다. 그런데 여자 친구가 조언을 해 주었지요. 유튜브에는 먹방, 키즈, 게임, 뷰티 등 여러 콘텐츠가 있는데 연애는 몇몇 웹드라마 말고는 상담 콘텐츠가 없더라, 그러니 도전해 보라고 말입니다. 처음에 저는 완강하게 반대했습니다. 제가 여자 친구보다 유튜브를 더 잘 안다고 여겼거든요. 그리고 연애 콘텐츠는 성공 가능성이 없다고 생각했습니다. 그런데 많은 사람이 자기 분야에 대해서 잘 안다는 생각 때문에 놓치는 부분이 많습니다. 사실 아무 상관없는 사람이 더 정확하게 볼 때가 있지요.

김달 님은 어떻게 아집을 내려놓고 그 조언을 수용했나요?

사실 저는 그때 궁지에 몰렸습니다. 더 이상 떠오르는 콘텐츠도 없고, 경제적으로도 한계 상황에 봉착했지요. 다니던 회사를 그만두고 유튜버 생활에 '올인'해서 반년 안에 승부를 내자고 결심했던 터라 더 이상 물러설 곳이 없었습니다. 그렇게 고집을 버리고 여자 친구의 조언을 따랐던 것이 주효했습니다.

유튜버에게는 자신이 하고 싶은 콘텐츠도 중요하지만 거기에 갇혀서도 안 되겠군요.

어느 한쪽에 치우치지 말고 내가 하고 싶은 것과 남들이 추천하는 것들을 조율하면서 조화롭게 시도해 보면 좋겠습니다.

그렇다면 고집을 꺾지 않았던 과거의 노력은 의미가 없는 걸까요?

그럴 리가요. 그때 모든 것을 제 고집대로 해 봤기 때문에 지금도 미련이 없는걸요.

유튜버는 아집과 열린 마음 중간 어디쯤에 서야 할까? 채널 운영에 있어 내가 옳다고 믿는 방향으로 밀어붙이는 뚝심은 중요하다. 하지만 내 비전에 몰입된 나머지 큰 그림을 보지 못하는 우를 범할 수도 있다. 반대로 자신의 심지는 없고, 대세나 잘될 것 같은 트렌드만 쫓아다니면서 채널의 정체성을 다른 이들의 판단에 맡기는 자세도 곤란하다. 유튜브는 대표적인 1인 방송 플랫폼인 만큼 나의 세계관을 표현할 수 있는 철저한 개인주의적 수단이다. 아울러 시청자가 있어야 존재할 수 있는 소통 수단이기도 하다. 자신의 중심을 단단히 세우고 정체성과 스타일을 채널에 담되, 나에게 공감해 주는 사람들의 의견에 항상 귀를 기울일 수 있는 유연한 자세가 필요하다.

유튜버는 일종의 자영업자

유튜브를 처음 시작한 건 언제입니까?

저는 아프리카TV에서 처음 방송을 시작했습니다. 적은 자본으로

:: 부산에서 진행되었던 《쓰레기처럼 사랑하라 크리스마스 에디션》 출간 기념 사인회 모습.

시작할 수 있는 창의적인 일이 무얼까 고민하다고 떠올린 것이 개인 방송이었습니다. 그래서 컴퓨터, 조명, 마이크를 준비했지요. 하지만 방송 초창기에는 시청자 수가 20~30명뿐이었고 더 늘지 않았습니다. 플랫폼을 옮겨도 이것보다 못하진 않겠다는 생각이 들었습니다. 2015년부터 유튜브 붐이 일면서 많은 아프리카TV 방송인들이 유튜브로 넘어갔습니다. 그래서 저도 유튜브로 진출했지요. 유튜브 활동 초기의 콘텐츠는 사실 중구난방이었습니다. 하지만 제 라이브 방송을 100명 넘는 사람들이 시청했습니다. 감사의 절이라도 올리고 싶었습니다. 아프리카TV에서는 자극적인 콘텐츠가 잘되죠. 그에 비해 유튜브는 정보성이 강한 콘텐츠가 인기입니다. 제 콘텐츠의 성향은 아프리카TV보다 유튜브에 더 잘 맞았던 거죠.

유튜브의 장래를 어떻게 보십니까?

유튜브의 미래는 무궁무진합니다. 하지만 그리되려면 크리에이터들의 힘이 받쳐 줘야 하지요. 싸이월드나 네이버처럼 유튜브도 시들해질 지 모르죠. 만약 그렇게 되면 나는 어쩌나 걱정이 되기도 합니다. 하지 만 유튜브가 플랫폼으로서 공고하니 크리에이터들의 수준 높고 다양 한 콘텐츠가 채워진다면 문제는 없을 것 같습니다.

'유튜버'로 불리면 기분이 어떤가요?

저는 유튜버보다 크리에이터라는 명칭이 더 마음에 들지만 어쨌든 기분이 좋습니다. 사실 스스로 유튜버라고 밝히면 사람들은 구독자 수 부터 물어봅니다. 그래서 구독자 수가 일이천 명이었을 때는 유튜버라 고 밝히지 못했던 적도 있습니다.

유튜버 생활의 장단점은 무엇일까요?

직장에 구애받지 않고 자유롭게 일할 수 있어서 좋습니다. 정해진 업무만 해야 하는 것보다 자유로우니까요. 시간적인 여유는 없지만 대 신 조율할 수 있습니다. 사실 유튜버는 보통의 직장인보다 시간적으로 더 쫓깁니다. 채널의 정체성이 잡히면 일이 늘어나요. 이것저것 스스로 하고 싶은 일을 찾아야 되고 그게 많아져서 늘 분주하죠.

단점은 아무도 나를 통제하지 않으니 나태해질 수 있다는 점입 니다. 그래서 저는 시청자들에게 약속을 많이 해요. 그 약속을 어기는 것이 두려워서라도 바빠 일을 하게 됩니다.

학창 시절은 어땠나요?

저는 크게 튀지 않는 조용한 학생이었어요. 대구 대륜고등학교를 다녔는데 공부를 잘하는 학교였어요. 점심시간에도 자습을 하는 분위기였지요. 저는 공부를 잘하지는 못했지만 열심히는 했습니다. 그리고 소위 말하는 노는 무리에 끼지 않으려고 노력했지요.

유튜버로서 적합한 성격은 무엇일까요?

유튜버라면 완벽주의까지는 아니더라도 꼼꼼하면 좋습니다. 본인은 스트레스를 받겠지만 시청자들은 완성도 높은 콘텐츠를 볼 수 있으니까요. 저는 자막에 오자가 있거나 띄어쓰기를 틀리면 그 영상은 업로드하기가 꺼려집니다. 유튜브 시청자들 중에는 예전 영상을 찾아보는 사람이 많습니다. 그러므로 영상을 처음부터 탄탄하게 만들면 예전 영상이라도 보기 좋겠지요.

굳이 유튜버를 분류하자면 '자영업자'다. 내 사업을 경영하는 것이니까. 자유로운 만큼 자기 통제력도 필요하다. 일이 잘 풀리지 않을 때의 책임과 고통을 남에게 떠넘길 수 없다. 온전히 나의 몫이다. 유튜버로서 일정한 생활 리듬과 체계가 없다면 성공하기 힘들고, 성공하더라도 롱런하기 힘들다. 그러므로 철저하게 사업체를 운영한다는 마인드가 필요하다. 하지만 나를 통제하는 이가 직장 상사나 회사 규율이 아닌 자신이라는 점에서 유튜버는 무척 매력적인 직업이다.

성공 이후에 찾아오는 다양한 고민들

유튜버 활동을 계속할 수 있는 원동력은 무엇인가요?

유튜버는 육체적으로 많은 힘이 듭니다. 4~5시간씩 라이브 방송을 하고, 그 이상으로 편집 작업에 시간이 소요되거든요. 가만히 앉아서 하는 일인데 힘들 게 뭐가 있냐고 할 수 있지만 강도 높은 집중력과 인내를 요하는 일입니다. 그런데도 계속하는 이유는 좋아서죠. 무슨 일이든 하고 싶어야 합니다. 직장도 마찬가지고요. 내가 다니고 싶은 직종이어야 오래 다닐 수 있지요. 저는 남들에게 제가 아는 것을 공유해 주는 데서 즐거움을 찾습니다. 이것은 오지랖이라고도 할 수 있고, 거창하게는 사명감이라고도 할 수 있습니다.

채널의 목표나 철학은 무엇인가요?

채널의 주요 콘텐츠가 연애다 보니 '남을 사랑하기 전에 자기 자신을 사랑할 줄 아는 사람이 많아졌으면 좋겠다'는 게 목표였습니다. 고민에 빠진 시청자들을 동정하는 게 아니라 답답한 상황에서 꺼내 주고 싶다는 일종의 오지랖이었죠. '구독자 몇 명 달성' 같은 목표는 없었습니다. 제가 그런 숫자를 목표로 설정한다고 해도 그대로 따라와 주지 않는다는 것을 알기 때문입니다. 좀 더 진정성 있는 목표를 가지면 숫자는 그 결과로 따라올 것이라고 생각했습니다.

거창한 목표가 없어서 오히려 좋은데요.

유튜브를 시작하는 사람들은 이런 목표가 아닐 텐데 말이죠.

아프리카TV의 비제이들은 시청자들에게 '별풍선'을 받아 수익을 올리잖아요? 그들의 라이프를 어떻게 생각하나요?

저도 아프리카TV에서 활동할 때가 있었지요. 그때는 그 사람들이 쉽고 편하게 돈을 버는 것 같았습니다. 그런데 막상 제가 실제로 해 보니 힘들더군요. 이것도 능력이라는 걸 깨닫게 됐습니다.

예전에는 상상하지 못했던 어려움은 무엇이 있나요?

저도 인간이다 보니 실수를 하게 되는데 조심하기 위해 신경 쓰는 게 제일 힘들어요. 언제 어디서든 한 번의 실수로 모든 게 무너져 버리지는 않을까 하는 불안을 항상 가지고 있거든요.

의외의 대답이네요. 유튜버로서 가장 많이 받는 오해는 무엇인가요?

유튜버는 쉽게 일하는 사람이라는 이미지가 강한 것 같습니다. 물론 지금은 예전보다 이런 오해가 덜하긴 해도 말이죠.

맞습니다. 5시간씩 라이브 방송을 하고 6개의 영상을 편집하는 건 정말 힘든 일이죠.

제게는 그 과정이 몸에 익어 자동이 되었습니다. 하루나 이틀이 지나도 새로운 영상을 업로드하지 않으면 불안해지거든요. 그래서 여분의 새 영상을 미리 만들어 놓는 시스템을 구축했어요. 미등록한 영상이 최소 5개는 있어야 안심이 되거든요.

연애 멘토링은 많은 경험을 가진 사람만 해야 할 것 같은데요. 콘텐츠를 제작할 때 조심스럽지는 않나요?

물론 저보다 경험이 풍부한 사람이 많을 겁니다. 하지만 저는 제가 깨달은 바가 공감을 얻을 거라는 확신이 있습니다. 처음에는 확실하게 아는 주제부터 접근했고, 시청자들의 댓글이나 피드백을 보면서 경중을 나누어 다룰 것들을 조율했습니다. 맞든 틀리든 자신 있게 하는 게 중요합니다. 사람마다 적용되는 게 다르니까요.

연애 멘토링를 다루는 후발 주자가 많이 생겼습니다. 기분이 어떻습니까?

솔직히 처음에는 저를 따라 한 것 같아서 거부감도 있었습니다. 하지만 지금은 오히려 더 많은 사람이 같은 분야를 했으면 좋겠습니다. 먹방, 키즈, 게임, 뷰티 분야도 크리에이터 한 명으로는 대중화가 쉽지 않으니까요. 여럿이 해야 대중적인 콘텐츠가 됩니다.

구독자 수가 10만, 20만 명을 돌파할 때 어떤 마음이 들던가요?

구독자 수가 10만 명을 넘었을 때 인생의 터닝 포인트를 맞았다는 생각이 들었습니다. 하지만 눈에 띄게 변하는 것은 없더라고요. 수입도 그렇고요. 구독자 수와 수입은 큰 연관이 없습니다. 중요한 건 조회 수와 시청 시간이지요. 그런 면에서 구독자 수가 10만 명일 때보다 6만 명일 때 더 많이 벌었던 것 같습니다.

채널이 안정되었다고 판단되는 시기는 언제였나요?

사실 아직도 불안한 마음이 있습니다. 여러 개월 동안 월수입의 변화가 없거나 오히려 떨어지면 불안합니다. 하지만 조금씩 상승하는 게 6개월 정도 지속되니 마음을 좀 편하게 먹을 수 있었습니다. 이제 영상 하나당 1~2만 조회 수를 기록해도 마음이 편합니다. 조회 수가 안 나와도 괜찮다는 생각이 들고요.

유튜브를 시작한 지 5년째인데 처음부터 잘된 건 아니죠?

첫 3년은 무척 힘들었습니다. 흔히 '존버'라고 하죠. 그래서 유튜버 활동을 시작하는 사람들에게 해 주고 싶은 말이 있습니다. 존버를 할 때 마음가짐에 대해서인데요. '되면 되는 거고, 말면 마는 거다'라고 생

각하는 것은 책임감이 결여된 자세입니다. 하고 싶을 때만 일한다거나 힘들다고 자유롭게 쉬는 건 안 됩니다. 그러면 채널이 자리를 잡는 데 더 오래 걸립니다. 이것도 하나의 업무라고 생각하고 전력투구해야 존버 기간을 줄일 수 있습니다.

썸네일이 독특한데요. 다른 유튜버와 차별화하려는 시도인가요?

썸네일 디자인만 봐도 '김달'이 떠오르도록 브랜드화하려는 의도가 큽니다. 주제와 상관없이 꾸준히 같은 디자인으로 통일을 했지요. 또한 시청자들이 자극적인 썸네일에 혹해 유입되는 걸 막으려는 의도도 있습니다. 같은 맥락에서 제목을 지을 때도 시청자들의 공감을 얻을 수 있도록 신경을 많이 써서 공을 들입니다.

저마다 성공의 기준은 다르겠지만 김달의 〈연애학개론〉처럼 구독자가

40만 명이 넘는 큰 채널이 되면 명실상부 성공했다고 할 수 있을 것이다. 이 정도에 오르면 자신의 채널과 유튜브 시장을 바라보는 시각은 달라진다. 같은 분야의 크리에이터를 경쟁자로 인식하기보다는 시장의 파이를 키우고 장르를 개척해 나가는 동반자로 품을 수 있게 되는 것이다.

성공하고 싶으면 시작부터 하라

친구가 유튜브를 시작하려 한다면 조언해 주고 싶은 이야기가 있습니까?

유튜버를 꿈꾸는 친구들이 제 주변에도 정말 많습니다. 그런데 이들의 공통점은 하고 싶은 마음은 굴뚝같은데 정작 실행을 안 한다는 겁니다. 시도해 보고 자기 뜻대로 안 되면 금방 포기해 버리죠. 기대했던 반응이 오지 않는 건 어쩌면 당연한 일인데도 말입니다. 채널을 안정적으로 운영하려면 일주일에 3~4개의 영상을 올려야 합니다. 그런데 1~2개만 올리고 성과가 안 나오면 포기하는 사람이 많아요. 예전에는 유튜브가 블루오션이었지만 지금은 아닙니다. 잘되는 콘텐츠가 자리를 잡고 있는 분야에 새로 들어가려면 각오를 해야 합니다. 가벼운 마음으로는 결코 오래갈 수 없죠.

유튜브의 수익 창출 기준이 상향 조정되어서 구독자는 1000명, 전체 시청 시간은 4000시간을 넘겨야 합니다. 그래서 유튜브를 시작하고 3~6개월 내에 수익을 내는 게 더욱 힘들어졌습니다. 자기 직장을 다 버리고 유튜브에 올인하는 것은 금전적 여유가 없으면 불가능합니다. 또 일과 병행하는 것은 힘들 수밖에 없습니다. 어느 것이든 각오를 해야 돼요. 그리고 개인적으로 라이브 방송보다는 꾸준히 영상을 업로드하는 방법을 추천합니다.

유튜브를 시작할 때 라이브 방송이 접근하기 더 쉽지 않나요?

라이브 방송에서는 실수하기 쉽습니다. 저도 라이브를 편집하다 보면 제가 실수한 게 보이니까요. 자칫 잘못하면 큰 화가 생길 수 있습니다. 하지만 영상은 게시 전에 편집이 가능하죠. 유튜브를 처음 시작하는 사람들은 무엇보다 자기 자신에 대해 잘 알아야 합니다. 자기 영상을 편집하다 보면 자기에 대해 공부할 수 있어 좋습니다.

결국 성공의 비결은 열심히 하는 것인가요?

맞습니다. 그리고 운도 중요합니다. 운이 좋으려면 존버가 답이죠. 운도 자기가 버티고 있어야 찾아옵니다.

물론 큰 어려움 없이 많은 주목을 받으면서 시작하는 유튜버도 있지만 대부분은 오랫동안 무명 시기를 겪는다. 또한 시작은 순탄했어도 한 단계 더 성장하지 못하고 도태되는 유튜버도 많다. 그러면 노력을 인정받지 못한 시간들을 낭비로 여길 수 있다. 많은 사람이 가는 지름길을 놔두고 혼자서 척박한 분야와 장르를 개척하는 일은 무척 외롭다. 하지만 그 시기를 이겨 내면 수많은 시행착오와 좌절의 순간이 내공으로 쌓여 성공의 밑거름이 된다.

그런 의미에서 김달은 시련과 내공이 탄탄하게 쌓였기에 속 깊은 멘토링을 해 줄 수 있었다. 세상에 쉬운 길은 없다. 홀로 모든 것을 만들고 책임져야 하는 1인 크리에이터의 길은 더욱 험난하다. 하지만 그 어려움 끝에는 분명히 큰 보람과 성취가 기다리고 있다.

언젠가부터 공중파 방송이 쇠퇴하며 위기감을 느낀 유명인들이 속속 유튜브로 진출하고 있다. 이들은 '생태계 파괴자'라는 별명을 얻으며 단숨에 10만, 100만 구독자를 달성하기도 한다. 이를 바라보는 무명 유튜버들의 마음은 편치 않을 것이다. 맨땅에 헤딩하는 심정으로 채널을 성장시키기 위해 고군분투해도 구독자 1~2만 명을 넘기기 쉽지 않기 때문이다.

하지만 너무 속상해할 필요는 없다. 인기인들의 유입 덕분에 유튜브의 외연은 크게 확장될 것이기 때문이다. 유튜브를 찾지 않던 사람도 관심 있던 인기인이 채널을 개설하면 유튜브를 방문하게 된다. 그리고 그 인기인의 영상에 추천된 다른 채널들을 둘러볼 가능성이 높다. 시장의 파이는 이런 식으로 커진다. 유명인이 내 구독자를 빼앗는 게 아니라 그 유명인 덕분에 새로운 구독자와 시청자들이 생겨나는 것이다. 이는 결국 전체 유튜버들의 몫이 커지고 각자의 몫과 내 몫 또한 커지는 것으로 봐야 합당하다. 아울러 내 채널을 모방하는 유사 채널에 대해 스트레스를 받는 경우도 있다. 그 채널이 내 구독자를 빼앗아 간다는 염려 때문이다. 하지만 이 역시 기우다. 같은 주제나 콘텐츠를 다루면 서로의 채널에 관련 동영상으로 소개될 가능성도 높아지기 때문이다. 유튜브는 타인의 몫이 커지면 내 몫이 작아지는 제로섬 게임이 아니다. 반대로 서로 상생할 수 있는 탄력적인 플랫폼인 것이다.

유튜브 크리에이터라면
엉덩이가 무거워야 한다!

– 영화 리뷰 채널 〈민호타우르스〉

| 민호타우르스 |

영화 감상이라는 유일한 취미가 유튜브를 만나 업이 되어 '덕업일치'를 이룬 크리에이터. 그의 채널은 약 36만 명이 구독하고 있으며 총 누적 조회 수는 1억 6000만 뷰를 돌파했다(2022년 5월 기준). 솔직한 영화 리뷰는 물론이고 기발한 기획 덕분에 시나리오 작가로 나서도 되겠다는 이야기를 자주 듣는다. 언젠가 기회가 되면 자신의 책을 쓰고 싶다는 꿈을 가졌다.

2019년은 한국 영화 100주년이라는 역사적인 해이다. 미국영화협회(MPAA)에 따르면 2018년 기준 한국 영화 시장 규모는 세계 5위이다. 세계 영화 시장 전체 규모인 411억 달러 중 16억 달러를 차지하며 북미(119억 달러), 중국(90억 달러), 일본(20억 달러), 영국(17억 달러)의 뒤를 잇고 있다. 이는 발리우드로 유명한 인도(7위)보다 높은 순위이다. 한국인들의 영화 사랑은 유튜브에서도 확인할 수 있다. 〈출발! 비디오 여행〉으로 대표되는 공중파 영화 소개 프로그램을 능가하는 전문성과 오락성을 지닌 영화 전문 채널들이 활약하고 있다. 그중에서도 단순히 스토리를 소개하거나 자극적인 흥미 유발 요소만을 던지는 것이 아니라 작품 뒤에 숨겨진 이야기를 끌어내고 시청자로 하여금 상상의 나래를 펼치게 해 주는 독특한 채널이 바로 〈민호타우르스)다. 영화라는 주제만으로 구독자 34만 명에 육박하는 채널을 키워낸 그가 어떤 사람일지 궁금해졌다.

벼랑 끝에 내몰린 청춘, 나만의 길을 찾다

다른 영화 리뷰 채널에 비해 마니아층이 많은 것 같습니다.

저는 지극히 주관적인 리뷰를 하려고 해요. 누구나 할 수 있는 이야기는 하지 말자는 주의이고, 그게 다른 영화 리뷰 채널과 구분되는 점이 아닐까 합니다. 물론 가끔은 제 상상이나 비약이 심하다고들 합니다.

신화 속에 등장하는 '미노타우르스'는 황소죠?

그런데 제 채널의 아이콘은 공룡이라는 모순이 있습니다. '타우르스'가 그리스어로 '소'를 뜻합니다. 별다른 의미는 없어요. RPG게임에 많이 등장하기도 합니다. 미노타우르스는 초등학생 때부터 제 별명이었어요. 굳이 의미를 부여하자면 저희 어머니가 꾼 제 태몽이 소 꿈이었다고 합니다.

그리스 신화에 관심이 많은 것 같습니다.

어렸을 때 또래 친구들이 봤던 만화 〈그리스 로마 신화〉를 통해서 신화에 관심을 가지게 되었습니다. 저는 영화를 볼 때 이 영화가 어떤 문화적 배경에서 비롯되었는지 찾아내려고 합니다. 히어로물을 예로 들어 볼까요? 현대의 슈퍼 히어로들은 엔터테인먼트지만 고대에는 신

:: 라이브 방송에서 한 시청자의 질문을 받고 '미노타우르스'라는 이름의 유래를 밝히기도 했다. (출처: 민호타우르스 유튜브 채널)

들이 인간의 힘을 뛰어넘는 슈퍼 히어로였을 것이라고 생각합니다. 현대의 슈퍼 히어로 장르와 과거의 신화, 종교적인 내용을 결부시켜 보았더니 상당히 많은 부분이 이어져 있더군요. 이런 탐색은 콘텐츠를 만드는 데 중요한 바탕이 됩니다. 이집트 신화에도 관심이 많았는데 중학교에 진학할 때쯤 이집트 신화를 다룬 만화책을 탐독했지요.

유튜버가 되기로 결심한 계기가 궁금합니다.

대학교 4학년 때쯤 진로 때문에 방황을 많이 했습니다. 법학과에 진학했는데 법 공부가 저랑 너무 안 맞았거든요. 집에서 학교까지 너무 멀기도 했습니다. 저는 집이 일산 주엽역 근처인데 3호선 끝이에요. 학교에 가려면 3호선의 반대편 끝인 수서역까지 가서 또 갈아타야 해서 통학길이 2시간이 넘었어요. 학과 공부도 적성에 맞지 않으니 등교하려고 집을 나서서는 역 주변 피시방으로 새곤 했습니다. 그런 와중에 여러 시도를 해 보았는데요, 성우가 되기 위해서 공부도 했었고 디자인에도 관심이 생겨서 조금 건드려 봤어요. 당시에 '스트랩픽'이라는, 일종의 목소리로 하는 페이스북 같은 플랫폼이 있었습니다. 더빙을 하거나 상황극 콘텐츠를 올리는 것인데 제 콘텐츠의 반응이 좋았습니다. 그러다가 〈대형팬더〉라는, 애니메이션을 리뷰하는 토크쇼에 출연하게 되었는데 그 팀의 막내로서 처음 유튜브를 시작하게 되었습니다.

목소리가 좋다는 이유가 컸던 것 같습니다. 애니메이션을 특별히 좋아하진 않았나요?

저는 애니메이션을 좋아하긴 했지만 토크쇼에 출연하여 리뷰를 할 정도로 깊이가 있지는 않았습니다. 무언가를 좋아하는 것과 이를 바탕으로 모두가 공감할 수 있는 이야기를 하는 능력은 별개더라고요. 그 프로그램에 3명이 출연하는데 그중 하나가 저였으니 제 분량을 위해서는 뭐라도 공부해야만 했죠. 애니메이션 리뷰를 일주일에 1편씩 올려야 했으므로, 일주일에 한 작품씩 봐야 했습니다. 매주 새로운 작품을 첫 화부터 완결까지 보는 것은 생각보다 무척 힘든 일이었어요. 그래도 완성된 영상이 유튜브에 업로드되면 굉장히 뿌듯했죠. 하지만 그런 제 모습을 지켜보는 부모님은 속이 터질 것 같으셨을 거예요. 자식이 학교에서 돌아오면 방에 틀어박혀서 불도 끄고 일주일 내내 애니메이션만 봤으니까요. "옆집 누구는 사법 고시를 준비한다더라, 누구는 대기업에 합격했다더라." 이런 소식이 들리는데 당신 아들은 하루 종일 모니터 앞에서 일본 애니메이션만 보고 있으니 얼마나 기가 막혔겠어요. 그렇게 부모님은 속이 터지셨겠지만, 사실 저는 너무도 즐거웠습니다. 지금은 주로 영화 리뷰를 하지만, 당시에 하루 종일 애니메이션에 매달려 있었던 것이 제 유튜브 활동의 시작이었어요.

분량 욕심이나 책임감 때문이라고는 하지만 그래도 어느 정도 영상물에 관심이 있어야 가능했던 일 같습니다. 원래 꿈이 성우였나요?

저는 꿈이 없었습니다. 게으른 성격이라 어떻게든 되겠지 싶은 마인드를 가졌습니다. 성우를 생각하게 된 계기는 단순합니다. 제가 공군 방공 포병으로 군복무를 했는데요. 통신 라인에 서는 근무가 있었습니다. 무전기로 작전 용어를 이야기하는 일인데 장교님이 뜬금없이, 너는 목소리가 좋으니 성우를 해 보라는 겁니다. 그때 제 목소리가 좋다는 걸 알았습니다. 인터넷에서 성우를 뽑는다는 글을 찾아보았습니다. 그 업계를 잘 모르고 쉽게만 생각해 학원을 다니기 시작했습니다. 깜짝 놀랐어요. 전국에서 목소리 좋은 사람은 다 와 있더라고요. 성우의 메카는 KBS인데요. 방송국 앞에 성우 학원이 20개가 넘게 있습니다. 제가 다녔던 학원에만 40~50명의 학생이 있었고요. 목소리만 좋아도 성우를 할 수 있다고 착각하기 쉬운데, 목소리는 기본이고 연기력도 좋아야 합니다. 저는 그걸 몰랐습니다. 날고 기는 사람들 중에서 저는 좀 힘들겠다는 생각이 들더군요. 바로 포기했어요. 옳은 판단이었다고 생각합니다. 때론 자기 자신을 냉철하게 바라보고 포기할 줄 아는 것도 필요합니다.

성우에 대한 미련은 없나요?

인생이 참 재미있어요. 제 유튜브 채널이 커지니까 돌고 돌아서 성우 일이 들어와요. 그래서 광고도 찍었습니다.

::
좋은 목소리 하나만 믿고 성우를 지망했지만 높은 벽 앞에 포기해야 했다. 하지만 유튜버로 성공한 지금은 오히려 성우 일이 들어오고 있으니, 유튜브가 못 이룬 꿈을 이뤄 준 셈이다.

모든 성공한 사람들이 처음부터 확고한 소명을 발견하고 실수나 좌절 없이 바른 길만 걸어가는 것은 아니다. 정말 자신에게 맞는 일이 무엇인지 찾기 위해서는 오히려 새로운 시도의 순간마다 철저하게 좌절하고 다음 문을 두드려 보아야 한다. 숱한 실패 끝에 발견한 길은 그 누구의 발자취도 없는, 내가 처음으로 밟는 척박한 길이다. 그렇기에 나만의 길로 개척할 수 있는 것이다. 아무런 비전도, 미래도 없는 한심한 나날을 보내고 있다고 낙담했다면 민호타우르스의 방황기에 주목할 필요가 있다. 시간 낭비처럼 보이는 현재가 쌓여 언젠가는 그 누구도 흉내내지 못할 빛나는 미래가 될 수도 있다.

내가 좋아하는 일이 곧 경쟁력

원래 영화 감상을 좋아했나요?

저는 잘하는 게 없습니다. 남자들 사이에서는 축구, 게임, 당구를 잘하면 최고 아니겠습니까? 저는 셋 다 못 합니다. 그러다 보니 영화 보는 게 유일한 취미였습니다. 제가 처음 개설한 유튜브 채널은 잡다한 주제를 다뤘어요. 먹방, 리코더, 핫한 이슈 등등을 다루었지요. 유튜브를 보면 인기 급상승 영상들의 순위가 있지 않습니까. 조회 수가 높은 주제를 다루면 채널이 확 뜰 것이라고 생각했습니다. 그런데 곧 이 계산이 틀렸다는 것을 알게 되었습니다. 먹방이 좋아서 제 채널을 구독한 사람은 다음 먹방 영상을 기대하는데 다음에는 영화, 게임 영상을 올리면 실망하는 것이지요. 그때 선택과 집중이 필요하다는 사실을 깨달았습니다. 그럼 내가 제일 좋아하는 게 뭘까 생각해 보았습니다. 유일하게 좋아하는 일이 영화를 보고 친구들과 이야기를 나누는 것이니까 이게 경쟁력이 있지 않을까 싶었습니다.

당시에는 대형 영화 채널이 있었나요?

지금처럼 많지는 않았습니다. 영화 채널들을 두고 〈캡틴 아메리카: 시빌 워〉 세대냐 아니냐를 구분하기도 합니다. 영화 팬 사이에 엄청난 이슈가 된 영화니까요. 그 영화가 개봉할 즈음 두각을 나타낸 유튜버가 10명 정도 있었습니다. 당시 저도 유튜버였지만 이전에는 마블 영상을 다루지 않았습니다. 물론 지금은 마블 영화를 자주 다루지만, 그때까지만 하더라도 히어로물을 몇 편 보지 않았기 때문에 제가 다룰 수 없는 장르였어요. 저와는 달리 〈시빌 워〉 붐이 일 때 마블 영화 리뷰로 두각을 나타내면서 대형 유튜버의 발판을 마련한 이들이 여럿 있습니다.

여럿이 운영하던 채널에서 나와 개인 채널을 개설하게 된 계기는 무엇인가요?

갑자기 제가 식구들을 책임지지 않으면 안 되는 집안 사정이 생겼습니다. 저는 학점도 엉망이고 스펙도 없었습니다. 자소서도 쓰고 백방으로 뛰었지만 취직이 되지 않았습니다. 대학생 때 유튜브 활동을 핑계로 놀러 다녔던 제 자신이 죽도록 원망스러웠습니다. 벼랑 끝에 몰린 상태에서 어떻게 할까 고민하다가 발상의 전환이 이루어졌습니다. '내가 취직이 안 되는 건 남들이 취업 준비를 했을 1년 반 동안 내가 유튜브를 했기 때문이다. 그렇다면 나는 남들보다 1년 반 앞서 유튜브를 시작한 게 아닐까? 그러므로 취업보다는 유튜브에 승부를 걸어 보자'는 생각이 들었지요. 그래서 가족들에게 빌었습니다. 1년 동안 유튜브에 매진해서 한 달에 200만 원을 벌지 못하면 새우잡이 어선이라도 타겠다고 말씀드렸습니다. 저로서는 도박이었고 가족의 반대도 거셌지만 고집을 꺾지 않았습니다. 어떻게든 성공하겠다는 일념으로 하루 종일 유튜브 영상만 보면서 연구하다 보니 '나에게 가장 맞는 주제는 그나마 영화다'는 사실을 알게 되었습니다. 지금은 영화 채널이 많아서 진입이 힘들지만 저는 비교적 초기에 시작한 편이라 운이 좋았지요.

구독자가 늘고 채널이 성장한다는 것을 체감하기까지 얼마의 시간이 걸리던가요?

그때와 지금은 추천 알고리즘이 다르고 유튜브 시장 규모도 다르지만, 제 경우는 한 8개월 정도 걸린 것 같습니다.

유튜버로서 재능이 있다고 생각하나요?

아닌 것 같습니다. 남들 앞에 나서서 말하고 의견을 표출하는 성격은 아닙니다. 하지만 이렇게 할 수밖에 없는 상황이었습니다. 주변에는 정말 재능 있는 친구가 많아요. 많이 부러워하고 그 스타일을 따라 하기도 했습니다. 그런데 맞지 않는 옷은 어울리지 않더군요. 자기가 잘하는 분야를 해야 한다는 걸 깨달았습니다.

처음으로 대박이 난 영상은 무엇인가요?

미드 〈왕좌의 게임〉 리뷰였습니다. '당신이 몰랐던 왕좌의 게임에 관한 5가지 사실'이라는 제목이었는데 조회 수 100만 회가 넘었습니다. 제가 알기로 우리나라 유튜브에서 〈왕좌의 게임〉 관련 영상으로는 최초일 겁니다. 당시 우리나라에는 그 드라마를 보는 사람이 거의 없었는데 저는 열광적인 팬이었어요. 유튜브 채널을 만든 지 얼마 되지 않았을 즈음이라 4주 동안 조회 수가 400회 나왔거든요. 함께 호수 공원을 돌면서 아버지가 말씀하시더군요. "한 달 동안 조회 수가 400회면 400원을 번 것 아니냐. 네가 아무리 잘돼도 한 달에 통닭 값이나 벌면 많이 버는 거다." 저는 그날 잠을 못 잤습니다. 어떤 지인도 저를 답답해하며 묻더군요. "누군가 유튜버를 하겠다면 어떤 걸 다루라고 추천하고 싶어?" 그래서 제가 "마블 영화, 특히 〈시빌 워〉 영상을 해야지"라고 답했어요. "그래, 잘 알고 있네. 〈왕좌의 게임〉은 아무도 안 보는데 너는 왜 마블 영화를 다루지 않고 그 드라마를 고집해?"라고 다시 묻더군요. 다른 사람들은 모두 마블 영화를 다루면서 성장할 때 저는 마이웨이를 고집하던 때였습니다. 그리고 정확히 3일 뒤에 〈왕좌의 게임〉 영상 조회 수가 5만이 넘고 더 지나지 않아 10만이 넘었습니다. 절망적

:: MBC 영화 소개 프로그램 〈출발! 비디오 여행〉에 출연해 숨겨진 명작을 소개하는 코너를 진행하는 모습.

인 상황에서 놀라운 일이 벌어진 것이죠. 유튜브에 조회 수 100만 회가 넘으면 알림으로 알려 주는 기능이 생겼습니다. 그런데 얼마 전에 제 영상이 100만 조회 수를 달성했다는 알림이 오더라고요. 바로 그 드라마 영상이었습니다. 눈물이 왈칵 났지요. 제가 처음으로 받았던 광고도 〈왕좌의 게임〉 도서 광고였습니다. 그 이후로 그 드라마와 관련해서 쭉 좋은 인연이 있습니다. 덕분에 TV 출연도 했고요. 제 고집을 포기하지 않아서 정말 다행이라고 생각합니다.

"지식이 많은 자는 그것을 좋아하는 자만 못하고, 좋아하는 자는 그것을 즐기는 자만 못하다(知之者不如好之者, 好之者不如樂之者)." 그 옛날 공자님의 말씀은 오늘날에도 틀림없이 적용된다. 내가 가장 좋아하고 즐기는 것이 바로 성공의 열쇠라는 진리를 민호타우르스와의 대화를 통해 다시금 확인할 수 있다. 처음 유튜브를 시작하는 사람들이 흔히 하는 실수가 바로 남들이 무엇을 원하는지부터 살피는 것이다. 물론 대중의 성향을 고려하는 일은 필수다. 하지만 그보다 앞서 반드시 알아야 하는 것은 바로 내가 무엇을 좋아하는가다. 내가 좋아하고 즐길 수 있는 주제가 중심이 되어야 그것으로 타인의 호응도 얻을 수 있다.

누구나 자신만의 재능이 있다

안정권에 진입했다고 생각한 시기가 따로 있나요?

유튜브를 시작한 지 1년 반 조금 지났을 때였습니다. 채널의 영상 하나가 확 떠도 곧이어 히트작이 나오는 건 아니에요. 처음에는 히트 영상과 다음 히트 영상 사이의 간격이 커요. 떡잎부터 다른 스타 유튜버가 아닌 이상 히트 영상 간의 시간차를 줄여 나가는 게 성공의 방법이라고 생각해요. 처음으로 초대박이 난 영상은 〈오편: 천사의 비밀〉이라는 영화 리뷰였는데 우리나라에선 그다지 알려지지 않은 영화였어요. 그런데 그 영상의 조회 수가 3일 만에 100만을 넘겼어요. 그때 구독자도 많이 늘었고요. 그 영상의 제목이 '싸이코패스인 줄 모르고 입양한 딸'이었어요.

제목이 특이합니다. 영화 제목이 영상 제목에 들어가지 않네요.

너무 많은 정보를 주면 사람들이 '나 이거 알아' 하고 클릭하지 않아요. 알려 줄듯 말듯 호기심을 줘야 클릭하죠. 그 영상 하나로 구독자 수가 2만 명이 올랐어요. 이렇게 계속 대박이 날 거라고 생각했는데 다음 영상은 전혀 주목을 끌지 못했어요. 그때 알았죠. 자만하면 안 되는구나. 그리고 나서 다음 히트작이 나오기까지 오래 걸렸어요. 그 시간

차를 줄여 나간다는 마음으로 성급하게 굴지 않으니 잘되더라고요.

그 영상을 계기로 전업 유튜버로 성공하겠다고 확신한 건가요?

저는 이거 아니면 길이 없다고 생각했어요. 저보다 잘하는 사람이 워낙 많으니 정말 목숨을 걸고 했던 거죠.

썸네일 제작이나 제목 짓는 요령 좀 알려 주세요.

연애하는 것과 비슷하다고 생각해요. 불금에 홍대 거리에서 헌팅을 하는 것과 같아요. 저도 해 본 적은 없지만 헌팅을 할 때 얼마나 긴 시간이 주어지겠어요? 처음 보는 사람에게 말을 걸어서 고작 한두 마디밖에 못 할 것 아니에요? 그 짧은 시간에 승부를 봐야 하는 것이죠. 홍대에 헌팅을 하러 가면서 엄마가 골라 준 등산복을 입고 나가진 않겠죠? 상대가 한 번이라도 나를 볼 수밖에 없도록 최고의 옷으로 치장하고 가겠죠. 그게 바로 썸네일과 제목이라고 생각해요. 유튜브에 들어가면 하루에 수백 개의 영상이 올라와요. 그중에서 시청자들의 눈에 들고 영상을 볼 수밖에 없게끔 만드는 필살기가 썸네일과 제목인 것이죠. 이성을 유혹하는 메커니즘과 유사하다고 생각합니다.

호기심을 자아내는 게 정보보다 중요하고, 그다음이 궁금하도록 만든다는 거죠?

맞습니다. 처음 만나자마자 나에 대한 모든 정보를 쏟아내진 않잖아요.

어릴 땐 어떤 학생이었나요?

반장을 안 한 적이 거의 없었어요. 공부는 정말 못했지만요. 웅변 학원을 다녔던 게 영향을 미친 것 같아요. 지금은 웅변 학원이 아니라 스피치 학원이라고들 하죠? 거기서 목소리를 크게 내면 칭찬을 해 주더라고요. 그게 좋아서 목소리를 크게 내는 연습을 많이 했어요. 제 목소리나 발성이 유튜버로서 남과 차별화되는 경쟁력인데요, 그때의 훈련이 많은 도움이 된 것 같아요. 자신이 어떤 재능을 가지고 있는지 모르는 사람도 많지 않습니까. 저는 반장 선거를 하면서 깨달았어요. '공부는 못 해도 목소리가 들을 만하니까 뽑아 주는구나' 하는 걸 알게 되었죠.

친구는 많은 편인가요?

많지 않아요. 대중 앞에 나서서 이야기하는 걸 아주 무서워했어요. 대신 친구들 사이에서 말을 재미있게 하는 타입이죠. 어떤 이야기를 해도 설득력 있게 말하는 편이고, 주목이나 인정을 받고 싶은 욕심도 있었던 것 같아요. 평소에는 혼자서 좋은 의미로는 공상, 나쁜 의미로는 망상을 많이 했어요. 친구들이 건드려도 모를 정도로 생각에 빠져 있을 때가 많았어요. 영화의 뒷이야기를 상상하거나 글로 써 보곤 했죠.

어릴 때부터 스토리를 좋아하고 콘텐츠를 만드는 데 익숙했었네요. 이야기를 하는 것도 좋아하고 듣는 것도 좋아하는 전형적인 문과 성향 말이죠.

맞습니다.

내가 다른 유튜버와 비교해서 어떤 장점을 가지고 있는지 파악하는 것은 사실 쉽지 않다. 자기 자신에 대해, 그리고 자신에 대한 타인의 반응에 대해 오랜 시간 관찰하며 분석해야 객관적인 재능을 알아낼 수 있다. '내가 어떤 모습을 보일 때 상대가 특정한 피드백을 하더라'라는 데이터가 충분히 쌓여야 내 매력이 무엇인지 도출할 수 있다. 중요한 건 그 누구의 재능도 서로 같을 수 없다는 점이다. 마치 연애를 할 때 상대방의 마음을 얻기 위해 자신만의 필살기를 동원하는 것처럼, 유튜버도 시청자의 마음을 사로잡을 수 있는 나만의 매력이 무엇인지 거듭 고민해야 한다.

롱런의 비결은 감사하는 마음

유튜버로서 완전히 자리를 잡았는데요. 남들의 콘텐츠를 소화만 하던 시기와 크리에이터로서의 지금을 비교하면 뭐가 다른가요?

사람들이 유튜브에 도전할 때 이런 생각을 하는 것 같습니다. 내가 쟤보다는 잘하겠다고요. 하지만 그중 대다수는 실패하지요. 콘텐츠를 만들어 보지 않으면 못 보는 것이 있습니다. 예를 들어 인터뷰 영상이라고 할 때 저 사람이 왜 저렇게 바보 같은 질문을 하는지, 왜 저런 행동을 하는지, 시청자들은 이해하지 못하죠. 사실 전체 맥락을 알고 있어야 바보 같은 질문도 매끄럽게 할 수 있거든요. 본인이 직접 영상을 만들어 보아야 그 뒤에 숨은 계산을 알 수 있어요. 유튜브는 공짜이지 않습니까? 성공한 사람들의 영상이 무료로 공개되어 있으니 왜 저렇게 편집하는지, 왜 저런 설정을 하는지, 왜 썸네일과 제목을 저렇게 붙였는지 분석하고 공책에 적어야 합니다. 베끼라는 이야기가 아닙니다. 잘되는 사람들의 이유를 알고 시작하는 것과 맨땅에 헤딩하는 것은 다릅니다.

영화 콘텐츠는 2차 창작이라고 비판받기도 하지요. 남이 만든 창작물을 가지고 다시 이야기하는 것이라고요.

제가 만드는 건 분석 영상이라 2차 창작이라고 비판받지는 않아요. 어떤 영화를 리뷰한다면서 처음부터 끝까지 줄거리만 이야기해 주는 사람들도 있습니다. 실제로 어떤 시청자들은 댓글로 제게 왜 줄거리를 이야기하지 않느냐고 묻기도 합니다. 만 원짜리 영화를 공짜로 5분 만에 보여 주는 게 리뷰라고 착각하는 겁니다. 그건 좀 아닌 것 같아요.

유튜브 활동을 하면서 힘든 점은 없나요?

멘탈 관리가 힘들죠. 결국 사람을 상대하는 일이니까요. 채널을 만든 지 얼마 안 되어 규모가 작을 때는 개인 대 개인 커뮤니케이션이거든요. 그런데 어느새 구독자가 20만 명, 30만 명이 되면 제가 하는 말한 마디의 의미가 달라집니다. 예전에는 한 명의 댓글에 답글을 다는 것이었지만 지금은 시청자 전체에게 다는 것이나 다름없습니다. 유튜버는 그 책임이 온전히 나 혼자에게만 있습니다. 스스로에게서 무게감이 느껴지면 힘들죠.

생각보다 자유롭지 못하다는 것이죠?

맞습니다. 하고 싶은 걸 다 하고 싶어서 유튜브를 시작했는데 어느새 저도 타협하고 있더군요. 그리고 수치가 눈에 보이는 것도 힘든 부분입니다. 유튜브는 분석 툴이 너무 잘 갖춰져 있어요. 조회 수도 10초에 한 번씩 업데이트가 되거든요. 편리하면서도 그것 때문에 스트레스를 받습니다. 눈앞의 수치에 초연할 수 있는 사람은 별로 없습니다. 주변 사람들이 저에게 거는 기대도 스트레스예요. "너보다 구독자가 적었던 채널이 이제는 너보다 더 커졌다." 이런 소리를 들으면 힘들죠. 남들과 늘 비교를 당할 수밖에 없는데 이런 경쟁이 체질에 맞는 사람이 있고 맞지 않는 사람이 있는 것 같습니다. 어떤 사람들은 불안감을 통제하지 못하더라고요. 저는 그래도 이런 면에서 멘탈 관리를 잘하고 있습니다. 초조하게 자신을 채찍질해서 성장하는 사람도 많긴 하지만요.

원래 긍정적이고 낙천적인 성격인 것 같은데 어떤가요? 그런 성격이 창작 활동을 유지하는 데 어떤 영향을 끼치나요?

과거의 저는 패배주의에 빠져 있었습니다. 지금도 긍정적이고 낙천적인 성격과는 조금 거리가 있는 편인 것 같아요. 저는 매사에 고민과 걱정이 많은 편입니다. 안 해도 될 걱정까지 사서 하는 편이죠. 그런데 주변에는 저를 긍정적이고 낙천적으로 봐 주는 사람이 많아요. 아마도 제 성격과는 별개로, 제가 인생을 대하는 태도 때문이 아닐까 싶어요. 앞서 이야기했듯이 저는 대학생 때 큰 절망에 빠졌습니다. 저 혼자서는 어떻게 해 볼 수 없는 일들이 순식간에 닥쳐서 스스로에 대한 지독한 무력감을 처절하게 맛봤죠. 그 시간들을 지나온 지금, 힘든 일이 있더라도 그때에 비하면 얼마나 감사한 상황이냐며 스스로를 격려합니다. 언제나 매사에 감사하는 마음으로 살고, 그러한 마인드가 고민 걱정이 많은 편임에도 불구하고 다른 이들에게는 낙천적으로 보이는 부분이라고 생각합니다.

솔직히 낙천적인 성격이 창작 활동에 얼마나 도움이 되는지는 잘 모르겠습니다. 하지만 저는 창작 활동 유지에 있어서 가장 중요한 요건은 '무거운 엉덩이'라고 생각하거든요. 시청자들이 수많은 영상 사이에서 내 창작의 진가를 알아주기까지는 어느 정도 시간이 걸려요. 또한

:: 마블 영화에 등장하는 소품을 상품으로 내걸고 시청자 이벤트를 진행하기도 했다. 이때 마련한 상품은 무려 100개였다.

그들의 눈에 들 만큼의 '양'이 필요하지요. 유튜브를 시작하는 대부분의 사람은 '그런 반응'이 빨리 올 거라 기대합니다. 나만은 다를 거라고 생각하죠. 하지만 현실은 절대 녹록치 않습니다. 막상 기대했던 반응이 오지 않으면 의욕은 떨어지고 그러면 자신을 알리기 위해 필요한 일정 '양'을 채울 수 없게 됩니다. 이런 부분에 흔들려 좌절하고 포기하는 사람들을 저는 많이 봤습니다. 저는 채널에 주 2회씩 3개월 동안 영상을 업로드해야, 요즘 흔히 하는 말로 '각'을 볼 수 있다고 생각해요. 이런 '각'을 보기 위해선 조바심 내지 말고 묵묵히 앉아서 창작에 전념할 수 있는 '무거운 엉덩이'가 필요하다고 생각합니다. 그리고 제가 이런 '무거운 엉덩이'를 갖게 된 데에는 아무래도 매사에 감사하는 마음이 꽤나 도움이 되었던 것 같습니다.

대부분의 유튜버들은 시시각각 오르내리는 채널의 지표들(구독자 수, 조회 수, '좋아요'와 '싫어요' 비율 등)에 노출되어 있기 때문에 늘 날카로운 긴장 상태에 놓인다. 아무리 인기가 많은 채널이라도 현재에 안주할 수 없다. 오늘의 지표가 어제보다 하락했다면 제아무리 구독자 수가 수십만 명을 넘는 유튜버라도 이러다가 채널이 퇴보되지는 않을까 근심에 사로잡힐 수 있다. 유튜버 중에서도 유난히 얼굴에 그늘이 없고 싱글벙글한 민호타우르스는, 그 이유를 천성이 낙천적이어서가 아니라 감사하고 있어서라고 말한다. 가장 힘들었던 자신과 지금의 자신을 비교하는 것만으로도 그저 감사할 수 있다는 것이다. 악플과 경쟁이 난무하는 치열한 유튜브 세계에서 살아남기 위한 정신력은 강한 승부욕이나 불굴의 의지가 아닌 감사하는 마음이라는 점에 고개를 끄덕이게 된다.

스토리텔러에게 필요한 소양은 독서

지금의 민호타우르스를 있게 한 바탕에는 어릴 때부터 쌓아 온 그리스 로마 신화와 같은 문화적 소양이 있는 것 같습니다. 어린이나 청소년 시기에 읽으면 좋을 만한 책이 있을까요?

누구나 그렇겠지만 하기 싫은 걸 억지로 시키면 당연히 거부감이 있겠죠. 저에겐 독서가 그러했습니다. 저는 어렸을 때 독서를 정말 싫어했습니다. 어떤 책을 읽을 것인가도 중요하지만 그보다는 어린 시절에 책에 대한 거부감을 없애는 게 더 중요한 첫걸음입니다. 그래서 저는 아이들이 만화책을 보는 걸 긍정적으로 생각합니다. 유치원생들은 주로 그림책을 보죠. 그런데 초등학생이 되면 그림보다 글이 더 많은 책을 읽어야 하지요. 그건 곤욕일 거예요. 그래서 이런 경우를 대비해 만화책을 통해서 독서에 대한 흥미를 유지하는 것이 좋은 방법이라고 생각합니다. 초등학교 고학년 아이들은 《그리스 로마 신화》 만화책을 꼭 읽었으면 좋겠어요. 그리스 로마 신화의 내용이 오늘날의 막장 드라마는 저리 가라 할 정도로 흥미진진하잖아요. 그리고 그리스 로마 신화의 인명(人名)이라든지 내용은 오늘날 우리 삶에 많은 영향을 남겼습니다. 그저 별생각 없이 보더라도 내용이 조금 기억에 남는다면 그걸로 족하다고 생각해요. 중학생이 되었을 때에는《거꾸로 읽는 그리스 로마 신화》라는 책을 읽으면 금상첨화이지 않을까 싶어요. 지금의 저를 있게 해 준 책입니다. 그리스 로마 신화의 내용들을 통해 현대 사회를 바라보는 내용인데 중학생에게는 조금 어려울 수 있지만 그리스 로마 신화 만화책을 3번 정도 정독한 학생이라면 부담 없이 읽을 수 있습니다. 익숙한 고대 신화의 내용들을 통해 우리가 살아가는 오늘날에 대한 식견을 넓혀 주는, 말 그대로 온고지신을 유도하는 책입니다.

고등학생에게도 추천할 만한 책이 있을까요?

《히틀러의 수사학》이라는 책을 권하고 싶네요. 사회생활은 결국 나와 생각이 다른 사람들을 설득해 가는 과정의 연속이라고 생각합니다. 고등학생에게 이 책을 추천하는 이유는, 그들이 몇 년 뒤 성인이 되어 내던져질 세상은 나와 생각이 다르면 무조건 비난하고 배척하는 곳이기 때문입니다. 아무런 무기도 없이 이런 세상에 내던져진다면 곤란하죠. 이곳에서 살아남기 위해 가장 필요한 무기는 자신의 '말'이라고 생각합니다. 그런 측면에서 봤을 때 이 책은 마교의 교주가 남긴 금서, 마도서, 위력적인 무공 비급과 같습니다. 히틀러는 제2차 세계 대전 당시 세상을 공포로 몰아넣은 독재자였습니다. 하지만 한편으로 당시의 독일인들이 바라는 바를 꿰뚫어보고 그 통찰력을 바탕으로 단번에 온 독일인을 사로잡은 웅변가이기도 했습니다. 국민을 하나로 만들어 사로잡을 만큼의 설득력을 가진 그의 연설은 당시 독일의 어떤 무기보다 강력했습니다. 이 책은 그런 히틀러의 연설들을 자세하게 분석하여 어떻게 말에 위력적인 설득력을 실을 수 있는지 알려 줍니다. 솔직히 얼마나 많은 학생이 학교에서 배우는 논리, 말하기, 쓰기에 흥미를 느낄까요. 나쁜 남자에게 끌리듯 이런 '나쁜' 느낌의 책이 학생들에게는 더 흥미로울 수 있습니다.

대본을 써 주는 작가도, 영상을 촬영하고 편집해 줄 기술자도 없는 1인 크리에이터에게 문화적 소양은 절대적으로 중요하다. 한두 개의 영상으로 성공을 맛본 많은 유튜버가 결국 소재 고갈의 벽에 부딪혀 자기 복제의 늪에 빠지곤 한다. 끝없이 샘솟는 영감의 우물을 채우기 위해서는 평소에 다양한 문화적 체험을 하고 자신만의 이야기보따리를 마련해야 한다. 성공한 유튜버들은 학력과 상관없이 자신의 생각을 조리 있는 말로 표현하고 심지어 글도 잘 쓴다. 유튜버는 기본적으로 스토리텔러다. 얕은 말주변으로 포장한 이야기꾼이 아니라 듣는 이의 마음을 사로잡는 깊이를 갖춘 크리에이터가 되기 위해서 다방면의 문화적 소양은 필수다.

열린 결말, 다양한 미래를 꿈꾸다

성공한 유튜버로서 유튜브 플랫폼이 아닌 다양한 분야에 진출해 보고 싶은 마음이 있나요? 직접 영화를 만들어 본다든지 하는 것처럼요.

저는 영화의 이전, 이후 이야기를 상상하는 걸 굉장히 좋아합니다. 이게 바탕이 된 콘텐츠가 바로 '뇌피셜록'이라는 건데요. 이 정도면 시나리오 작가를 해 보는 게 어떻겠느냐는 댓글이 가끔 달리기도 합니다. 아직은 많이 부족하지만 언젠가 내공이 더 쌓이고 또 기회가 온다면 한번쯤은 시나리오 작가가 되고 싶기도 합니다.

유튜버로서의 생활에 만족하나요?

너무 감사하고 또한 만족하며 살고 있습니다. 누구나 할 수 있는 말보다는 나만이 할 수 있는 이야기를 하자는 마음으로 콘텐츠를 만들다 보니 모든 시청자를 만족시킬 수 없는 점이 아쉬울 뿐입니다. 하지만 오히려 이런 부분이 제 콘텐츠의 색깔이고, 다른 채널에서는 얻어 갈 수 없는 부분이라고 자부합니다. 채널 정보란에도 적어 놓았듯이 지극히 주관적인 리뷰를 지향하고 있는데 물론 이 주관성은 흔들리지 않되 어느 정도의 조절은 필요한 것 같습니다. 저는 잘 몰랐는데 이런 주관이 때에 따라서는 독선으로 여겨져서 시청자를 불편하게 만들기도 하는 것 같더라고요. 중용이란 게 별것 아닌 것 같지만 참 힘듭니다. 최대한 제 주관이 흔들리지 않으면서 보는 사람이 불편하지 않도록 중용을 지키며 오래도록 유튜브 활동을 하고 싶습니다. 지금처럼 감사한 마음으로 한결같이 말이죠.

높아지는 유튜브의 위상과 그에 대한 경탄만큼 유튜브 세계가 얼마나 오래 지속될 수 있을지 우려하는 목소리도 커진다. 물론 플랫폼으로서의 유튜브는 분명히 부침을 겪을 것이고 다음 세대에서 도태될 수도 있다. 그러나 그 세계 속에서 살아남은 유튜버들은 어떤 새로운 물결에도 잘 적응할 것이다. 왜냐하면 그들은 처음부터 끝까지, 혼자 힘으로 무에서 유를 만들어 내는 창작자들이기 때문이다. 실제로 많은 유튜버가 자신의 재능을 활용하여 다양한 분야로 영역을 넓히고 있다. 나를 둘러싼 체제가 중심이 아니라 그 속에 있는 내가 중심이되는 세상, 그것이 바로 유튜브일 것이다.

크리에이터는 유튜브 이후의
목표를 설정해야 한다

– 경제경영 채널 〈신사임당〉

| 신사임당 |

SBS미디어넷 사업 팀, 한국경제TV에서 경제 관련 프로그램을 만드는 PD로 근무했다. 재취업에 도움이 될 만한 경력을 만들기 위해 유튜브 활동을 시작했지만 현재 그의 채널은 약 177만 명(2022년 5월 기준)이 구독할 정도로 크게 성장하여 대표적인 경제경영 채널로 자리매김했다. 하지만 그는 여기에서 그치지 않고 유튜브 너머 새로운 도약을 준비하기 위해 다양한 시도를 하고 있다.

2030세대, 밀레니얼 세대는 산업화 시대의 초고속 성장이 주는 혜택에서 멀리 떨어져 있다. 열심히 공부해서 좋은 대학에 진학하면 대기업이 알아서 모셔 간다거나, 대출을 받아 내 집을 장만한 뒤 월급으로 차근차근 빚을 갚아 나가는 것과 같은 선배들의 성공 루트는 오래전 이야기일 뿐이다. 취업 자체도 힘들 뿐더러, 막상 직장 생활을 시작한 뒤 평생 월급을 모아도 집 한 채 변변히 사기 힘든 시대가 된 것이다. 이런 저성장 시대를 살면서 미래에 대한 답답함을 느끼는 사람들에게는 돌파구가 필요하다. 채널 〈신사임당〉은 바로 그런 이들에게 강렬한 임팩트를 주었다. 한국경제TV PD 출신이자 현재는 여러 사업체를 운영하는 경영인으로서 본인이 체험한 자본주의의 논리와 성공 공식을 유튜브에서 공유했고 그 결과는 뜨거웠다. 현재 34만 명이 넘는 구독자를 보유한 〈신사임당〉은 어떤 채널일까?

영상 전문가가 본 유튜브의 미래

채널 정보란에 "제가 겪은 자본주의 매뉴얼을 공유한다"라고 적혀 있는데요. 채널의 성격이 궁금합니다.

제 채널의 주제는 돈과 관련된 것들입니다. 처음에는 '돈 버는 방법'이라고 썼는데 돈 이야기를 싫어하는 사람들도 있더군요.

초기 영상들의 초점이 주로 어떻게 돈을 벌 것인가에 맞춰져 있었다면 요즘은 삶에 대한 의지, 주도적인 삶을 살아가는 사람들의 이야기로 바뀐 것 같더군요. 주제가 인문학적으로 넓어진 느낌입니다.

맞습니다. 돈이라는 주제는 너무 자극적이어서 부담이 되었습니다. 사실 제가 다른 사업을 하지 않고 있으면 계속 돈과 관련된 주제를 밀고 나갔을 겁니다. 주제를 조금 바꿔야겠다고 마음을 먹은 계기가 있습니다. 유튜브에 신사임당을 검색하니 제 이름까지 연관 검색어에 뜨더군요. 저는 그렇게까지 해서 적을 만들고 싶지는 않았습니다.

유튜브를 시작한 계기가 무엇인지요?

원래 제가 방송국 PD로 일했습니다. 그런데 PD직을 그만두고 사업을 하면서 커리어에 공백이 생겼습니다. 혹시라도 사업을 그만두면 PD일을 다시 할 수도 있는데 이력서를 쓸 때 공백 기간이 있으면 난감할 것 같았습니다. 유튜브를 하면 재취업을 하더라도 '뉴미디어 PD'라고 새로운 경력으로 적을 수 있겠죠. 그래서 이 채널만 시작한 게 아니라 육아, 인테리어, 게임 등 여러 채널을 만들었습니다. 그런데 다른 채널은 잘 안 되고 이 채널만 살아남았습니다.

언제 유튜브를 시작했나요?

제일 처음 영상을 업로드한 것은 2015~2016년 즈음이었습니다. 기존 업계에서도 변화의 바람을 감지하고 있었죠. 전 직장에서 모바일과 웹 전용 콘텐츠를 유통하는 프로젝트를 준비하던 때입니다. 큰 기업도 이런 걸 준비하는데 나도 해야겠다고 생각했습니다. 당시에 다니던 회사에서 받은 직원 교육의 내용도 뇌리에 남았죠. "1인 미디어 시대가 올 것이고, 해외에선 MCN(Multi Channel Network)이 이만큼 돈을 벌고 있다"는 내용이었습니다. 그때 진짜 유튜브가 대세가 되겠다고 생각했습니다. 그래서 처음 만든 채널은 사진 찍는 법과 관련된 채널이었습니다. 제가 사진 스튜디오를 하고 있으니까 세트도 만들고 조명도 설치하고, 공을 들여서 고퀄리티 영상을 만들었죠. 그런데 잘 안 되었습니다.

사람들은 미래의 트렌드를 궁금해한다. 매년 베스트셀러 목록에 이름을 올리는 책이 그다음 해의 트렌드를 분석하는 트렌드서인 것만 보아도 알 수 있다. 그런데 미래의 변화를 예측한다고 해서 모두가 그 변화를 깊이 고민하고 내 인생에 적용시키지는 못한다. 한 귀로 듣고 한 귀로 흘리는 사람이 대부분이다. 1인 미디어의 부상에 대한 예측은 사실 어제오늘의 이야기가 아니다. 기존 미디어 업계에 종사하는 사람들을 만나 보면 이런 변화를 감지했으면서도 '그렇다고 다니던 직장을 그만두라고? 내 커리어를 어떻게 바꿔?'라는 막막한 생각뿐인 경우를 많이 본다. 그런데 그는 달랐다. 변화를 감지한 순간 누구보다 발 빠르게 움직였고 새로운 형식에 도전했다. 비록 그 도전이 이력서 한 줄을 채우기 위한 것이었을지라도 아무것도 시도하지 않는 사람과는 하늘과 땅만큼의 간격이 벌어지는 것이다.

익숙한 성공 공식을 버려야 새로운 길이 보인다

사진 채널이 성공하지 못한 이유는 무엇일까요?

그때는 다른 출연자를 섭외해서 진행했었습니다. 제가 PD 출신이니 늘 출연자를 섭외하고 영상을 만드는 것에만 익숙해져 있었던 거죠. 제가 직접 출연할 생각은 없었습니다. 그런데 출연자 섭외에는 시간과 돈이 많이 들어요. 열심히 영상을 만들어도 피드백이 없어서 바닷물로 커피를 타는 기분이었습니다. 이건 아닌 것 같아서 접은 다음, 제 아기와 놀아 주는 영상을 보여 주는 채널을 시작했습니다. 그런데 그 채널도 제 장인, 장모님과 부모님만 보시기에 접었습니다. 2017년쯤이었죠.

육아 채널은 다 잘되는 것 아닌가요?

잘 모르겠습니다. 왜 실패했는지 그 원인을 알면 지금이라도 다시 시작할 텐데 말이죠. 돌이켜 보면 그때는 열심히 안 했던 것 같습니다. 영상을 한 편 업로드하는 데 시간이 한참 걸렸어요. 한 편에 너무 많은 공을 들이니까 다음 업로드는 엄두가 나지 않더군요. 그다음에 시작한 인테리어 채널도 마찬가지 이유로 어려웠습니다. 영상 하나 만드는 데 너무 많은 공이 들고 유지가 힘들었지요. '아제들의 아지트'라는 의미로 〈아제트〉라는 이름의 채널도 했고, 홈 카페 채널도 했었습니다. 모두 실패했습니다.

중요한 부분이군요. 지금은 오히려 영상을 만들 때 힘을 빼고 만들지 않습니까? 예전에는 왜 영상에 공을 들였나요?

그 영상들을 PD 포트폴리오로 쓰려고 했으니까요. 그런데 구독자 수 20명으로는 포트폴리오로 내밀지도 못하겠더라고요. 결국 많은 구독자가 필요했습니다.

단번에 뜬 채널이 아니군요.

이것저것 진짜 열심히 했습니다.

예전에는 방송국 포트폴리오를 염두에 두고 완벽한 퀄리티로 접근했다면 지금은 영상의 퀄리티를 담보하지 않더라도 유튜브의 아마추어리즘을 살려서 편하게, 대신 많은 영상을 만들고 있습니다. 전문 스튜디오를 운영하면서도 제대로 된 마이크도 없이 스마트폰으로 촬영하고요. 방향을 바꾼 결정적인 계기가 무엇인가요?

그렇게 찍은 게 제일 잘되었거든요. 어느 날 아내와 아기와 제주도로 놀러 갔어요. 둘이 씻으러 들어간 동안 저 혼자 침대에 누워 있었지요. 문득 '그냥 찍어서 올려 볼까?'라는 충동에 '주식 투자 하면 안 되는 이유'라는 영상을 올렸어요. 그런데 조회 수가 많이 나오더라고요. 그때 '아, 무조건 열심히 한다고 되는 건 아니구나'라고 생각했죠.

- 광고가 증가할수록 전환율은 감소
- 전환율이 감소할수록 매출 증가속도 감소
- 매출이 증가할수록 고정비가 증가
- 고정비가 증가할수록 이익률이 감소
- 이익률이 감소할수록 필요전환율이 증가

그러므로 고정비가 증가하지 않는 순간까지
매출을 증가시키기 위해 광고비를 증액하는
것이 빠른 성장의 지름길

:: 영상의 완성도보다는 시청자에게 꼭 필요한 내용과 메시지를 담기 위해 노력하고 있다. 창업 관련 정보를 직접 강의하기도 한다. (출처: 신사임당 유튜브 채널)

'어떻게 보여 주느냐'보다 '무엇을 말하느냐'가 중요하고, '퀄리티보다 메시지가 중요하다'는 걸 깨달은 거군요. 그래서 지금은 메시지에 집중하는 채널이 되었나요?

맞아요. 아무리 PD라도 이 사실을 바로 깨달을 수는 없어요.

초보 유튜버가 채널을 키우려면 웰메이드 영상 몇 편보다 퀄리티를 낮추더라도 다작을 제작하고 업로드하는 편이 낫나요?

처음에는 아무거나 막 찍으면 안 되고 관심을 끌 만한 주제인지 판단하는 게 중요합니다. 될 채널은 영상 3개만 올려 봐도 아는 것 같아요. 제가 시도했던 여러 채널 중에는 영상을 3개, 10개, 심지어 100개 가까이 올린 채널도 있었어요. 그때는 마냥 버티면 될 줄 알았습니다. 그런데 그게 아니더라고요. 아니다 싶으면 빨리 잘라 내고 다른 걸 하는 게 낫습니다. 내가 만일 요리 채널을 시작했는데 다른 주제를 다룰 때보다 반응이 좋다면 똑같은 걸 계속하는 게 중요합니다. 누군가

웰메이드 영상을 만들어서 잘됐다면 그 사람은 웰메이드가 맞는 것입니다. 제 중학교 동창들이 저와 함께 유튜브를 시작했는데요, 지금 각자의 구독자가 14만 명, 21만 명, 저는 34만 명입니다. 그런데 그 채널들은 모두 다릅니다. 각자에게 딱 얻어걸리는 게 있습니다. 그래서 맞는 게 아니다 싶으면 빨리 접는 게 낫습니다.

예전에 하던 일이 PD였으니 흥행이나 성장도 중요하지만 내가 만든 결과물에 대한 만족감이 있지 않나요? 자기만족을 위해 많이 타협하는 편인가요?

어느 날 이런 걸 느꼈어요. '이렇게 아무도 안 볼 영상을 만들 거면 그냥 하드 디스크에 저장하는 게 낫겠다.' 사람들이 많이 봐 주는 게 더 중요하다는 생각을 하게 된 겁니다. 처음에 공들여서 조명도 쓰고 사람도 섭외했지만 사실 그렇게밖에 안 해 왔으니까 뭐든 그렇게 해야 되는 것인 줄 알았습니다. 익숙한 시점에서 탈피하는 데 시간이 걸렸습니다.

원래 꿈이 PD였나요?

네, 대학에서 방송영상을 전공했습니다.

지금은 PD보다 유튜버로서 만족하시는지요?

제 능력으로는 PD로서 미래가 보이질 않았습니다. 월요일에 출근해서 수요일에 퇴근하는 삶은 정말 끔찍한 노가다였습니다. 내가 마음대로 할 수 있는 것도 없고, 어떤 영상이든 승인을 받아야 하고, 시키는 것만 해야 했죠. 지금은 데드라인도 없고, 맘에 들지 않으면 영상을 안 올려도 되는 자유가 있습니다. 또 다른 점은 광고도 제가 선택해서 할 수 있다는 점입니다. 물론 PD 시절에는 광고 편성에 대한 책임감이 없었지만 이제는 사람들이 싫어하면 그것도 제가 지고 가야 하니 편성 전략도 제 책임, 업로드도 제 책임입니다. 채널에 전권이 있는 만큼 책임도 다 제가 지죠. 그래도 지금이 좋습니다.

높은 퀄리티의 창작물을 만들 수 있으면서도 자신의 루틴을 버리는 것은, 실력이 없으면서 좋은 퀄리티의 결과물을 만들어 내야 하는 경우보다 더 어려울지 모른다. 자신의 관록과 자존심을 버려야 하기 때문이다. 공중파 PD 출신으로서 영상 스튜디오까지 운영하는 전문가이지만 그 모든 인프라와 기술을 버리고 힘 뺀 영상을 만드는 데에는 많은 용기가 필요했을 것이다. 아무리 큰 먹이를 쥐고 있더라도 더 큰 먹이를 움켜쥐기 위해서는 가진 것을 놓을 줄도 알아야한다. 〈신사임당〉이라는 채널은 그게 가능했기 때문에 기복 없이 탄탄한 콘텐츠를 유지할 수 있었다.

내 현실을 객관적으로 파악하자

학창 시절에 어떤 사람이었나요?
내성적인 편이었습니다. 반 아이들 중에 만화도 그리고 판타지 소설도 쓰는 친구들이 있잖아요? 제가 그랬습니다. 한마디로 반에서 존재감이 없었죠.

유튜버는 관종에 인싸(인사이더)여야 한다는 고정관념이 있는데 아닌가 봅니다.
제 채널은 아싸(아웃사이더) 채널입니다. 그만큼 아웃사이더가 많은 겁니다. 아싸는 아싸들의 공감을 얻으면 되는 것이죠. 유튜버의 성격과는 상관없습니다.

그렇다면 카메라에 얼굴을 내미는 게 힘들지 않았나요?

이 채널의 구독자 수가 20만 명을 넘을 줄 알았다면 처음부터 출연자를 썼을 겁니다.

제일 힘든 점은 무엇인가요?

처음에는 제 자신이 노출되는 게 힘들었지만 이제 익숙해졌습니다. 지금은 '이 상황을 언제까지 유지할 수 있을까' 하는 걱정이 제일 힘들게 합니다. 마치 신데렐라와 같은 겁니다. '언젠가는 자정이 되고 파티는 끝난다. 파티가 끝났을 때 유리 구두를 남기고 와야 한다'는 고민이 있죠. 그런 유리 구두를 남기기 위해서 노력하고 있습니다.

유리 구두가 무엇인지 구체적으로 설명해 주세요.

사업이 될 수도 있고, 다른 사람과의 연계가 될 수도 있습니다. 채널이 성장했을 때 만들어 놓아야 합니다. 파티가 끝난 다음에는 만들수 없죠.

여러 인물을 만나는 인터뷰 콘텐츠로 방향을 바꾼 것도 사업의 다각화를 꾀하는 차원인가요?

그런 측면이 있습니다. 잘나가다가도 순식간에 없어지는 채널도 많지 않습니까. 그런 걸 보면서 많이 배웁니다. 화려해 보이는 유튜버라도 언제까지 그 파티가 지속된다는 보장이 없습니다. 저는 절대로 정

:: 최근에는 여러 분야의 전문가들을 인터뷰함으로써 시청자들에게 다양한 삶의 모습과 성공에 관한 통찰을 선사하려고 노력하고 있다. (출처: 신사임당 유튜브 채널)

치 이슈 같은 것은 다루지 않습니다. 처음에는 제가 하고 싶은 말만 했는데 점점 채널이 커질수록 많은 사람에게 공감이나 도움을 줄 수 있는 이야기를 찾게 되더라고요. 수요가 있을 것 같은 이야기를 하는 것이죠. 사실 처음에는 '보기 싫으면 안 보겠지' 하며 제 위주로 생각했습니다.

그런데 지금은 다릅니다. 소설법은 없지만 방송법은 있잖아요? 왜일까요? 뉴미디어도 매체의 포맷이 조금 달라졌을 뿐이지, 방송과 같은 단계를 거칠 것이라고 생각합니다. 내 이야기만 할 거라면 일기장에 쓰는 게 낫습니다. 그래서 사람들이 싫어할 만한 이야기는 피하려고 노력합니다. 굳이 저까지 그 이야기를 할 필요는 없으니까요. 수요가 있는 무난한 이야기들을 합니다. 자극적인 이야기를 하면 더 많은 구독자를 모을 수 있겠지요. 하지만 저는 이후 발생할 수 있는 시청자들의 극렬한 반응을 버틸 만한 그릇이 되질 못합니다. 저는 최대한 가늘고 길게 가고 싶어요. 왜냐하면 지금 하고 있는 사업의 매출 변동이 크거든요. 유튜브까지 안정성을 버리고 싶지는 않습니다.

3개의 스튜디오와 쇼핑몰을 운영하면서 유튜브에도 거의 매일 영상을 업로드하고 있는데요. 이 모든 일을 어떻게 다 소화하나요?

요즘 제가 올리는 영상이 각계각층 사람들과의 인터뷰인데요. 평소에는 제 할 일을 하다가 인터뷰 대상이 오면 함께 촬영하는 방식입니다. 촬영은 스마트폰으로 하고요. 늘 지니고 다니는 스마트폰 카메라로 찍는 덕분에 퀄리티가 균일합니다. 그리고 인터뷰 상대가 카메라를 의식하지 않을 수 있어 오히려 도움이 됩니다. 고가의 장비를 마련해도 온전히 성능을 뽑아내기 힘듭니다. 내가 아무리 뛰어난 영상 기술을 가지고 있어도 전문 촬영 장비를 썼을 때와 스마트폰으로 촬영했을 때 결과물의 퀄리티가 크게 다르지 않다면, 그리고 자신이 영상미를 추구하는 게 아니라면 채널의 지속성이나 유연성을 위해 스마트폰을 활용하는 게 낫습니다. 촬영 장비는 들고 다니기도 힘들어요.

좋은 장비로 승부를 보려면 이 업계의 진짜 프로들과 싸워야 합니다. 세계 기행 다큐멘터리를 찍는 프로들도 끊임없이 유튜브로 유입될 겁니다. 그런 사람들과 영상미로 경쟁한다고요? 힘든 일입니다. 저는 고민 끝에 다른 방식으로 접근했습니다. 저는 처음에 검은색 배경에 검은색 티셔츠를 입고 찍었습니다. 가수 sg워너비 김진호 씨의 무대를 보고 영감을 받은 건데요. 김진호 씨가 검정색 티셔츠를 입고 노래를 부르는데 아무런 무대 장치가 없는 것처럼 느껴지도록 연출했더라고요. '그때 느꼈던 감정을 영상으로 고스란히 옮기고 싶다, 나는 이런 형태로 메시지를 전달해야겠다.' 그렇게 결심했습니다. 제 영상에 숨겨진 메시지는 '누구나 할 수 있다'는 것입니다. 일부러 대충 찍는 거죠. 현재는 배경색을 핑크색으로 바꿨는데 여성 구독자의 비중을 늘려 외연을 확장시키기 위해서입니다. 그전에는 남자 구독자가 80퍼센트였거든요. 요즘은 비비크림도 바르고 있어요. 처음과 비교하면 지금은 앵글도 다릅니다. 목표에 맞춰서 계속 수정한 것이죠.

역시 PD 경력에서 나오는 무서운 내공입니다. PD 생활은 몇 년간 했나요?

6년 동안 했어요. 사실 제가 유튜브로 성공한 것은 운이 좋았기 때문이에요. 대개 크게 히트한 영상의 퀄리티를 유지할 수 있느냐 없느냐에 따라 채널의 성공 여부가 갈립니다. 저는 운이 좋게도 폭발적인 조회 수를 기록한 영상의 퀄리티가 그다지 높지 않았고 전달하고자 하는 이야기가 더 중요했기 때문에 유지하는 게 어렵지 않았습니다.

1년, 아니 6개월 전후의 판도가 눈에 띄게 달라지는 뉴미디어 환경에서 항상 다음 먹거리를 준비하는 자세야말로 유연하고 신속하게 변화에 대처하는 무기가 된다. 신사임당은 어설프게 예술성을 추구하거나 자기만족에 빠져 있기보다 지금의 성공을 발판으로 다음 단계에서 무엇을 할 수 있을지 끊임없이 고민하고 있다. 순수한 창작욕으로 유튜브에 입성해 성공을 거두고 희열을 느끼는 여타의 대형 유튜버들과는 사뭇 다른 냉철함을 보여 준다. 자기 자신을 객관화하는 것처럼 어려운 일이 없다. 눈앞의 성공에 기뻐하지 않는 것도 힘들다. 그는 철저하고 정교한 계산을 통해 자신의 미래를 준비하고 있었다. 꿈에 취해서 한 치 앞을 보지 못하고 과거를 답습하는 많은 유튜버에게서는 찾아보기 힘든 능력이다.

PD에서 유튜버로 변신하기

PD 생활과 비교하면 유튜버의 업무 강도는 어떻습니까? 일과가 궁금하네요.

아침에 아이를 등원시키고 사무실에서 일하다가 손님이 도착하면 인터뷰를 한 뒤 편집해서 업로드합니다. 보통 일과가 이런데요. PD 시절에 비하면 업무 강도는 가볍습니다. 전 직장에서는 새벽 5시 반에 시작하는 글로벌 증시 프로그램 생방송을 준비하기 위해 새벽 3시 반에 출근하고 그랬으니까요. 시작 시간을 해외 증시에 맞춰야 하는데 우리나라와 시차가 있으니까요. 정신적인 책임감도 막중했습니다. 새벽 5시 반에 시작하는 방송의 경우 정해진 내용이 있는 게 아니고 그날그날 어젠다(agenda)를 정하거든요. 정확하고 신속한 보도가 생명이니까 전 세계 기자 800명의 트위터를 팔로우하고 있었죠. 전날에 일어난 전 세계의 경제 이슈를 앵커, 캐스터, 작가, 저 이렇게 4명이서 새벽 3시 반부터 골랐던 겁니다. '어떤 이야기를 해야 문제가 안 될까, 어떤 게 가장 중요할까.' 늘 치열하게 고민했죠. 그리고 혼도 많이 났습니다. 사고를 치지 않아야 한다는 게 가장 큰 압박이었습니다.

유튜브 콘텐츠는 어떻게 만드는지요? 인터뷰는 상대방의 이야기에 따라 내용이 달라지니까 퀄리티를 컨트롤하기도 힘들고, 대상을 섭외하는 것 자체도 힘들 것 같습니다.

전 직장 동료들이 섭외에 많은 도움을 줍니다. 앞으로는 누구나 참여할 수 있는 온라인 라이브 강연을 해 보려 합니다. 누구나 자기 이야기를 갖고 있더라고요. 그런데 들어주는 사람이 없어서 강연을 못 할 뿐입니다. 강연하고 싶은 구독자를 모시고 마이크를 주는 라이브 포맷을 고민 중입니다. 거리 노래방 콘텐츠를 보고 많은 아이디어를 얻었습니다. 평범해 보이는 사람이라도 자기만의 이야기가 있어요. 제 영상 중에서 많이 아껴 쓰는 아기 엄마와의 인터뷰 영상은 조회 수가 4만 뷰나 됩니다. 누구에게나 배울 점이 있습니다. 내일모레는 청소 노동자분을 초대해서 인터뷰해 보려 합니다.

유튜브를 하면서 제일 싫었던 경험이 있을까요?

아무래도 돈과 관련된 콘텐츠를 다루다 보니 오해하는 사람도 많았습니다. 나는 내 이야기를 할 뿐인데 보기 싫으면 안 보면 되지, 왜 여기 와서 이러나 싶었습니다. 초기에 주로 겪었던 일인데 부정적인 댓글은 그렇다 치더라도, 말도 안 되는 협박 메일을 받은 적도 많았습니다. 당시에 부업으로 쇼핑몰을 운영하고 있었기 때문에 사업자등록과 반품 주소지가 제 집으로 되어 있었거든요. 아무런 말도 없이 그 주소만 캡처해서 메일로 보낸 사람이 있었습니다. 정말 오싹한 경험이었죠. 그때 제일 힘들었고 채널도 접으려고 했습니다. 당시 구독자 수는 2만 명 정도였어요.

구독자 수가 그 정도일 때 다들 그런 경험을 하는 것 같습니다. 그런데 구독자 숫자가 훨씬 많아지면 사람들이 인정하고 수긍하는 것 같더라고요.

맞습니다. 요즘은 그런 사람이 없거든요. 돈이라는 주제가 좀 예민한 것은 분명합니다. 이 분야에서 대형 채널이 별로 없어요. 그래서 제가 주목을 받는 면도 있죠. 제가 트렌드를 주도할 수 있다는 점은 분명 좋습니다. 제가 어떤 주제를 올리면 구독자 수 1만 명이 되지 않는

:: 친구와 함께 인터넷 쇼핑몰을 창업하기 위해 준비하는 모습. 이론만이 아닌 실전적인 정보를 담고 있기 때문에 시청자들의 호응을 이끌어 낼 수 있었다. (출처: 신사임당 유튜브 채널)

소형 채널들이 연달아 같은 주제를 베껴서 올립니다. 그러면 그 채널의 연관 채널에 제 채널이 올라가게 돼요. 그렇게 해서 제가 노출이 되고 구독자 증가에 가속이 붙는 것입니다. 구독자는 중력과 같아요. 큰 채널이 더 크는 이유가 바로 이런 것이죠.

유튜브를 하면서 가장 좋은 점은 무엇이죠?

사람들을 많이 만나게 된 것입니다. 배우는 것도 많습니다. 사업 면에서도 영감을 많이 얻어요.

실제로 유튜버가 되니 단순히 시청자일 때와 어떤 차이가 있나요? 시각의 차이가 생겼나요?

저는 처음부터 유튜버나 스트리머가 대단하다고 생각했고 지금도 변함이 없습니다. 몇몇 스트리머들은 9~10시간씩 라이브 방송을 합니다. 방송에 완전히 중독된 것이지요. 그러다 보니 밥을 먹으면서 방송해야 했습니다. 그때 제목을 '먹방'이라고 달던 게 지금의 먹방 트렌드입니다. 그게 하나의 콘텐츠로 독립된 것입니다. 정말 대단하다고 생각합니다. 다른 스트리머들이나 유튜버들을 존경합니다. 저는 운이 좋았을 뿐입니다.

PD로서, 그리고 여러 유튜브 채널의 창작자로서 오랫동안 콘텐츠를 제작하고 대중과 소통해 왔기에 그는 자신의 채널에 대해 놀랍도록 냉철한 시선을 견지하고 있었다. 자신의 카피캣(Copycat)에 대한 득실 분석만 봐도 그렇다. 단순히 '내 걸 따라 하는구나'에서 그치지 않고 오히려 따라 하는 것이 내게 득이 된다는 사실을 알 정도로 높은 곳에서 판세를 조망하는 것이다. 나무보다 숲을 보아야 채널의 변화에 일희일비하지 않을 수 있다.

유튜브는 영원할 것인가

유튜브의 비전을 어떻게 보나요?

일시적입니다. 영원할 것으로 생각하지 않습니다. 최근 유튜브에는 거품이 많이 꼈다는 생각이 듭니다. 사람들이 많이 본다고 그만큼의 가치가 있는 것은 아닙니다. 이제껏 없던 직업이니까 너무 과대평가된 부분도 분명히 있고요. 블로그를 하기 위해 회사를 그만두는 사람은 없지 않습니까. 유튜브도 전업으로 하기에는 리스크가 큽니다. 야후가 쓰러졌던 것을 보세요. 유튜브가 독점 사업자로 살아남는 건 힘들다고 봅니다. 유튜브는 회사와 크리에이터가 수익 셰어(share)를 하고 있습니다. 수익이 줄거나 돈을 안 준다면 유지가 될까요? 영상 매체의 미래에 대한 이야기라기보다는 유튜브라는 플랫폼이 이 시장을 계속 지배할 거라고 장담하기 어렵다는 의미입니다. 지금 시점에서 퇴사하고 유튜브를 시작하겠다는 사람들은 어느 정도 돈을 바라보는 것인데, 돈이 덜 벌리면 유입이 계속될까요?

인터뷰 도중에 들은 이야기인데 적절한 비유가 될지 모르겠습니다. 한 할아버지가 있었습니다. 그런데 그 할아버지는 동네 아이들이 집 앞에서 너무 떠드는 바람에 골치를 앓고 있었죠. 할아버지는 어느 날 그 아이들을 불러 모아서 "매일 우리 집 앞에서 떠들면 돈을 1000원씩 주겠다"고 했습니다. 아이들은 매우 좋아하면서 매일 그 집 앞에서 떠들었죠. 그리고 한 달이 지나자 할아버지가 말했습니다. "내가 파산해서 더 이상 돈을 줄 수 없지만 너희가 떠드는 게 좋으니 계속 우리 집 앞에서 떠들어 달라"고 부탁했지요. 아이들은 그 집 앞에서 떠드는 것을 멈추었다고 합니다. 있던 메리트가 사라지면 원래의 동기도 잃게 되는 법입니다.

요즘 아이들은 TV를 보지 않는 대신 유튜브를 본다고 한다. 기업의 광고비 집행 매체도 점점 유튜브로 이동하고 있다. 공중파의 시대가 저물었다는 분석이 여기저기서 나온다. 그러나 플랫폼으로서의 유튜브는 영원하지 않다. 오히려 다수의 TV 시청자가 유튜브가 아닌 넷플릭스로 빠져나가고 있다. 신사임당과의 뉴미디어 매체에 대한 대화에서, 유튜브에 대한 과열된 관심이 정제된 콘텐츠로 다시 이동할 것이라는 관측을 엿볼 수 있었다. 영상 업계에서 잔뼈가 굵은 프로로서 다양한 실패와 성공의 경험을 가진 그이기에 초연하고 객관적인 성찰이 가능한 것이리라.

성공적인 'EXIT'를 꿈꾸다

구독자 10만 명, 20만 명을 돌파하면 어떤 생각이 드나요?

별생각이 없습니다. 40만 명이 되어도 다르지 않을 것 같습니다. 구독자들이 돌아서는 건 한순간입니다. 극단적인 가정이지만 누군가 제 유튜브 아이디를 해킹해서 야동을 업로드했다고 칩시다. 그럼 다들 구독 취소를 할 거 아닙니까. 그걸 되돌리기는 힘듭니다. 지금은 박수를 쳐 주니까 내 팬 같지만 언제든 변할 수 있습니다. 우리는 대중에게 많은 말을 하지만 어떤 생각이 대중의 생각과 다른지는 모를 수 있습니다. 그걸 인지하지 못한 채 잘못된 말을 내뱉으면 돌이킬 수 없습니다. 실수란 그런 것입니다. 오히려 저는 구독자가 1만 명이 되었을 때 제일 행복했습니다. 그 숫자가 제 채널의 목표였으니까요. 1만 명쯤 되면 내가 이런 걸 했다고 이력서에 한 줄 적을 수도 있고요. 수익 창출이 처음 되었을 때도 기뻤습니다.

어떤 성격이나 습관을 가진 사람이 유튜버로 어울릴까요?

누구나 할 수 있습니다. 남성적이든 여성적이든, 인싸든 아싸든, 상관없습니다. 그런데 나와 비슷한 사람이 내 팬이 되는 것 같더군요. 언젠가 구독자 모임을 했는데 저와 비슷한 사람이 많이 와서 깜짝 놀랐습니다. 단, 유튜버는 스스로 동기 부여를 할 수 있는 사람이어야 합니다. 왜냐하면 초창기에는 대부분 피드백이 없기 때문입니다. 그때는 다른 사람의 조언도 귀에 잘 안 들어옵니다. 내 속도 모르고 누군가 "이렇게 하면 어때?" "채널을 이렇게 바꿔 봐" 등등 채널에 대해 이야기하면 우울해집니다. 나 자신으로부터 동기 부여가 이루어지고 그 기간을 버텨야 합니다.

채널의 목표는 무엇입니까?

진짜 최종 목표는 유튜브라는 한계에서 벗어나는 것입니다. 얼마나 깔끔하게 이 거품을 걷어 내고 남은 알곡들을 잘 챙기느냐가 관건이죠. 그리고 그다음 사업에 대한 스텝을 계속 생각하고 있습니다. 요즘은 열심히 사는 사람들의 이야기를 모아서 책을 내 볼까 생각도 하고 있습니다.

유튜브가 최종 목적지가 아니라는 그의 답변이 놀랍고 신선하다. 새롭게 부상한 미디어로서 유튜브가 발하는 화려한 불빛에 이끌려 막연한 성공을 꿈꾸는 이들에게는 김빠지는 이야기일 수도 있다. 하지만 오히려 그렇기 때문에 영상 업계에서 겪을 수 있는 모든 희로애락을 경험한 그의 이야기에 귀를 기울일 필요가 있다. 우리 모두 꿈에 취해 현실을 직시하지 못할 수도 있기 때문이다. 당장의 성공이나 실패에 일희일비하지 않고 나와 내 채널을 분석할 수 있는 냉철함, 당장 손에 쥔 익숙한 도구를 버릴 수 있는 용기, 미래를 위해 신발 끈을 동여매는 준비성이야말로 급변하는 뉴미디어 환경에서 오래 생존할 수 있는 무기가 될 것이다.

호기심과 궁금증은 크리에이터의
성별을 가리지 않는다

– 테크 리뷰 채널 〈가전주부 GJJB〉

| 가전주부 |

남성들이 주로 활약하는 테크 리뷰 분야에서 독보적인 위치를 점하고 있는 여성 크리에이터. 채널 〈가전주부
GJJB〉는 약 36만 명이 구독하고 있으며 총 누적 조회 수 8300만 뷰를 돌파했다(2022년 5월 기준). 타고난
호기심과 탐구심이 바탕이 된 진솔한 리뷰가 장점이며 테크뿐 아니라 영화관, 자동차 등 리뷰 품목의 다양화
를 꾀하고 있다. 주부로서의 일상을 소개하는 〈잔업주부〉라는 채널 또한 함께 운영하고 있다.

'테크 제품 리뷰'라는 장르는 유튜브와 함께 시작되었다
고 해도 과언이 아니다. 불과 몇 년 전까지 제품 리뷰의 플랫폼은 텍스
트 매체인 블로그였는데 글과 사진만으로 복잡한 전자 기기의 사용법
이나 장단점을 효과적으로 보여 주기에는 무리가 있었다. 따라서 제품
을 이리저리 돌려 가며 영상으로 보여 줄 수 있는 유튜브 플랫폼은 특
히 테크 분야에서 폭발적인 성장을 이루었다. 그러나 전자 기기에 익숙
한 테크 리뷰어들이 쏟아 내는 전문 기술 용어들은 사실 다수의 사람
에게 필요한 것은 아니다. 이때 혜성처럼 등장해서 빠르고 탄탄하게 성
장한 채널이 바로 〈가전주부 GJJB〉다. 주부로서 실제 사용해 본 제품
들에 대한 리뷰는 친근하면서도 다수가 궁금해하는 가려운 구석을 정
확하게 긁어 주었고 현학적인 용어들로 무장한 기존 리뷰의 관습을 깨

뜨리기에 충분했다. 거기에 듣기 편한 부드러운 목소리와 정확한 발음, 매력적인 외모, 친절하고 여유로운 태도 등 전직 아나운서의 장점은 대중에게 더욱 어필하는 요소로 작용했다. 덕분에 누구보다 다양한 매체로부터 주목받는 대표 유튜버로 성장할 수 있었다.

궁금한 제품은 무조건 직접 써 본다

유튜버를 시작한 계기가 궁금합니다.

제가 2017년 4월경에 유튜브를 시작했는데 그때만 해도 크리에이터도, 시청자도 지금처럼 많지 않았습니다. 시청자도 전 세대를 아우르지 않았죠. 이렇게 많은 사람이 보게 될지 몰랐어요. 그저 제가 사용한 제품들이 어떤지 리뷰를 올리고 싶었습니다. 글보다는 영상이 더 잘 보여 줄 수 있을 것 같았기 때문이죠. 평소에도 사용해 보고 싶은 제품들의 리뷰를 유용하게 보고 있었던 터라 제가 먼저 알게 된 정보를 여러 사람과 나누고 싶었습니다. 주로 글로 된 리뷰를 많이 봤는데 동영상이면 더 좋을 것 같다는 생각을 자연스럽게 하게 되었죠.

유튜버 1세대라고 해도 과언이 아니겠죠?

워낙 예전부터 뷰티 유튜버들이 활약해 왔으니 1세대라고 하기에는 좀 과장이겠고요. 테크 분야에서라면 초기에 속하는 것 같습니다.

IT 제품을 다루는 여자분들이 많지 않았던 시절이죠.

아예 없지는 않았어요. 사실 남녀를 합해도 테크 유튜버 수 자체가 많지 않았습니다. 그들도 막 시작한 단계였죠. 여성 유튜버들은 테크 리뷰라는 한정된 카테고리에 국한되지 않고 요리나 뷰티 콘텐츠도 업로드하고 그랬습니다.

지금은 여성 테크 유튜버로서 독보적인 위치에 올랐습니다. 어떤 차별점이 있었을까요?

제가 주부라는 게 차별화인 것 같습니다. 유튜브 활동을 본업이 아닌 취미처럼 시작했기 때문에 편안하게 접근했거든요. 블로그에서 유튜브로 옮겨 온 사람들은 취미가 아니라 본업이기 때문에 딱딱하고 어렵게 설명하는 부분이 많았다면 저는 실사용자로서 체험한 부분을 쉽게 설명했는데 그 점이 달랐습니다. 일반적으로 생각하는 전문 리뷰가 아닌, 실생활에서 어떻게 쓰이는지 공유한 부분이 주효한 것 같습니다. 전문적이고 구체적인 제품 스펙을 나열하는 비중을 줄이는 대신, 제가 살고 있는 집 거실이나 부엌 바닥에 앉아서 "제가 이걸 사 봤는데 써 보니 이렇더라"고 말해 준 거죠. 그 점이 신선했던 것 같습니다. 전자 제품에 관심이 별로 없어 보이는 사람이 제품 리뷰를 하니 신기하기도 했겠고요.

가전주부의 리뷰 대상은 갈래를 나누기 힘들 정도로 다양하다. 일반인들도 어려워하는 신제품의 기능을 척척 시연하다가도, 가족에게 말하기 힘든 입 냄새 고민을 해결해 줄 아이템을 들고나와 권하기도 한다. 알려지지 않은 건조기의 치명적 단점을 밝혀내는가 하면 '꿀재미'를 보장하는 미드를 싼 가격에 볼 수 있는 노하우도 공유한다. 그야말로 모든 것에 관한 리뷰라 하지 않을 수 없다. 이유는 간단하다. 본인이 직접 사고 싶은 제품은 물론이고 장소나 서비스까지 리

:: 가전주부의 리뷰는 마치 그녀가 우리 집 거실에 앉아 직접 사용해 본 소감을 들려주고 있는 듯하다.

뷰하기 때문이다. 그래서 가전주부의 팬층은 남성뿐 아니라 여성도 두텁다. 무언가 구매하려고 고민할 때 똑똑한 친구가 가격별, 기능별로 적합한 제품을 줄줄 읊어 주고 어떻게 하면 싸게 살 수 있는지 알려 주는 것이다. IT처럼 한정된 분야가 아닌 일상 전반을 아우르면서 내게 적합한 길을 소개해 주는 채널을 발견했다면 그 누가 구독 버튼을 누르지 않겠는가.

탄탄한 문화적 소양을 쌓다

예전에는 무슨 일을 하셨나요?

유튜브를 시작하던 때는 아나운서 활동을 그만두고 드라마 작가가 되고 싶어서 견습생처럼 보조 작가를 하던 시기였습니다. 제가 원래 '중고나라'를 많이 이용하는 타입이었어요. 노트북이나 핸드폰에 관심이 많아서 자주 바꾸기도 했죠. 친구들이 무언가 산다고 하면 나서서 알아봐 주는 그런 캐릭터예요. 제 주변에 컴퓨터나 스마트폰에 대해 잘 아는 사람이 없어서 제가 호기심이 많은 축에 들었습니다. 저는 호기심이 많고, 고민하기보다 직접 써 보고 판단하자는 성격이거든요. 여러 가지 제품을 사용한 경험이 많으니 주변 사람들에게 잘 알려 줄 수 있었던 것 같습니다.

작가를 꿈꿨다니 원래 콘텐츠를 만드는 일에 관심이 많았군요.

창작욕에 불타는 타입이죠. 예술적인 기질은 부족하지만 좋아합니다. 그래서인지 미드도 정말 좋아해서 미드 시청자가 흔치 않을 때부터 제가 직접 찾아봤죠.

콘텐츠를 많이 소비하는 사람이 좋은 콘텐츠 생산자가 되는 것은 아닙니다. '제대로 하는 사람이 없어서 내가 직접 해 보자'는 심정이었나요?

아닙니다. 평소에 블로그나 커뮤니티를 주로 참고했지, 유튜브는 전혀 시장 조사를 하지 않았어요. 누가 뭘 어떻게 하고 있는지 전혀 모르고 무작정 시작했습니다. 이렇게 채널이 커지거나 제가 꾸준히 할 거라고는 생각지 못했어요. 별생각 없이 스마트폰으로 영상을 찍어서 올리기 시작한 겁니다. 속으로 '이게 잘되면 10만 원 정도는 벌 수 있겠지?' 하고 설렜던 게 다였죠.

사춘기 여학생이 테크에 관심이 많은 경우는 흔치 않죠?

맞아요. 저는 심지어 격투기나 자동차도 좋아했어요. 그러면서 귀여운 것도 좋아했으니 서로 다른 취향을 모두 가지고 있었어요.

학창 시절에 공부를 잘했나요?

아주 잘하진 않았습니다. 그런데 특이한 걸 좋아했어요. 혼자 홍콩 영화에 빠져서 맨날 비디오 가게에 가서 빌려 보고 그랬죠. 안 본 영화가 없었어요. 저는 뭔가 호기심이 생기면 파고드는 스타일이거든요. 제가 여중, 여고를 다녔는데 일본 애니메이션을 좋아하는 친구들은 있었어도 홍콩 영화 덕후는 없었어요. 당시에는 지금처럼 인터넷 환경이 발달하지 않아서 PC통신으로 정보를 얻었습니다. 가수를 겸하는 홍콩 배우들이 많아서 레코드 가게에서 음반도 사고 그랬죠.

보통 사람들은 취미도 은근히 남을 따라가게 마련인데 가전주부 님은 고집이 좀 있다고 해야 할까요? 남들과 다른 것 같습니다.

저는 특이한 것을 좋아하면 그것도 경쟁력이라고 생각했어요. 부끄러워하진 않았습니다. 이상하게 생각하는 아이들이 많긴 했죠. "쟤는 왜 이상한 홍콩 아저씨를 좋아해?" 이랬어요.

반장 활동 같은 걸 했나요?

죽 반장 활동을 했습니다. 반장은 주로 학기 초에 뽑잖아요? 그러니까 할 수 있었던 것 같아요. 제 이상한 취향이 발현되기 전에 말이죠. 초반에는 그저 활발한 인상으로만 보이니까요. 사실 저는 그렇게 활발한 성격이 아니고 저만의 공간이 필요한 타입이거든요. 그런데 언뜻 보면 낯을 가리는 스타일로 보이지 않으니 쉽게 뽑아 주더군요.

아나운서 생활을 하게 된 계기는 무엇입니까?

모든 여대생들의 선망 직업이었고 저도 그랬습니다. 대학생 때 주변

:: 아나운서 출신답게 남들 앞에 서는 것이나
오프라인 활동을 어려워하지 않는다.

에서 권유해서 시작한 케이스입니다. 그때도 큰 용기가 필요했죠.

남 앞에 나서는 게 두렵지 않았나요?

두렵진 않았습니다. 사람들 앞에 나서는 걸 즐기지는 않아도 발표 같은 일에 부담을 느끼지도 않았습니다.

유튜브는 한국보다 미국에서 먼저 발달한 문화죠. 대학 시절 미드를 통해 미국 문화를 많이 접하면서 유튜브 문화에도 편하게 접근한 것 같습니다. 한국적인 콘텐츠만 소비하는 사람들은 같은 영상 매체라도 유튜브보다는 아프리카TV를 선호하는 경향이 있더군요.

그렇게 볼 수도 있겠네요. 저는 원래 다양한 분야에 호기심이 워낙 많았거든요.

어렸을 때부터 문화생활은 포기한 채 효율적이고 생산적인 일만 하려는 사람이 많다. 경쟁 사회의 고단함을 미리 인식하고 현실에만 갇혀 진학과 취업이라는 눈앞의 목표만 쫓느라 분주한 것이 한국의 청소년들이다. 하지만 가전주부는 달랐다. 그 누구보다 다양한 영상 문화를 탐닉했고 일반적인 학생은 관심을 기울이지 않을 분야에도 호기심이 왕성했다. 그리고 그 호기심을 해소하기 위해 적극적이었다. 모두가 선망하는 직업인 아나운서가 되었음에도 작가의 꿈을 위해 노력했다. 그는 문화적 토양이 탄탄했기에 누구보다도 빠르고 영리하게 유튜브라는 매체의 코드를 짚어 낼 수 있었다.

크리에이터의 삶, 어디까지 공개해야 할까

지금은 유튜브에만 전념하고 있죠? 여러 가지 직업을 가졌었는데 유튜버의 삶은 어떤가요?

저는 개인적으로 단체 생활에 맞지 않는 것 같습니다. 유튜버 활동은 프리랜서로서 혼자 일할 수 있으니 만족스럽습니다. 물론 프리랜서라고 해서 누구의 눈치도 보지 않는 건 아니지만 회사 생활과는 비할 수 없지요.

통제하는 조직이 없으면 게을러지기도 쉽지 않나요?

제가 스스로를 관찰해 보니 일상은 게으르지만 일할 때는 몰입하는 편이어서 결과적으로는 부지런하게 됩니다. 그래서 단체 생활이 맞지 않았던 것이죠. 제 리듬에 맞춰서 일을 조율할 수 있다는 점이 유튜버의 가장 큰 장점인 것 같습니다.

어릴 때 꿈이 무엇이었습니까?

초등학교 4학년 때 쓴 장래희망이 기자와 작가더라고요. 두 직업 모두 정보를 알리고 콘텐츠를 만드는 일이니까 어릴 때 꿈을 따라 지금 비슷하게 가는 것 같습니다. 특별한 사람들이나 TV에 나올 수 있다고 생각했으니까 입 밖으로 그 꿈을 이야기할 수는 없었던 것 같고요.

유튜버로서 안 좋은 점이 있나요?

많은 유튜버가 비슷하게 느낄 텐데 수입 면에서 안정적이지 않습니다. 얼굴이 공개되면서 제가 책임져야 하는 점도 많아지고요. 그런 부분이 힘들어요.

얼굴이나 집을 공개하는 게 부담스럽지 않았나요?

저는 아나운서 생활을 했었기 때문에 그런 부담은 한 꺼풀 벗겨진 상태였습니다. 주부로서 친근한 캐릭터니까 부담이 적기도 하고요. 채널명부터 '주부'라는 단어가 들어가니까요.

"이렇게 얼굴이 팔려서 결혼은 어떻게 하나"라는 걱정을 할 필요가 없었겠습니다.

맞아요. 결혼을 하면서 내려놓는 부분이 분명히 있습니다. 말도 더 친근하게 하고, 남편 이야기도 편안하게 할 수 있지요. 남자분들에게 다가갈 때에도 미혼이었다면 제 의도를 오해할 수 있는데 지금은 오히려 더 편하게 친구가 될 수 있습니다.

아나운서로서의 성공보다 유튜버로서의 성공이 더 나은가요?

당연하지요. 유튜브는 제가 만든 세계 안에 사람들을 초대하는 것이니까요. 출연자에 최적화된 사람도 있겠지만 저는 성격상 제가 관여를 많이 하는 게 좋습니다. 물론 전체를 혼자 책임지다 보면 힘든 부분도 많지만 '이걸 해야 하나, 말아야 하나'의 고민이 아니라 '어떻게 하면 잘할까'의 고민이기 때문에 훨씬 좋습니다.

유튜버가 되기 전과 후의 시선은 어떻게 달라졌나요?

예전보다 크리에이터의 고충을 알고 존경하게 되었습니다. 이렇게까지 자료 조사를 철저히 해야 되는지 몰랐거든요. 생각보다 많은 사람의 역할을 혼자서 다 해야 합니다. 그리고 창작에 대한 고민이 이렇게 클 줄 몰랐습니다. 어떤 것을 찍을지, 어떻게 해야 더 잘 알려 줄 수 있을지 고민합니다. 광고의 경우에는 내가 하고 싶은 말과 광고주가 원하는 말을 조율하는 과정이 힘듭니다. 저작권도 신경을 써야 하고요. 저는 그나마 방송국에서 일했던 경험이 있어서 괜찮은데 처음 이런 일을 하는 사람들은 많이 힘들어 하더군요. 그리고 유튜버 활동이 '생각보다 많이 불안하다'는 점도 알게 되었죠. 많은 유튜버가 '언제까지 채널을 운영할 수 있을까'라는 고민을 하니까요.

여성 유튜버로서 특별히 어려웠던 점이 있었나요?

요즘은 많지 않지만 종종 성희롱 댓글이 달리기도 했습니다. 그런 건 괜찮습니다. 밑도 끝도 없는 나쁜 댓글에는 전혀 타격을 받지 않으니까요. 여자라서 힘든 점은 딱히 없습니다. 미혼의 여성 유튜버라면 힘들었을 부분도 저는 기혼이기 때문에 상대적으로 적은 것 같습니다.

:: 여성이 테크 리뷰를 하기 때문에 성공한 것이 아니다. 중요한 것은 성별이 아니라 사람이니까.

그렇다고 장점도 크게 없습니다. 사람들은 여자가 IT 리뷰를 했기 때문에 채널이 성공했다고 하더군요. 그런데 여자여서 다 잘되는 건 아닙니다. 그건 장점이 아닙니다. '테크는 남자들의 영역이라 여자들이 잘 보지 않는다'고 하는데 그것도 사실이 아닙니다. 중요한 것은 성별이 아니라 사람입니다.

맞습니다. 그 사람이 얼마나 진정성 있고 독창적으로 콘텐츠를 만드느냐가 문제입니다.

전자 제품은 남자들의 영역이라고 하지만 요즘 세상에 전자 제품을 안 쓰는 사람이 있을까요? 여중생부터 엄마, 할머니까지 누구나 스마트폰을 쓰는 세상입니다.

직업상 가장 힘든 부분은 무얼까요?

신제품을 공수하는 게 제일 힘듭니다. 외국까지 나가서 신제품을 입수하는 경우도 많습니다. 제가 궁금해서 못 견디겠거든요. 핫한 스마트폰 신상품을 구하지 못하면 당분간 올릴 콘텐츠가 없다는 걱정도 들고요. 경제적인 부담도 큽니다. 매번 리뷰를 할 제품을 구매하는 것도 보통 일이 아닙니다. 물론 저는 유튜브를 하기 전에도 IT 신제품이 나오면 매번 구매했기 때문에 크게 달라진 점은 아니지만요.

가전주부 님 정도의 위상이면 제품을 기꺼이 협찬해 주지 않나요?

광고할 제품이 아니면 협찬해 주는 경우는 흔치 않습니다. 제가 궁금해서 빌려 달라고 부탁하기도 합니다. '블로거지'란 소리를 듣는 게 싫으니까요.

제일 좋았던 기억은요?

해외 취재를 갔을 때는 영광이고 또 기뻤지요. 선발된 것도 좋지만 제가 좋아하는 브랜드를 깊이 알 수 있는 좋은 기회니까요. 남들보다 먼저 제품을 만나는 것도 신나는 일입니다. 애플, ASUS, 구글처럼 제가 좋아하는 브랜드에서 저를 알고 연락을 주니 감사할 따름입니다.

대중에게 오해를 받는 경우도 있는지요?

남편은 안 챙기고 일만 한다는 오해를 종종 받습니다. 여자가 사회생활 하는 걸 이렇게 생각할 수도 있구나 싶어요.

유튜브 활동에 대해 가속늘의 반응은 어떤가요?

친척 중에서는 어린 친구들이 먼저 알더군요. 어르신들조차 지금은 유튜브가 대세라는 걸 아셔서 좋아하세요.

대화를 나누다 보니 유튜버가 천직 같아 보입니다.

사람들이 흔히 생각할 수 있는 힘든 부분에는 이미 익숙해졌습니다. 직장인들을 보세요. 얼마나 열심히 일합니까? 그 정도 투자나 노력을 하지 않고 일하면 곤란하지요. 이것도 일이니까요. 저에게 유튜브는 감사한 천직입니다. 물론 유튜브가 없어질 수도 있겠지만 그때도 저는 어떤 식으로든 콘텐츠를 생산하는 일을 할 것 같습니다.

유튜버는 기본적으로 1인 크리에이터, 개인 사업자다. 위에서 지시하는 사람도, 나를 통제하는 조직도 없다. 나에게 일의 자유가 전적으로 주어진다. 이 자유를 얻는 대신 책임도 뒤따르는 것이 당연한 이치다. 물론 그 책임은 가볍지 않지만 가전주부는 다른 누구도 아닌 스스로의 의지와 생각대로 일을 주도해 나가는 기쁨이 더 커 보였다. 수많은 사람에게 노출되어 일거수일투족이 주목받는 유명인이 되었지만 이미 그런 부담은 소화한 후다. 이렇게 강한 멘탈을 유지하는 것은 매우 어려운 일이다. 많은 유튜버가 여전히 책임과 부담의 무게에 눌려 마음껏 자신의 꿈을 펼치지 못하고 있다. 내게 주어진 것들에 감사할 수 있는 긍정적인 마인드야말로 오랫동안 채널이 유지될 수 있는 비결이 아닐까 한다.

나만의 원칙과 소신을 지킨다

창의적인 고민은 어떤 방식으로 하나요? 연출상의 고민, 혹은 주제나 소재를 선정할 때 중요하게 여기는 게 있는지요?

첫째는 오로지 제가 보고 싶은 것입니다. 내게 재미있으면 남에게도 재미있다고 생각합니다. 제가 궁금하고 보고 싶은 것 위주로 찍으려고 합니다. 댓글에서 아이디어를 많이 얻기도 합니다. 같은 분야의 다른 유튜버 영상은 잘 보지 않습니다. 무의식적으로 따라 하게 될 수 있기 때문이죠. 저는 제 개인적인 생각이 아닌 대세를 따라가는 걸 경계합니다. 제가 같은 분야의 다른 영상을 보지 않아도 우연히 다른 유튜버와 비슷한 말을 하게 될 수도 있습니다. 하지만 의도치 않게 하는 것과 카피해서 비슷하게 하는 것은 다른 문제라고 생각합니다. 사실 몇몇 사람이 다른 이를 카피하는 경우를 종종 보게 되는데요. 보기에 썩 좋지 않습니다. 저는 유튜브가 자유롭게 창작할 수 있는 곳이라고 생각합니다. 훌륭하거나 탁월하지 않아도 내 표현대로 하는 게 낫다고 생각합니다. 시청자들도 똑같은 걸 보면 지겨울 겁니다. 물론 이제껏 살면서 공통적으로 봐 온 것이 있으니 비슷한 방향으로 갈 수도 있습니다. 심지어 작정하고 남의 영상을 본다고 생각해 보세요. 독창성이 흐려질 겁니다.

사용기의 진솔함을 위해 남의 것을 보지 않는 것이군요. 가전주부 님의 영상 톤이 독특한 것은 이런 데서 기인한 것 같습니다. 독창성에 대한 고집이 남다르네요.
물론 제 분야가 아닌 다른 분야의 영상들은 많이 봅니다.

유튜브를 시작하려는 사람에게 어떤 주제를 택해야 한다고 조언하고 싶나요?
새로운 걸 해야 합니다. 방식이든 주제든 신선함이 있어야 할 것 같습니다. 물론 아예 새로운 걸 만들기란 힘들지요. 어떻게 보면 유튜브를 처음 시작할 때는 새로 할 것이 많았지만 마냥 좋은 일만은 아니었어요. 선례가 없어서 케이스 스터디 자료가 부족했거든요. 지금은 꽤 많은 자료가 쌓여서 '이런 포인트들을 잡으면 되겠다'는 분석이 가능합니다. 지금은 유튜브가 시작 단계였던 초기보다 성장이 어려운 게 사실입니다. 그러나 유튜브 시장 자체가 커졌기 때문에 채널이나 크리에이터도 성장할 기회가 크다고 생각합니다.

남들이 안 하는 데에는 이유가 있지 않을까요?

접근하는 방식을 달리하면 됩니다. 같은 주제여도 캐릭터가 신선하면 또 다르지요. 새롭다는 건 의미가 넓습니다.

캐릭터가 의도적으로 만들어지는 건 아니잖아요?

사람마다 색깔이 다 다릅니다. 그걸 잘 살려서 연출하는 게 중요한 것 같습니다. 다들 비슷해 보이면 돋보이지 않지요. 개성이 중요합니다.

처음 시작하던 때와 지금은 무엇이 바뀌었나요?

저는 처음부터 지금까지 이 모습 그대로입니다. 바뀐 게 있다면 구독자들과 더 친밀해졌다는 점? 우리끼리의 쌓인 역사가 콘텐츠에도 묻어나는 것 같습니다.

구독자가 많아지고 별의별 사람이 조언하려 들면 자기 검열을 하게 되지 않나요?

그런 부분은 크지 않습니다. 원래 저는 자기 검열이 심해서 한 친구가 제게 "그럴 거면 스님을 하지, 왜 속세에서 사니?"라고 말할 정도입니다. 초반에는 댓글 때문에 힘들었습니다. '별걸 가지고 다 문제를 삼는구나' 싶어 화가 나기도 했지요. 그런데 그게 인기의 방증임을 알게 되었습니다. 인기가 떨어지면 조회 수도 나오지 않고 악플도 달리지 않거든요.

채널이 성장하다가 정체기가 오면 힘들지 않나요?

제 채널은 이미 기대보다 너무 큰 성장을 했습니다. 마른 걸레를 짜면 물이 나오지 않듯 임계치에 도달하면 그럴 수밖에 없다고 생각합니다. 계속 성장만을 바라보면 여유롭게 콘텐츠를 만들 수 없어요. 지금은 감사한 마음으로 제 일을 즐기는 단계입니다.

고집과 소신을 지키는 것은 쉽지 않다. 채널이 잘되든 그렇지 않든 어느 단계마다 고민이 있다. 내가 정한 원칙을 바꾸고 싶은 유혹이 왜 없겠는가. 금방 바뀌는 트렌드에 불안해하며 많은 이가 가는 길을 좇고 싶은 마음은 당연하다. 그럼에도 〈가전주부〉라는 채널의 성격은 줄곧 변하지 않았다. 언제나 같은 자리에서 시청자의 친절한 벗이 되어 주었다. 실제로 그의 구독자는 뜨내기 시청자보다 구독한 지 오래된 탄탄한 팬층으로 이루어져 있다. 이런 안정적인 채널 운영이 가능한 바탕에는 그가 지켜 온 단순하지만 단호한 원칙이 있다. 즉, 내가 궁금하지 않은 것을 거짓으로 리뷰하지 않는다는 것, 그리고 나만의 개성을 지켜야 한다는 것이다.

거대 채널의 독식은 끝났다

유튜브의 장래를 어떻게 보나요? 1인 1채널의 시대가 왔다는 이야기도 있는데요.

한 채널이 왕좌를 차지하고 오래 독식하는 시대는 지났습니다. 그런 걸 꿈꾸고 시작하기보다는 취향을 공유하는 플랫폼에 참여한다고 생각하면 좋을 것 같습니다. 사람들의 취향은 다양하니까 앞으로 개성 있는 채널이 많아질 것입니다. 유튜브라는 플랫폼 자체는 크게 흔들릴 것 같지 않습니다. 시작하려는 사람도 많고요.

어떤 성격을 가진 사람이 유튜버로 유리할까요?

흔히 덕후라고 하지요. 하나를 깊이 파는 기질이 있는 사람이 남들에게 더 많은 정보를 줄 수 있습니다. 그리고 공감 능력이 있는 사람이면 좋겠네요. 어디까지나 유튜버는 시청자와 소통하고 공감해야 하니까요.

성격이 외향적이냐 내향적이냐는 중요하지 않은가요?

내성적이라고 해도 그런 성격에 잘 맞는 콘텐츠가 있습니다. 전혀 문제되지 않아요.

테크 리뷰 분야는 광고 의뢰가 많지요? 그래서 테크 유튜버가 되고 싶어 하는 사람도 있습니다.

초반에는 유튜브에 제품 정보가 많지 않아서 광고가 잘되었습니다. 그런데 유튜버가 광고로만 먹고살기는 힘들어질 것입니다. 채널이 점

:: 테크 제품과 생활용품뿐 아니라 자동차나 영화관 등 의외의 제품과 서비스도 리뷰한다.

점 많아지면서 장기적으로 경쟁력을 잃게 되니까요. 시청자들은 광고만 올리는 채널을 싫어합니다. 광고주들도 그걸 잘 알아서 똑같은 이야기를 하는 채널은 거를 겁니다. 광고는 자신이 예측할 수 있는 부분이 아니기 때문에 그걸 노리고 채널을 시작하면 곤란합니다. 광고는 온전히 내 콘텐츠라고 보기 힘듭니다. 시간에 쫓기기도 하고, 광고주가 원하는 내용을 어떻게 내 표현 방식으로 전달할지 고민도 많습니다. 순수하게 창작을 하는 즐거움은 역시 내 걸 만들 때 나옵니다.

유튜버를 꿈꾸는 이들에게 해 주고 싶은 이야기가 있나요?

목표에 따라 다르겠지만 일단 시작하면 배우는 게 많으니까 너무 겁내지 말고 이런저런 시도를 해 보는 게 좋겠습니다. 그리고 개성 있게 만들어야 해요. 그건 어느 정도 성장세가 지나도 채널의 생명력을 유지할 수 있는 비법입니다.

앞으로 어떤 계획을 가지고 있나요?

저는 테크 제품뿐 아니라 영화관, 자동차, 심지어 입냄새 제거제 같은 리뷰도 했었는데요. 타고난 탐구심이 있기 때문에 제가 깊이 파고든 부분을 사람들에게 전달하고 싶어요. 제가 제일 잘했던 일을 계속 잘하는 게 제 목표입니다. 제일 잘하는 일은 남들보다 먼저 여러 가지 궁금한 제품을 써 보고 연구해서 알려 주는 거지요.

"잘할 수 있는 일을 꾸준히 하는 것"은 말처럼 쉽지 않다. 내가 무엇을 잘하는지 아는 것부터 힘들다. 나 자신을 객관화하여 깊이 있게 관찰하고 분석할 수 있어야 한다. 내가 하고 싶은 일과 내가 잘하는 일이 반드시 일치하지 않으면 어려움은 배가된다. 남들이 잘하는 것을 보고 동경하여 모방할 시간에 나 자신의 내면을 좀 더 들여다보아야 한다.

잘하는 일을 찾은 뒤에 그 일을 꾸준히 하는 것도 어렵다. 콘텐츠의 유행이 너무 쉽게 바뀌기 때문에 유혹을 버리고 나만의 영역을 고수하기 힘든 것이다. 새로운 것에 도전하지 말라는 것이 아니다. 내가 잘하는 분야가 있다면 중심을 지켜야 한다는 뜻이다. 오랜 시간 굳건히 자신의 자리를 지킨 가전주부가 현직 유튜버 및 예비 유튜버에게 귀감이 되는 이유다.

진짜 크리에이터는 시청자에게
웃음을 강요하지 않는다

– 코미디 채널 〈리도동동 Leedo〉

| 리도동동 |

적나라한 시골 생활과 기발한 설정을 통해 진한 감동과 웃음을 선사하는 크리에이터. 영화와 영상 제작을 전
공하고 관련 업계에서 경험을 쌓은 덕분에 스토리텔링과 연출이 빼어나다. 그의 채널은 약 23만 명이 구독하
고 있으며 총 누적 조회 수는 4500만 뷰를 돌파했다(2022년 5월 기준). 어떻게 하면 시청자들에게 더 많은
즐거움을 선사할 수 있을지 치열하게 고민하며 살고 있다.

유튜브가 폭넓은 대중의 사랑을 받게 된 원인 중 하나는 바로
콘텐츠의 다양성이다. 이때 콘텐츠의 다양성에는 등장인물과 주제는
물론이고 그 배경까지 포함한다. 1인 미디어 시대에 걸맞게 전 세계 각
지의 사람들이 자신의 생활 반경을 영상에 담아 업로드하고 있다. 인구
가 밀집한 대도시 위주의 획일적인 배경에서 벗어나 다양한 장소에서
살아가는 이웃들의 실제 모습을 가감 없이 볼 수 있다는 점에서 유튜
브는 넓은 세계를 보다 가깝게 만들어 주는 훌륭한 매개체다. 그런 의
미에서 시골의 소박한 일상을 담은 채널들이 큰 인기를 얻는 트렌드는
어쩌면 당연한지도 모른다. 전원생활에서 펼쳐지는 정겨운 우여곡절이
팍팍한 도시 생활에 지친 현대인에게 푸근하고 너그러운 안식처를 제
공하기 때문이다.

그런 시골 생활 유튜브 채널 중에서도 〈리도동동〉은 영화적 요소가 가득한 수준 높은 영상과 깊이 있는 유머로 단단한 마니아층을 확보하고 있다. 시골 영상은 일견 소박하기만 할 것 같지만 단편 영화를 방불케 하는 스토리와 편집 기술이 의외성을 준다. 덕분에 이 채널은 자극적인 아이디어 하나로 반짝 인기를 얻는 대부분의 코미디 채널과 달리 규모와 내실을 아우르는 가치를 지녔음을 입증한다.

시각을 바꾸면 더 큰길이 보인다

저도 평소에 리도 님의 채널을 즐겨 봅니다. 얼마 전 영어로 진행하는 쿡방 영상도 봤던데요. 현지 영어를 구사하던데 해외에서 거주했었나요?

아뇨, 해외여행도 가 본 적이 없습니다.

그렇다면 어문학적 능력이 탁월한 것 같군요. 학창 시절에 문과였나요?

이과였어요. 공부를 잘하는 편에 속했는데 고등학교 2학년 때부터 공부가 하기 싫어졌어요. 랩에 완전히 빠져 버렸거든요. 그래서 20대 초반까지는 래퍼를 꿈꾸었습니다.

리도 님의 채널 성격을 어떻게 규정할 수 있을까요?

시골 생활을 예능처럼 만들기도 하고 농산물을 재료로 삼아 쿡방, 먹방도 하고 있습니다. 제가 좋아하는 콩트 영상도 계속 만들고 있어요.

유튜브를 시작한 계기가 궁금합니다. 채널을 시작한 지 얼마나 되었나요?

2년 6개월이 되었네요. 원래 랩을 하고 싶어서 대학에서 음향 제작을 전공했습니다. 아버지가 음악으로 승부를 못 보더라도 관련 업계에서 돈을 벌 수 있는 학과로 진학하라고 하셔서 음향 제작을 전공한 것이죠. 그러다가 한계를 느껴 랩을 그만두고 뮤직비디오에 관심이 생겨서 영상과로 전과했습니다. 영화에 관심이 생긴 뒤로는 영화를 전공했고, 충무로에서 일도 하고 영화감독 지망생 생활도 했습니다. 몇 년을 그렇게 지내다가 고민이 생겼죠. 저는 시나리오를 쓰는 재능도 뛰어난 것 같지 않고, 영화판에서 지켜보니 영화라는 게 재능만으로 되는 게 아니더라고요. 영화 일은 인맥이나 영업 같은 것에 상당 부분 좌우된다는 것을 몸으로 부딪치면서 알게 되었습니다. 직업적으로 안정성도 불투명했습니다. 설사 재능이 뛰어나서 흥행작이나 작품성이 뛰어난 영화를 만들었더라도, 다른 영화가 망하면 그만둘 수 있으니까요. 어찌보면 감독도 비정규직 아니겠습니까. 결국 '영화감독으로 밥 벌어먹고 살 수 있을까? 내 시나리오도 제대로 안 나오는데'라는 회의가 들었습니다. 그때가 2010년대 초반이었고 유튜브가 우리나라에 막 들어온 때였습니다. 사실 학생 때부터 핸드폰으로 웃긴 영상, 이상한 영상을 찍어서 페이스북에 올리고는 했어요. 공들인 영상은 아니었지만요.

현재 나이가 31세니까 유튜브는 29세에 시작한 거군요.

네. 제 관심이 영화에서 자연스럽게 유튜브로 옮겨 갔습니다. 영화는 혼자서 만들 수 없어요. 많은 돈과 시간과 인력이 필요하지요. 음악에 비해 들어가는 리소스가 너무 많았습니다. 그런데 유튜브는 혼자서 100퍼센트 내 맘대로 만들 수 있더군요. 유튜브도 하나의 예술 매체,

:: 서울 생활을 접고 고향으로 내려가기 위해 버스에 오르는 모습. 이때부터 유튜브 크리에이터로서의 삶이 시작되었다. (출처: 리도동동 유튜브 채널)

창작의 하나라는 차원에서 시작했습니다. 경제적으로나 직업적으로나 괜찮겠다고 마음먹었습니다. 그런데 막상 유튜브 영상을 만들려고 하니 서울처럼 복잡한 도시에서는 어디를 찍어도 남의 영업장이 걸리고, 남의 초상권이 걸리지 않겠습니까. 생활비도 만만치 않고요. 그런데 시골에서 유튜브 활동을 시작하면 숙식도 해결되고 아무런 제약 없이 돌아다니면서 노는 밭을 배경으로 영상을 찍을 수 있을 것 같았습니다. 그래서 시골로 내려갔습니다.

유튜브 영상을 찍기 위해 시골로 내려간 거군요?
맞습니다. 고향으로 내려가는 고속버스터미널에서부터 유튜버 활동이 시작된 겁니다.

'굿바이 서울'이라는 제목의 영상이었죠? 그래서 그 장면이 진정성 있게 다가왔군요.
그 영상에 담긴 무거운 감정들은 제가 어렸을 때부터 많았습니다.

늘 혼자였고 우울한 마음이 있었거든요.

그런데 왜 코미디인가요?

제 유머 코드가 평범하지 않다고 생각했습니다. 모두에게 공감받지는 못해도 통하는 사람들에게는 즐거움을 주었거든요. 제가 잘할 수 있는 일이라고 생각했습니다.

그의 영상은 어수룩한 시골 청년이 그려 내는 소박한 농촌 생활이라고 여기기 쉽다. 하지만 조금만 보면 단순한 아마추어 작품이 아니라는 사실을 알게 된다. 음악과 영상 분야에서 다진 그의 학업과 경력을 알게 되니 영상의 완성도가 왜 그토록 높았는지 고개를 끄덕이게 된다. 아마추어리즘이라는 외양 속에 숨은 치밀한 기획과 정교한 장치들, 그리고 정성 어린 노력 덕분에 그 어떤 영상보다 완벽한 '프로 아마추어 영상'을 완성해 낸 것이다.

왕따, 알을 깨고 나오다

학창 시절에 어떤 학생이었나요?

중고등학생 때까지는 공부를 열심히, 잘하는 편이었습니다. 친구들에게 인기 있는 스타일은 아니어서 친구가 별로 없었어요. 고등학생 때는 따돌림을 당해서 마음고생을 하기도 했습니다. 제가 체격이 좋아서 대놓고 도발하진 않았지만 잠시 자리를 비우면 책이 휴지통에 버려져 있거나 사물함 문이 테이프로 칭칭 감겨 있기도 했지요. 그런데 공부를 접고 랩을 하면서부터 친구들을 대하는 것이나 대인관계가 좋아졌어요. 고등학교 3학년 때는 반장도 하고 운동회가 열리면 응원 단장도 했으니까요. 랩을 시작하면서 제 안의 뭔가가 바뀌었던 것 같습니다.

랩을 했더니 사람들이 인정해 주고 그래서 자신감도 붙고 결국 활달해진 건가요?

잘 모르겠어요. 하지만 분명한 건 그때 마치 알을 깨고 나오듯이 성격이 바뀐 것 같아요.

유튜브를 시작하고 싶은 사람들은 내가 과연 유튜버가 될 수 있는 성격인지 궁금해합니다. 리도 님은 따돌림까지 받을 정도로 소극적인 학생이었지만 랩도 하고 반장도 되면서 그렇게 변했지 않습니까? 그 계기가 궁금합니다. 공부를 포기하면서 중압감이 사라졌나요?

그런 면도 있는 것 같습니다. 꾸준히 자연스럽게 변했어요. 공부에 매진할 당시의 저는, 선생님이 수업 중에 공부와 관계없는 이야기를 하면 다른 책을 펴고 공부를 이어 갈 정도였습니다. 좋은 성적을 받는 데 불필요한 것들은 하지 않았죠. 그런 모습이 급우들에게 고까워 보였을 수도 있어요. 사실 지금도 영상을 만드는 일 이외에 불필요한 일은 하지 않습니다. 음악이든 영화든 예술을 하는 사람 중에는 내향적인 사람들이 많습니다. 내면의 욕망이 탈출구를 찾다가 예술로 터져 나오는 것이죠. 제가 좀 그랬던 것 같습니다. 저는 지금도 여러 사람과 놀고 즐기는 것을 좋아하지 않습니다. 사람들과 어울리기보다는 혼자서 정제된 표현으로 영상을 만들고 이걸 통해 사람들에게 표현하는 방식을 더 선호하는 것 같습니다.

:: 평범하지 않은 유머 코드는 모든 사람에게 공감받을 수 없다. 하지만 코드가 통하는 사람이라면 그의 매력에 푹 빠질 수밖에 없을 것이다.

어렸을 때 우울한 감정이 많았다지만 현재 만드는 영상은 너무 웃깁니다. 리도 님이 좋아하는 랩은 코미디라는 장르와 거리가 있어 보입니다. 진지하고 때로는 폼도 잡아야 하는 게 랩이라면 코미디는 내가 망가져서 웃음을 주는 형식이죠. 그 사이의 간극이 흥미롭습니다.

랩은 그냥 좋았습니다. 이센스, 빈지노, 버벌진트, 제이지, 카니예 웨스트, 푸샤 티, 에이셉 로키, 트래비스 스콧, 챈스 더 래퍼…… 특히 타일러 더 크리에이터가 롤 모델 중 하나입니다. 랩을 하면서 영상도 만드는 모습이 좋아 보여요.

나와 다른 사람에 대한 경계심과 이질감은 종종 따돌림, 심하게는 괴롭힘이라는 형태로 발현된다. 리도동동이 묘사하는 자신의 학창 시절은 또래의 단순한 청소년들과는 확실히 달라 보인다. 어둡고 진중하면서도 목표지향적이다.

친구들과 활달하게 어울릴 수 있는 사교성이 인기의 척도가 되는 학교생활에서 그는 왕따를 당하면서도 조용히 자신만의 세계를 구축하고 있었던 것 같다. 비록 당시에는 이해받지 못하던 미운 오리였지만 지금은 어느새 비범한 백조로 탈바꿈하였다. 지금이 아무리 자신만의 개성을 표현할 수 있는 1인 미디어 시대라고 해도 남과 다른 나만의 세계를 진정으로 구축한다는 것은 쉬운 일이 아니다. 오랫동안 내면을 들여다보고 성찰하며 내공을 기른 후에야 참된 개성이 생겨나는 것이다.

유튜브도 예술 창작의 한 분야다

업로드 주기가 어떻게 되나요?

저는 유튜브를 창작 활동의 일환으로, 예술 작품을 만든다는 마음으로 시작했습니다. 그래서 기획도, 편집도 오래 걸립니다. 일주일에 영상 한 편 업로드가 기본인데 2개로 양을 늘리는 게 목표입니다. 익숙하지 않은 주기라서 스텝이 꼬이는 면도 있습니다.

기획부터 업로드까지 일주일 내내 일하나요?

그렇습니다. 예전에는 일주일에 하루 정도는 쉬었는데 지금은 쉬는 날이 없습니다. 물론 오래 앉아 있더라도 3분 편집하다가 도중에 웹서핑도 하는 등 집중의 효율성이 떨어지는 면이 있습니다. 차라리 3시간 바짝 집중해서 하는 게 나을 때도 있더군요.

가만히 앉아서 하는 일인데도 몸이 피곤하면 편집도 잘 안 되지 않나요?

맞습니다. 그래서 밤새 편집을 하는 것처럼 무리는 하지 않아요.

촬영은 얼마나 오래 하나요?

큰 건은 이틀에 걸쳐서 하지만 대부분은 하루 내에 끝냅니다. 4시간 만에 끝낼 때도 있고요. 기획에 따라서는 짧게 여러 번 찍습니다. 하루 종일은 아니더라도 아침, 점심, 저녁, 밤에 각각 찍어야 하는 기획들이 있으니까요.

순식간에 지나가는 장면에도 공을 들인 티가 나더군요.

예전에는 배경 음악을 고를 때에도 유튜브 음악 라이브러리에 있는 음악을 처음부터 끝까지 다 들었습니다. 뭐 하나 쉽게 선택하지 않았 죠. 꼼꼼하게 공을 들이는 성격인가 봅니다. 물론 지금은 조금 수월해 진 편입니다. 영상 작업이 직업이 된 지금, 매너리즘에 빠질까 봐 오히 려 조심하고 있어요.

흥미 위주의 콘텐츠를 담은 영상들은 신선하고 기발한 아이디어로 승부 한다. 따라서 보는 이조차 세련된 형식이나 영상적 완성도를 크게 기대하지 않 는다. 이 채널의 시청자들이 공통적으로 놀라는 지점이 바로 여기에 있다. 별 기 대 없이 단지 재미와 웃음을 위해 클릭했는데 영상의 퀄리티 또한 상당히 높은 것이다. 아닌 게 아니라 이런 '반전'의 요소들이 〈리도동동〉이라는 채널의 큰 특 징 중 하나다. 누가 봐도 한국의 시골 마을을 배경으로 하고 있음에도 상황에 따라 이태리 억양, 혹은 스페인 억양이 섞인 완벽한 영어로 쿡방을 하는 모습도 중요한 반전 포인트다.

:: 시골을 배경으로 다양한 영상을 아무런 제약 없이 찍을 수 있어 좋았지만 대신 농사일을 거들어야 했다. 그야
말로 리얼한 '농촌 라이프'를 보여 주는 것이다. (출처: 리도동동 유튜브 채널)

준비가 되어야 컬래버레이션도 가능하다

영상을 기획할 때 주제는 어떻게 찾습니까?

첫해에는 하고 싶은 것에 대한 영감이 많이 떠올랐습니다. 그래서 만들고 싶은 것들을 그냥 만들기만 했죠. 요즘은 조금 달라졌습니다. 채널의 성장을 위해 '콘텐츠를 일관성 있는 몇 가지 카테고리로 나누고 그 안에서 최대한 재밌게 만들자'는 생각을 하고 있습니다. 그래서 요즘은 초기처럼 완전히 단편 영화 같은 콩트를 많이 못 하고 있습니다. 호불호가 갈리더군요.

유튜브에서 그런 영화 같은 영상은 찾기 힘듭니다. 모두 '유튜브스러운' 영상이죠. 리도 님의 영상은 정말 웃긴데 기저에는 묘하게 우울한 감성이 깔려 있어요. 한마디로 깊이가 다른 것이죠. 대기업 친구와 같이 밥 먹는 영상이나 조매력 님과 함께한 영상은 매우 영화 같더군요. 내레이션도 깔고 말이죠. 유튜브에 그런 영상은 흔하지 않아요.

사실 저는 유튜브를 시작할 때 제가 성공을 못할 리가 없다고 생각했습니다. 저는 제가 만든 영상이 제일 재미있었거든요. 그런데 지금은 채널의 성장, 더 나아가 직업적 성공을 고민해 보니 비교적 낮은 리소스로 매일 영상을 올리는 분들을 모두 인정하게 되었습니다. 퀄리티가 떨어지더라도 자주 영상을 올리는 편이 채널 성장에 훨씬 유리하더라고요. 저는 퀄리티를 유지하면서도 다작할 수 있는 타협점을 찾으려고 노력 중입니다.

리도 님은 영상 하나하나에 정말 공을 많이 들이니 고되기도 할 것 같네요. 특히 힘든 점이 있나요?

악플이 달릴 때, 그리고 회사원에 비해서 수입의 변동이 크다는 점이 힘들죠.

리도 님에게도 악플이 있나요?

차라리 밑도 끝도 없이 욕을 하는 악플에는 전혀 영향을 받지 않습니다. 오히려 충고를 가장한 장문의 댓글 중 일부 맞는 말이 섞여 있을 때 그로 인해 마음의 상처를 받습니다. 그래도 일과 놀이의 경계가 없는 편이므로 전반적으로 만족하는 편입니다.

사람들은 유튜버가 별다른 노력 없이 쉽게 돈을 번다고 생각합니다. 하지만 리도 님의 영상을 보면 그런 생각은 못 할 겁니다. 이를테면 1초의 동물 소리

효과를 만들기 위해 1시간은 족히 쓰는 것 같더군요. 사람들은 그런 숨겨진 노력은 잘 보지 못하는 것 같습니다.

노력을 알아주지 않는 것은 섭섭하지만 그래도 감사한 마음이 크죠. 처음 유튜브를 시작할 때는 수입이 거의 없다시피 했습니다. 그때와 비교하면 정말 감사합니다. 대신 성장에 대한 압박은 더욱 커졌습니다. "구독자 수에 비해 조회 수가 이거밖에 안 나오네?" 이런 소리를 들을까 봐 신경이 쓰이기도 하고요. 더 재미있는 영상을 만들고 싶은 욕심도 큽니다. 채널이 커진다고 걱정이 줄어들지는 않는 것 같습니다. 퀄리티를 낮추고 영상의 수를 늘리면 조회 수가 안 나오는 것처럼 다른 고민들이 생겨서 좀처럼 줄지 않네요. 물론 채널의 가치가 숫자로만 드러나는 건 아닙니다. 구독자들의 충성도가 높은 채널도 많죠. 그러나 지금은 좀 더 대중화를 꾀하고 싶습니다. 그런 고민이 가장 힘듭니다.

힘들면서도 유튜버를 계속하는 이유는 무엇일까요?

제가 이 일을 제일 하고 싶고 제일 잘할 수 있는 일임을 알기 때문이죠. 물론 저는 스스로 성장했다기보다는 다른 분들의 홍보나 컬래버레이션 작업 덕분에 많이 성장했습니다. 이제 좀 더 제 자신의 힘으로 성장해 보고 싶어요.

그 말에는 동의하기 힘들군요. 내게 실력과 준비가 있어야 누군가와 컬래버레이션도 할 수 있고, 추천 효과도 받을 수 있으니까요.

물론 그렇습니다. 유튜브 알고리즘이 우리 생각과는 조금 다르게 일어나는 것 같기도 합니다. 열심히 업로드하고 조회 수도 잘 나오는데 채널이 성장하지 않을 때도 있고, 아무것도 하지 않는데 오히려 성장이 일어나기도 하니까요.

10만 명의 구독자 수를 훌쩍 넘긴 유튜버에게도 고민은 적지 않았다. 현재에 만족하거나 검증된 콘텐츠로 자기 복제만 반복하는 것이 아니라 끊임없이 발전을 꾀하고 대중과 소통하려고 노력하는데 고민이 없다면 오히려 이상할 것이다. 나만의 개성을 유지하면서 절대다수의 취향에도 부합하는 콘텐츠를 만드는 것은 모든 유튜버들의 고민이며 난제이다. 대립되는 다양한 가치 사이에서 합리적인 타협점을 찾는 고민은 10만, 100만 유튜버라고 해도 다르지 않으리라.

크리에이터는 웃음을 강요하지 않는다

채널의 철학이나 가치관이 궁금합니다. 사람들에게 무엇을 보여 주고 싶은가요? 혹은 어떤 기여를 하고 싶은가요?

매순간 최선을 다해서 재미있는 영상을 만들되 단순한 웃음뿐 아니라 여러 감정들을 수반하는 깊이 있는 웃음을 전달하고 싶습니다.

공감합니다. 리도 님 영상에는 아버님과 어머님도 출연하는데, 가족 간에 웃음을 참지 못하고 터지는 걸 볼 때마다 따뜻하고 정겹습니다. 같이 웃게 되는 것은 물론이고요. 특히 아버지와 사이가 좋은 게 너무 신기하고 부럽습니다. 같은 포만감이라도 인스턴트를 먹고 배가 부른 것과, 정말 좋은 음식을 먹고 배가 부른 게 다르지 않습니까. 웃고 나서 허무해지는 것이 아니라 훈훈함이 오래 남게 되더군요. 그런데 부모님께서는 유튜버라는 직업에 대해 어떻게 생각하나요?

:: 리도동동의 영상에는 아버지와 어머니도 적극 출연한다. 그래서 가족이 만들어 내는 웃음과 감동은 더욱 따스할 수밖에 없다. (출처: 리도동동 유튜브 채널)

지금은 자리를 잡았으니 당연히 인정해 주십니다. 그리고 즐거운 마음으로 함께 영상도 촬영하죠. 하지만 오래 지속할 수 있는 직업이냐는 점에서 여전히 걱정이 많으십니다.

유튜브를 시작하기 전에 다른 유튜버나 아프리카 비제이들을 보던 시각과 지금의 시각이 다른가요?

시작하려던 당시에는 제가 저들보다 더 잘할 수 있겠다고 생각했습니다. 지금은 다르죠. 양산형 유튜버나 매일 방송하는 비제이들이 정말 대단하다고 생각합니다. 들이는 에너지와 노력도 어마어마하고, 결과적으로 효율적이고 전략적으로 유튜브 활동을 한다고 생각합니다. 매일 다른 이야기를 할 수 있다는 점도 대단한 능력입니다.

코미디 채널로서 〈리도동동〉의 가치는 바로 웃음의 깊이와 여운에 있다. 말초적인 재미와 웃음이 아닌, 여러 층의 생각들이 겹쳐지고 시간이 지나며 하나둘 마음속에서 되살아나는 그런 웃음이다. 이는 일차원적인 감정들, 이를테면 맹목적으로 강요되는 감동, 분노, 자극에 대한 반응이 난무하는 유튜브 생태계에서 쉽게 찾을 수 없는 페이소스다. 농촌과 가족이라는 코드 역시 단순하게 주어지지 않는다. 촌스러워 보이기 쉬운 정겹고 푸근한 일상이 세련된 영어와 유머, 그리고 공들인 편집 속에서 어느 한쪽으로 치우치지 않고 절묘한 균형을 이룬다. 얼마나 많은 고민과 노력, 자기 검열이 뒷받침되었을지 짐작하고도 남는다.

콘텐츠에 대한 수요와 인기는 영원할 것

유튜브의 미래는 어떨까요?

시청자에게 일방적으로 전달되는 매스미디어의 시대는 지났고, 대신 1인 미디어는 계속 발전할 가능성이 있다고 봅니다. 매스미디어가 가졌던 미디어 권력도 이미 이쪽으로 꽤 넘어왔다고 생각하고요. 유튜브 광고 수입뿐 아니라 기업이나 기관의 브랜디드 콘텐츠 산업 시장도 지금보다 더 커질 것입니다. 4차 산업 혁명 시대에 AI 상용화의 최전선에 있는 구글과 유튜브를 신뢰하고요. 지금의 유튜브 위상도 대단하지만 더 커질 수 있다고 봅니다. 매체는 항상 기술의 영향을 받습니다. 예를 들어 기술이 발전해 극장에서 영화를 보는 행위가 무의미해진다면 영화라는 예술 매체는 지금의 모습과 같을 수 있을까요? 넷플릭스, 왓챠 등 OTT 사업자들이 속속 등장하고 나아가 VR · AR 콘텐츠도 개발될 것입니다. 매체나 플랫폼이 어떻게 변할지는 모르겠지만 콘텐츠에 대한 수요나 인기는 줄지 않을 것이라 생각합니다.

유명인들이 유튜브에 많이 진출하는데 이를 어떻게 보나요?

좋은 현상이라고 봅니다. 유명인들의 진입을 통해 유튜브의 외연이 더 확장될 수 있고요. 콘텐츠 소비에 돈을 내는 것이 아니니까 특정 연예인의 유튜브를 보려고 다른 유튜버들의 영상을 보지 않게 되는 일은 없죠. 트래픽 증가에 있어서도 긍정적이라고 생각합니다. 경쟁이야 유명인, 개인, 인플루언서 가릴 것 없이 유튜브에 더 적합하고 열심히 하는 이들만 살아남을 겁니다. 단순히 인지도가 높다고 해서 다 잘되진 않는 것 같아요. 유튜브 생태계에 대한 이해도가 깊고 열심히 하며 진정성 있는 사람들이 잘되는 것 같더라고요.

유튜버의 진입 장벽이 더 낮아진 것 같은가요?

예전에 비해 유튜브의 위상 자체가 달라져서 좀 더 많은 사람이 관심을 가지게 된 것 같습니다. 하지만 소수의 크리에이터가 구독자를 선점하던 초창기 시절에 비하면 요즘은 시작하기가 힘들어졌습니다. 전반적인 퀄리티가 올랐기 때문에 아무것도 모르는 사람이 선뜻 시작하기 힘든 것입니다. 물론 성공할 사람들은 성공할 것입니다. 시기보다는 어떤 전략으로 어떤 영상을 만드느냐가 중요한 것 같습니다.

유튜버에게 필요한 덕목은 뭐가 있을까요?

멘탈 관리인 것 같습니다. 악플도 잘 견뎌야 하고, 채널이 기대처럼 성장하지 않을 때 버티는 힘도 있어야 합니다. 외향적이고 관심을 받기 좋아하는 성격이면 물론 좋겠지만 그보다 더 중요한 것이 단단한 마음입니다.

자기 자신을 지키는 단단한 마음, 이는 성공한 유튜버들에게 공통적으로 찾을 수 있는 요소다. 남들을 따라 하는 것이 의미 없는 창작자들의 세계에서 결국 경쟁은 나와 또 다른 나 사이에 일어날 수밖에 없다. 플랫폼의 성격과 환경이 수시로 바뀌는 오늘날, 결국 끝까지 잃지 말아야 할 것은 나 자신에 대한 고민과 성찰이다. 반전에 반전을 거듭하는 매력을 지닌 〈리도동동〉이야말로 외부 환경에 흔들리지 않고 내실 있게 단단히 성장해 갈 채널이 아닐까 한다.

2장

낮에는 직장인, 밤에는 유튜버를 꿈꾸다

정보 전달은 어려울수록
친절하게, 필요할수록 정확하게

– 생활 법률 채널 〈법알못 가이드〉

| 법알못 가이드 |

대한민국 대표 법률 유튜브 크리에이터. 평범한 사람들에게 반드시 필요한 일상 법률 상식을 되도록 쉽고 정확하게 제공하기 위해 노력하고 있다. 그가 펴낸 책 《세상에 속지 않는 법》은 이러한 노력의 일환이며 그의 채널은 약 13만 명이 구독하고 있고 총 누적 조회 수는 1700만 뷰를 돌파했다(2022년 5월 기준). 법률사무소 '광덕'의 기획 실장으로 재직하고 있으며 유튜브 저작권 정책 강사로도 활동하고 있다.

일반인들의 평범한 일상과는 거리가 있어 보이지만 막상 알고 보면 우리 생활 곳곳에 영향을 미치는 것이 바로 '법'이다. 하지만 법 조항을 잘 이해하고 있다고 해서 안심할 수는 없다. 기술과 문화의 변화가 가속도를 더하는 현대 사회에서는 알던 법률 상식조차 수많은 갈등과 조정을 거치면서 변모한다. 불과 몇 년 전까지는 전혀 존재하지 않았던 분야에 관한 새로운 법 조항이 생겨 당장 나의 일상이나 업무에 영향을 끼치기도 한다. 때로는 나를 구속하기도 하지만 때로는 나를 지켜 주기도 하는 법. 하지만 법에 대해 잘 알고 싶어도 막막함이 앞서는 게 사실이다.

많은 사람이 가진 이런 막연한 불안감과 답답함을 꿰뚫어 본 채널이 바로 〈법알못 가이드〉다. 유명 스포츠 스타의 내한 경기를 보기 위해 고가의 티켓을 구입했는데 막상 그 선수가 결장했다면 티켓 값을 환불받을 수 있을까? 구매한 제품의 스티커를 떼면 단순 변심에 의한 환불이 안 된다는데 사실일까? 이처럼 비교적 가벼운 내용부터 억울하게 폭행죄로 고소당했을 때, 혹은 학교 폭력을 당했을 때의 대처법처럼 다소 무거운 주제까지 꼼꼼히 다룬다. 아울러 유튜브에서 일어날 수 있는 저작권 분쟁처럼 아직 완전히 정착되지 않아 모호한 분야의 법 규정도 찾아볼 수 있다. 다양한 주제만큼 접근 방식도 다채롭다. 또박또박 정확한 발음으로 차근차근 설명하는 방식이 영상의 큰 틀을 이루지만 재미있고 유쾌한 사례와 자료를 곳곳에 배치해서 전달력을 높인다. 정보와 재미라는 두 마리 토끼를 완벽히 잡아 낸 채널 〈법알못 가이드〉는 과연 어떻게 시작하게 되었을까?

법조인이 아니라서 더 철저하고 친절하게

'법알못 가이드'라는 이름이 직관적이어서 채널의 성격을 이해하기 쉽네요. 법이라는 다소 딱딱한 주제에 '~알못'이라는 유행어를 붙여서 심리적 거리감을 좁힌 것 같습니다. 덕분에 현재 우리나라에서 가장 대표적인 법률 정보 채널로 자리매김할 수 있었던 것 같네요. 어떻게 시작하게 되었나요?

의외로 많은 사람이 법적인 궁금증을 한두 개 정도는 가지고 살더라고요. 심지어 때에 따라서는 경찰서에 가서 조사를 받는 일이 있을 수 있습니다. 내가 피해자건 가해자건 관계없이 말이죠. 이럴 때 한 번쯤 쉽게 열어서 볼 수 있는 영상을 만들고자 했습니다.

:: 비록 법조인은 아니지만 유튜브 활동을 통해 법의 보호와 도움이 필요한 사람들에게 보다 가까이 다가갈 수 있게 되었다.

내게 답답한 일이 생겼을 때 물어볼 수 있는 친한 변호사와 같은 존재군요.

사실 변호사는 별다른 설명 없이 결론만 이야기해 줘도 사람들이 그 내용을 받아들일 수밖에 없습니다. 하지만 저는 제 모든 설명에 근거를 뒷받침하려고 애쓰고 있습니다. 그 근거는 법 조항뿐 아니라 판례가 될 수도 있습니다. 또한 판례가 없는 경우 관련 분야의 전문 변호사를 인터뷰해서 영상을 만들기도 하고요. 제가 변호사가 아님에도 불구하고 많은 사람이 제 영상에 관심을 두는 이유는, 자세한 근거를 바탕으로 설명하기 때문인 것 같습니다.

"저 사람은 법 없이도 살 사람이야." 우리는 정직하고 선한 사람을 두고 이렇게 말한다. 그런데 조금만 깊이 생각해 보면 내가 정직하고 바르게 사느냐의 문제와 관계없이 법이란 나의 삶 곳곳에 스며들어 있음을 알게 된다. 꼭 소송이나 고소, 고발과 같은 거창한 법률 행위가 필요한 상황이 아니더라도 살다 보면 법률 상식이 궁금해질 때가 있다. 그때마다 변호사를 찾을 수도 없거니와, 법조인이 구사하는 전문 용어를 이해하기에는 장벽이 높다. 법알못 가이드는 누구나 충분히 이해할 수 있도록 쉽게 설명하고 철저한 근거를 제시해 법에 대한 거리감을 줄여 주고 있다.

보장된 성공의 길에서 벗어나다

고려대 법대를 졸업한 것으로 알고 있습니다. 명문 법대 출신인데도 법조인으로서의 일반적인 루트, 즉 사법 고시나 로스쿨이라는 보장된 길을 택하지 않고 유튜버라는 직업을 택했는데요. 전통적인 명예를 선택하지 않은 계기가 있을까요?

저도 법조인이 되려고 준비를 하지 않았던 것은 아닙니다. 대학교 3학년 때 사법 시험 1차 시험을 봤었죠. 공부를 별로 하지 않았는데도 성적이 좋았고 자만해서인지 그다음 해에는 놀았습니다. 결국 3번째 사법 시험을 끝으로 포기했죠. 3년을 준비했다지만 공부는 6개월도 안 한 것 같아요. 〈월드 오브 워크래프트〉, 일명 '와우'라는 게임에 빠져서 공부를 소홀히 한 것도 큰 원인이었던 것 같습니다. 하면 될 거라고 생각했지만 마음을 다잡기 힘들더군요. 제가 04학번인데 2005년에 로스쿨이 생기는 대신 사법 시험의 정원은 줄었어요. 보통 1차 시험에서 2000명 정도를 뽑았는데 마지막 해에는 700명만 뽑을 정도로 그 수가 줄었습니다. 그러다 보니 커트라인 점수가 올랐죠. 예전 같으면 평균 70점이면 붙었겠지만 80점까지 올라가더군요. 점점 제가 합격권에서 멀어지기에 그만뒀습니다.

로스쿨 진학은 고려하지 않았나요?

한창 로스쿨이 생길 당시, 저와 제 주변에는 '로스쿨은 공짜로 오라고 해도 안 간다'는 반로스쿨 정서가 강했습니다. 더군다나 오랫동안 학교를 다닌 입장에서 부모님께 로스쿨 비용까지 부탁드리고 싶지는 않았죠. 그냥 일반 회사에 입사해야겠다고 생각했습니다. 사법 시험 핑계로 소홀했던 학점이 취업에 걸림돌이 되니 재수강을 하는 바람에 결과적으로 학교를 오래 다니게 되었습니다. 2004년에 입학해서 2015년 2월에 졸업했으니 참 오래도 다녔죠. 이동통신사 3사와 대우조선해양, 현대그룹에 입사 원서를 넣었습니다. 면접까지는 잘 갔는데 최종 면접 과정에서 무조건적인 충성을 요구하는 분위기가 싫었습니다. 사실 별다른 결격 사유가 없으면 최종 면접에서는 잘 떨어지지 않거든요. 그런데 저는 다 떨어졌습니다.

반골 기질이 있나 봅니다. 남의 말만 무조건 듣는 삶이나 맹목적으로 시류에 휩쓸려 단계를 밟아 가는 삶에 저항감이 있나요?

네, 그런 것 같습니다. 군대 시절에도 공황장애가 심했습니다. 내가 정말 존경하는 사람이 나를 이끌면 잘 따르지만 그렇지 않은 환경에서는 상명하복이 잘 안 되더군요. 제가 29세에 입대했는데 스무 살짜리 선임이 "네가 인생을 알아?"라며 윽박을 지르니 견디는 게 여간 쉽지 않았습니다. 대기업 입사에 떨어진 후 평범한 중소기업에 다니게 되었지만 회사 생활도 만만치 않았습니다. "나는 고졸인데 너는 고대 법대 같은 명문대를 나와서 이런 중소기업에 다니니 네 인생도 별거 없구나"라고 비아냥대는 선임들을 존경하기 힘들더라고요. 제가 영업사원이었는데 남들보다 물건을 빨리, 많이 팔았습니다. 그랬더니 "시간이 남으니까 공장에 가서 잔업하고 가라"고 해서 새벽 1시에 퇴근하는 식이었죠. 회사 생활 중에 이런 불합리한 일들을 겪으면서 공황장애가 정점을 찍었습니다. 그래서 그만둘 수밖에 없었습니다.

누구보다 보수적이고 안정적인 진로를 선택했음에도 불구하고 그는 끝내 그 길을 가지 않았다. 모두가 인정하는 꿈이라고 해서 의문을 품지 않고 달려가는 것은 능사가 아니다. 방황하고 좌절하기도 하며 시행착오를 거듭하는 동안 우리는 자연스레 내가 무엇을 원하는지 내면의 목소리에 귀를 기울이게 된다. 모두가 같은 길을 갈 필요는 없다. 100명의 사람에게 맞는 옷이라고 해서 반드시 나에게 편안하게 잘 맞으란 법은 없는 것이다. 그가 유튜브라는 새로운 길을 택하고 보란 듯이 새로운 역사를 쓰기까지는 자신 앞에 펼쳐진 검증된 길을 거부할 수 있는 용기가 필요했다.

남들보다 먼저 발견한 블루오션

직장을 그만둔 뒤 바로 유튜브를 시작했나요?

바로 시작한 것은 아닙니다. 사실 집에서 게임만 했습니다. 제가 편집 기술이 있는 것도 아니었고요. 그때가 2016년이었는데 당시에는 유튜버가 많지 않았습니다. 그러다가 〈퓨디파이〉라는 유튜브 채널을 알게 되었습니다. '와! 게임하면서 돈을 버는구나' 싶었죠. 제가 게임은 잘하지 못하니 잘하는 친구에게 플레이를 시키고 제가 편집을 하면서 채널을 운영하면 되겠다고 생각했습니다. 그렇게 편집 일을 시작해서 8개월 정도 연습했습니다. 게임 채널 1개, 그리고 브이로그 채널 1개의 편집자 일을 했었습니다. 2개 채널의 일을 하면서 일주일에 3개씩 영상을 업로드하려니 일이 많았죠. 촬영과 편집을 모두 했으니까요. 그때 많이 배웠습니다.

법 공부를 하던 사람이 갑자기 영상 편집을 해야겠다고 결심한 계기는 무엇인가요?

저도 그게 의아합니다. 제가 사진에 취미가 있었던 것도 아니고 편집을 해 본 적도 없었습니다.

당시에 돈은 없고 시간은 많은 상황이었겠군요.

맞습니다. 당시에 유튜브가 신기했습니다. 연예인도 아니지만 인기를 얻으면 이걸로 먹고살 길이 생기겠다고 여겼죠. 당시에 어떤 채널을 할 수 있을지 기획했던 메모들이 있어요. 처음에는 브이로그, 영어 교육 콩트 정도의 콘텐츠였습니다. 지금 생각하면 엉성한 플롯이었죠.

본능적으로 유튜브가 대세가 될 것을 감지했나요?

그렇게 확신을 가진 것은 아니었습니다. 다만 당시에 인기 있는 채널을 보니 저도 비슷하게 할 수 있겠더라고요. 여러 기획을 고민하다가 결국 '내가 가장 잘할 수 있는 것'을 해야겠다고 생각했습니다. 처음부터 법률 채널을 만들겠다는 생각은 아니었어요. 그런데 유튜브에서 '법'이라고 검색하니 제일 많이 나오는 것이 법륜 스님의 영상들, 그리고 '마음을 다스리는 법' 정도였어요. 제대로 된 법률 채널이 없었던 겁니다. 분명히 많은 사람에게 필요한데 아직 충분한 공급이 없는 콘텐츠니까 반응이 있을 것이라고 생각했죠.

:: 유튜브 크리에이터를 꿈꾸는 사람이 많아지면서 저작권 침해 문제를 다룬 영상들이 큰 인기를 끌고 있다. 덕분에 그는 '유튜버들의 법률 선생님'으로 통한다. (출처: 법알못 가이드 유튜브 채널)

법알못 가이드는 유튜브처럼 가볍게 소비되는 플랫폼에서도 법률 상식에 대한 수요가 있을 것이라는 점에 착안하였고 얼마나 많은 공급자가 존재하는지 파악해 보았다. 그리고 비어 있는 시장을 발견, 이 분야가 블루오션임을 직감했다. 비어 있는 시장이라고 해서 쉽게 영상을 만들지는 않았다. 어려운 지식을 고압적이고 일방적으로 전달하는 대신 다양하고 기발한 장치를 동원해 전달력을 높였다. 법이라는 딱딱한 주제가 시청자에게 진입 장벽이 되지 않도록 손에 닿을 듯한 가까운 사례들과 당대를 뒤흔드는 이슈들, 재미있는 예시, 정성 어린 편집 기술을 통해 오락성까지 갖춘 것이다. 법알못 가이드의 빠른 성공은 어쩌면 당연한 일이었다.

어떤 콘텐츠로 승부할 것인가? 물론 아직 경쟁이 치열하지 않은 블루오션을 찾는 것이 좋을 것이다. 유튜브에 업로드되는 셀 수 없이 많은 영상은 대부분 큰 카테고리로 나뉜다. 그중 사람들이 가장 관심 있어 하는 분야에는 그만큼 많은 인기 크리에이터들이 포진하고 있다. 이미 포화 상태에 이른 레드오션에 섣불리 발을 딛는 것은 쉬운 일이 아니다. 앞서 나간 크리에이터들이 가진 역량과 자본력은 좀처럼 따라가기 힘들다. 예를 들어 뷰티 크리에이터를 꿈꾸는 어린 여학생이라면 당장 필요한 뷰티 제품을 구매할 돈도 마련하기 힘들 뿐더러 화사한 화면을 위한 촬영 장비와 공간도 없을 것이다. 이미 앞서 나간 크리에이터들은 전문 촬영 팀을 두고 해외 로케이션까지 다니는 상황이니 확실한 개성과 아이디어가 없다면 섣불리 뛰어들기 힘들다. 따라서 나만이 발견한 미개척 블루오션이 있다면 당연히 그 지점을 노려야 할 것이다.

단, 유의할 부분이 있다. 사람들이 가지 않는 길에는 이유가 있다는 점이다. 유튜브에 있을 법하지만 막상 찾으면 없는 콘텐츠와 주제에 집중한다고 해서 반드시 성공하는 것은 아니다. 예상과 달리 그 주제에 대한 영상을 찾아볼 정도의 관심이 없을 수도 있고, 유튜브라는 플랫폼에서 그 정보를 찾고 있지 않을 수도 있다. 소비자가 무엇을 원하는지, 그 욕구를 어떤 방식으로 충족시키기를 원하는지 정확하게 파악하는 일이 중요한 것은 유튜브라는 시장에서도 마찬가지다. 내 콘텐츠의 독보적인 경쟁력에 자신이 있다면 경쟁이 치열한 분야라고 해도 포기할 이유가 없다. 많은 사람이 관심을 가지는 분야라면 다양한 영상들이 소비될 것이고, 나의 채널도 관련 영상으로 소개될 가능성이 커지기 때문이다.

반대로, 만일 수요가 적은 분야라고 해서 쉽게 포기할 필요도 없다. 법알못 가이드의 사례처럼, 없던 수요를 만들어 낼 수도 있기 때문이다. '유튜브에 이런 콘텐츠도 있네?' '정보 전달이라 지루할 줄 알았는데 심지어 재미있네?'라는 인식이 확산되는 순간 엄청난 힘으로 시장을 선점할 것이다.

결국 어떤 분야를 선택할 것인지에 대한 답은 분명하다. 사람들을 관찰하고 무엇을 원하는지 읽어 내려고 노력해야 한다. 그리고 영상 언어로 콘텐츠를 전달함에 있어 고정관념을 깨고 새로운 호기심을 유발해야 한다. 시장의 포화 상태가 나에게 유리하든 불리하든, 사람들의 니즈를 정확하게 꿰뚫는 퀄리티 높은 영상은 언젠가 빛을 본다.

꿈은 늦게 찾을 수도 있다

어릴 때 꿈이 무엇이었나요?

사실 저는 법조인이 되고 싶지 않았습니다. 그저 막연하게 유명한 사람이 되고 싶었습니다.

솔직한 답변이네요.

법조인이 꿈이었다면 공부만 계속했겠죠. 사실 법대도 성적에 맞춰서 간 것이었어요.

학창 시절이 궁금합니다. 공부는 당연히 잘했을 테고, 반장도 했나요?

항상 반장이었어요. 초등학생 때에는 세상에서 제일 착한 학생이었고요. 중학생 때는 성적이 반에서 중간 정도였습니다. 그때는 나 자신에 대해 잘 몰랐어요. 저는 사실 집에서 혼자 게임하는 걸 좋아하는 아이였는데, 친구들과 어울리는 게 제일 좋다고 여겼었죠. 그래서 억지로 축구를 하거나 아이들과 어울렸던 것 같습니다. 그러다가 고등학교 2학년이 되자 이건 나에게 맞는 삶이 아니라는 사실을 깨달았습니다. 터닝 포인트가 오고 있었어요. 제가 하도 게임만 하니까 고등학교 2학년 겨울 방학 때 부모님이 강압적으로 공부를 시키는 기숙 학원에 저를 보냈어요. 그 학원에서 강력한 카리스마를 가진 선생님을 만났죠. 두들겨 맞으면서 공부를 하게 되었습니다. 그러고 나서 치른 첫 시험 결과가 반에서 1등, 전교에서 9등이었습니다. 어떻게 공부하면 성적이 오르는지를 경험해 보니 계속 성적이 오르더군요. 마지막 기말고사에서는 전교 1등을 했습니다. 당시는 고대 법대와 서울대 경영대의 커트라인이 비슷했습니다. 서울대에 가려고 했으나 출결과 내신이 좋지 않아 고대에 진학했습니다. 남들은 대학에 붙으면 감격하는데 저는 아무런 느낌이 없더라고요. 원하는 대학이 아니었기 때문이 아니라 그냥 아무 생각이 없었던 것 같습니다. 그렇게 매사 심드렁했던 저였지만 '와우'라는 게임은 잠도 안 자고 매달려서 했으니 지금 생각해도 신기한 일입니다.

게임을 매우 잘하는 사람들은 똑똑하지만 실제 세계에서는 욕망에 대한 드라이브가 크지 않다는 공통점이 있더군요. 그렇게 공부를 잘했는데도 학창 시절에 현실적이고 명확한 목표를 가지지 않았다는 것이 흥미롭습니다.
구체적으로 그리는 꿈은 없었어요. 확실히 다른 친구들과 좀 달랐던 것 같습니다. 학교에서 실시한 강제 야간 자율 학습에 유일하게 불참했으니까요.

고대 법대라는 좋은 학벌이 자신감에 어느 정도 기여하는지 궁금합니다. 수능 성적이 상위 1퍼센트였다고 알고 있는데요, 유튜브를 시작할 때도 남들보다 두각을 나타낼 확신이 있었나요?
전혀 그렇지 않았습니다. '이 정도는 할 수 있겠지'라고 막연히 생각했던 수준조차 막상 해 보니 예상처럼 잘되지 않았어요.

공부를 잘하는 모두가 어릴 때부터 명확한 꿈과 목표 의식이 있는 것은 아니군요.

맞습니다. 유튜브를 시작하면서부터 제가 막연하게 원하던 '유명해지는 것'에 다가가는 것 같습니다. 차근차근 유명해지고 있으니까요.

"난, 난 꿈이 있어요. 그 꿈을 믿어요"라는 유명한 노랫말처럼, 대부분의 사람들은 꿈을 꾸고 동경한다. 그리고 운명 같은 나만의 천직과 적성이 콕 찍은 것처럼 있으리라 기대한다. 그러나 하늘이 내려 준 나만의 꿈을 가진 사람은 실제로 극소수이며, 있다고 해도 그 꿈이 영원히 바뀌지 않으리라는 보장도 없다. 일반인들은 평생에 걸쳐 자신의 적성과 성향을 찾아 나간다. 게다가 한 가지 진로만 선택하고 평생 한 가지 일만 하며 살기에는 인간의 평균 수명은 점점 길어지고 사회의 변화 속도도 무섭도록 빠르다. 어린 나이에 꿈을 찾지 못했다고 해서 조급해할 필요가 없는 이유다. 비록 정확하게 무엇을 원하는지 알지는 못했어도 많은 사람이 가리키는 방향에 대해 '적어도 이걸 원한 건 아니야'라며 돌아설 수 있었던 단호함이 지금의 〈법알못 가이드〉를 만든 것은 아닐까?

어려운 사람을 돕는다는 자부심과 사명감

크리에이터로서 자신의 창작물에 대해 만족하나요?

가끔 그럴 때가 있습니다. 좋은 결과물을 편집할 때 계속 앞부분을 돌려보게 돼요. 제가 생각해도 참 잘 만들었다 싶은 부분은 자꾸 보고 싶더라고요.

:: 일반인들이 법률 지식을 몰라서 억울하거나 답답한 일을 당하지 않도록 돕기 위해 그동안의 콘텐츠를 추려 책으로 펴냈다. (출처: 법알못 가이드 유튜브 채널)

지금 채널에 만족하는지요?

작년에는 이렇게 빠르게 구독자가 늘어나는 채널이 없었기에 나름 '잘 가고 있구나'라고 생각했습니다. 그런데 작년 가을부터 채널 성장이 더디어졌습니다. '사람들이 내 채널을 사랑해서 구독한 게 아니라, 그동안 유튜브 콘텐츠가 다양하지 못해서 내 채널을 구독했구나'라는 좀 더 객관적인 분석도 하게 되었죠. 갈수록 매력 넘치는 크리에이터들이 등장하고 있으니 현재에 만족하기에는 이르다고 봅니다.

유튜브 외에도 하는 일이 있나요?

법률사무소를 운영하는 친구를 돕고 있습니다. 그리고 강의도 하고 있고요. 유튜브 저작권 정책에 관한 강의 요청이 많습니다. MCN과 계약을 맺고 한 달에 6~7회 강의를 하는데 지자체에서도 연락이 옵니다. 생각보다 다양한 강의 요청이 들어와서 법률뿐 아니라 채널 성장에 대한 전반적인 강의도 하고 있습니다.

채널 성장에 대한 강의가 궁금하네요.

이를테면 사람들은 특정 전문 분야에 대해 관심이 없을 수도 있습니다. 그런데 궁금하지 않았던 것도 궁금하게 만드는 것이 유튜브의 매력이지요. 제가 다루는 '법'이 대표적입니다. 다양한 각도에서 호기심을 유발하는 방식이 존재합니다. 썸네일과 제목도 그런 면에서 중요해요. 주로 그런 내용에 대해 강의합니다.

영상은 어떤 주기로 업로드하나요? 일과가 궁금합니다.

이번 주에는 4개의 영상을 업로드했더라고요. 게을러지지 않기 위해 노력하지만 유튜버는 주말이라는 개념이 없기 때문에 억지로 여유 시간을 정해 놓지 않으면 오히려 생활이 피폐해질 수 있습니다. 그래서 아침 8시쯤 일어난 후 바로 업무를 보지 않고 약간의 여유를 누립니다. 그리고 나서 전날 고민했던 내용에 대해 대본을 쓰거나 법률사무소에 나가거나 합니다.

전달해야 하는 지식이 많은 만큼 대본이 중요하겠군요.

제 경우 대본이 정말 중요합니다. 대본이 없으면 편집이 길어집니다. 10분이 채 되지 않는 영상을 위해 대본 작성에만 32~34시간을 쓰기도 합니다. A4 용지 기준으로 한 장 반 정도를 쓰면 7분 길이의 영상이 됩니다.

프롬프터가 있나요? 아니면 외워서 말하나요?

최근에 프롬프터를 사용하기 시작했지만 그전에는 한 문단씩 외우고 찍고 외우고 찍고 했습니다.

편집한 영상을 보면 단번에 말하는 것처럼 보입니다.

한 문단은 한 번에 찍습니다. 그래서 한 단어라도 틀리면 그 문단을 반복해서 촬영해야 하죠.

영상에 들이는 노력과 만족감은 어느 정도 비율을 이루나요? 또 유튜버의 업무 강도 수준은 어떤가요?

유튜버는 시키는 일을 하는 게 아니라 스스로 어떤 일을 어떻게 할 것인지 고민해야 합니다. 따라서 같은 일을 하더라도 그 뒤에 숨겨진 노력이 클 수밖에 없어요. 저는 한 편의 영상을 위해 정말 많이 노력하는 편입니다. 제가 틀린 말을 하거나 실수하면 채널의 신뢰도에 큰 타격을 주므로 철저하게 준비합니다. 그냥 지나가는 1초의 결론이라도 그 결론을 위해서 수많은 법조문과 판례를 확실하게 확인하는 작업이 뒷받침되어야 하죠.

사람들의 고민과 궁금증을 풀어 주고 이슈에 대한 정확한 정보를 전달해 주기 때문에 사회에 기여한다는 자부심과 사명감이 생길 것 같습니다.

당연히 보람 있습니다. 물론 유튜브는 저 자신을 위해 시작한 것이고 사회봉사를 위한 건 아니지만 의미 있는 일이라고 생각합니다.

가장 힘들었을 때는 언제인가요?

채널 개설 후 10개월 동안 구독자가 700명이었습니다. 그때 제일 힘들었죠. 구글 애즈(Ads)에 광고비까지 투자했지만 그다지 반응이 없었어요.

성장의 계기가 궁금합니다.

영상에 붙은 노란 달러 표시가 떨어지면서부터 급속하게 성장하기 시작했어요. 제 대부분의 영상이 광고주에게 친화적이지 않다는 이유로 노란 달러 딱지가 붙어 있었거든요. 제목에 '강제추행범 고소' 같은 표현이 들어가니 이해 못 할 바는 아니죠. 그 노란 딱지가 없어지기 위한 검토를 받으려면 해당 영상의 최근 일주일간 조회 수가 1000회 이상 되어야 하는데, 당시 제 영상 조회 수는 대개 100회를 넘지 않았거든요. 그래서 영상 대부분에 노란 딱지가 붙어 있는 상태였죠. 그러다가 어느 날 갑자기, 아주 초기에 올렸던 영상에서 노란 딱지가 사라졌어요. 그러고 나니까 그날 하루에 조회 수가 20만 뷰까지 가더군요. 구글 알고리즘의 가공할 힘을 알게 되었어요. 그 영상을 필두로 다른 영상들도 조회 수 1000이 넘어가고, 자연히 노란 딱지들이 떨어지고, 어떤 때는 하루 동안 구독자가 7000명까지 늘더군요. 그땐 좋아서 잠도 오지 않았어요.

법알못 가이드의 영상을 보다 보면 평소에 관심도 없던 법률 영상을 몇 분씩이나 몰입해서 보고 있다는 사실에 스스로 놀라게 된다. 전문적인 지식을 다루면서도 각 영상의 재미와 짜임새가 상당한 것이다. 일단 대본부터 다르다. 단순히 지식을 나열하는 것에 그치지 않고 이슈에 대한 호기심을 불러일으키고 궁금증을 해소하는 과정이 필연적인 인과 관계의 그물망처럼 촘촘히 짜여 있다. 한 부분에 대한 궁금증이 해소되면서 나도 모르게 그다음 내용에 대한 호기심이 일어나는 것이다. 아울러 대본을 전달하는 방식도 주목할 만하다. 정갈한 톤의 목소리로 또박또박 말하면서, 중요도에 따라 각 단어나 문장에 강약과 완급을 둔다. 화자가 일방적으로 말하는 방식에서도 지루함이 느껴지지 않고 긴장감이 유지되는 것은 바로 이 때문이다. 아무리 완벽하게 준비된 오류 없는 내용이라고 해도 어떻게 전달하는 것이 좋은지에 대한 치열한 고민이 없다면 무용지물일 것이다.

기회도 버티는 사람에게 온다

유튜버로서 직업적 만족도는 어떤가요?

저는 매우 만족합니다. 어디서든 직업을 물으면 유튜버라고 대답합니다. 심지어 해외여행을 갔을 때 입국 심사에서도 직업란에 유튜버라고 씁니다.

단점은 없을까요?

아무래도 유튜버에게는 악플이 가장 힘든 부분인 것 같습니다.

어떤 성격이 유튜버에 적합하다고 보나요?

꾸준히 할 수 있는 사람입니다. 유튜버를 처음 시작했을 때에는 새싹 유튜버들의 모임에도 나가곤 했는데요. "서로 구독해요"라고 이야기를 나누었던 사람들 중에서 현재 남아 있는 채널이 거의 없습니다. 안

:: 〈법알못 가이드〉 채널의 또 다른 주인공은
강아지 '랜슬롯'과 함께 녹음하는 모습.

돼도 계속 버티면 누구에게든 성장의 기회가 주어질 것이라고 생각해요.

10개월을 버틴 것은 정말 대단한 일입니다.

"유튜브인지 비제이인지 한다며?" 하고 비아냥거리는 주변 사람들이 원망스럽기도 했죠. 막막할 때 힘내라고 관심을 보이던 사람들이 막상 채널이 잘되니 연락이 오지 않기도 해요. 진심으로 제가 잘되길 바라진 않았던 것 같습니다. 유튜버라면 이런 상처들도 다 견딜 수 있어야 하죠.

결국 멘탈 관리가 중요한 것 같습니다.

맞습니다. 채널을 운영하면서 마냥 잘되기만 하는 시기는 없어요. 중간중간 위기가 옵니다. 그때마다 버틸 수 있어야 합니다. 그리고 한 가지 덧붙이자면 센스가 중요해요. 남한테 눈치 없다는 소리를 많이 듣는다면 본인의 센스가 무딘 것은 아닌지 고민해 보고 유튜브를 시작했으면 좋겠습니다.

유튜브의 비전에 대해서는 어떻게 보는지요?

별다른 정책적 이유가 아니라면 계속 성장할 것이라고 생각합니다. 유튜브는 다른 분야에 비해 관심과 인기를 얻는 데 오래 걸리지 않습니다. 좀 더 다양하고 수준 높은 콘텐츠가 꽃을 피우리라 봅니다. 대신 퀄리티가 조악한 채널들은 지속적으로 유튜브에서 걸러 내고 있으니 점점 사라질 것입니다.

극소수의 인기인을 제외하면 유튜브를 시작하자마자 관심과 사랑을 받는 채널은 거의 없다. 그렇다고 성공한 채널이 무한하게 성장할 수 있는 것도 아니다. 지금 현재에도 수많은 유튜버들이 오르지 않는 구독자 수에 절망하거나 기대치 않았던 관심에 환호할 것이다. 채널에 대한 끊임없는 고민과 걱정은 초심자든 오랜 경력자든 모든 유튜버에게 주어진 숙명이다. 결국 오래 버티는 성공적인 유튜버가 되려면 희망과 절망의 낙폭을 최대한 줄이는 담담한 멘탈이 필요하다.

〈법알못 가이드〉처럼 구독자 수가 10만 명을 훌쩍 넘긴 채널도 구독자 수가 1000명이 되지 않던 오랜 무명 시기를 겪었다. 좀처럼 변화가 보이지 않는 단계에서 한 단계 치고 올라갈 수 있었던 도약의 밑바탕에는 그동안 꾸준히 쌓아 올린 퀄리티 높은 영상들이 있었다. 하나의 영상이 어느 순간 끓는점에 도달했을 때 연쇄적으로 다른 영상들도 끓기 시작하면서 잠잠했던 채널이 뜨겁게 달아오른 것이다. 채널의 진정한 저력은 일희일비하지 않고 묵묵히 내실을 다지는 과정을 통해 만들어질 것이다.

성공에 도취되기보다 항상
겸손하고 검소해야 롱런할 수 있다

– 미니멀라이프 채널 〈강과장〉

| 강과장 |

애니메이션 회사에서 근무하고 있는 10년 차 직장인이자 가계부, 미니멀라이프, 다이어트 등에 대한 정보를 소
개하고 공유하는 유튜브 크리에이터. 그의 채널은 약 30만 명이 구독하고 있으며 총 누적 조회 수 6100만 뷰
를 돌파했다(2022년 5월 기준). 30대 직장인의 일상을 진솔하게 보여 주어 많은 이의 공감을 얻
었고, 롱런할 수 있는 콘텐츠를 발굴하기 위해 고민하고 있다.

2010년 이후부터 미국과 일본을 중심으로 확산된 '미니멀리즘'
생활은 한국에서도 인기를 끌고 있다. 불필요한 물건을 소유하고 거기
에 얽매이기보다, 반드시 필요한 것만 소비하고 남는 돈과 시간을 자기
계발이나 봉사 등 좀 더 의미 있는 분야에 투자하는 삶의 방식이다. 직
접 기른 식재료로 요리를 해서 이웃과 나눠 먹는 등 소소한 일상의 행
복을 추구하는 이러한 '미니멀라이프'는 미국의 킨포크(Kinfolk) 열풍,
우리나라에서는 '소확행, 워라벨, 저녁이 있는 삶' 등의 유행어를 만들
어 내며 행복에 대한 새로운 가치관으로 확고히 자리 잡았다.

이런 사회 분위기 속에서 크게 주목받으며 성장한 채널이 바로 〈강
과장〉이다. 그는 일상과 보금자리, 소비에서 정말 필요한 것을 제외하
면 모든 겉치레를 덜어 내었다. 그리고 이런 모습은 물질에 대한 끝없

는 추구와 욕망에 지친 사람들에게 마음의 평화를 선사한다. 우리는
한 치의 가식도 없는 그의 일상에서 허리띠를 졸라맨 짠돌이가 아닌,
인생에서 정말 중요한 것이 무엇인지 정확히 알고 그것에 집중하는 지
혜로운 청년의 모습을 발견할 수 있다. 모두가 외면하고 싶은 '절약'을
기본 콘셉트로 잡고도 어떻게 이런 훈훈한 채널을 만들 수 있었을까?

불투명한 미래, 유튜브에서 돌파구를 찾다

어떻게 유튜브 채널을 만들게 되었나요?

〈강과장〉은 2018년 9월부터 시작한 채널입니다. 처음에는 게임 방
송, 프라모델 조립, 미드 리뷰, 연예인 캐리커처 그리기 등 여러 시도를
했습니다. 제가 관심을 가졌던 분야는 모두 건드린 것 같아요. 그러다
가 작년 말에 절약하는 일상을 다룬 브이로그, 그리고 살면서 느꼈던
부분에 대해 솔직히 털어놓은 영상을 업로드했죠. '이런 것까지 오픈하
나' 싶을 정도로 30대 직장인의 생활을 숨김없이 밝혔습니다. 한마디로
〈강과장〉은 30대 직장인의 경제생활에 중점을 맞춘 브이로그 채널이라
고 할 수 있습니다.

주제와 상관없이 어떻게든 유튜브를 시작해야겠다고 생각했나요?

지금 저는 애니메이션을 만드는 일을 하고 있는데 이 업계가 그렇
게 탄탄하지는 않습니다. 망하는 회사도 가끔 보이고요. 월급이 밀리는
친구들도 주변에서 많이 봅니다. 회사 월급 외에 제가 기댈 수 있는 게
없을까 늘 고민해 왔습니다. '내가 뭘 해서 돈을 더 벌지? 몸 쓰는 일밖

:: 강과장의 채널을 방문하면 시청자들을 맞아 주는 캐릭터.

에는 없는 걸까?' 하고 고민하다가 유튜브를 시작했습니다. 지금 정도 의 큰 성과는 기대도 안 했지만 '혹시 로또처럼 잘되면 이 각박한 현실 을 벗어날 수 있지 않을까?' 정도의 가벼운 마음은 가졌습니다.

하지만 단순히 돈 때문에 시작한 것만은 아니지 않습니까? 유튜브 활동이 투입한 노동력만큼 돈이 나오는 곳은 아니니까요.

맞습니다. 외주 일을 하는 게 더 돈이 벌리니까요. 유튜브를 해서 돈이 되면 좋겠다고 생각은 했지만 정말 잘될 줄은 몰랐습니다.

처음에 영상을 올릴 때 재미있었나요?

어느 정도는 재미있었습니다. 초반에 올린 게임 영상의 조회 수가 1000회 정도 나왔는데요. '1000'이라는 조회 수가 너무 신기하고 재미 있었죠. 그런데 이후로 다른 영상들의 조회 수가 그 정도 나오지 않 으니 흥미를 잃게 되더군요. 게임에 접속한 뒤 게임 잘하는 사람을 찾아다녔습니다. 유튜브에 업로드할 영상을 만들려고 한다고 밝히고 여럿과 게임을 해 보았죠. 그렇게 해서 3개월 동안 270명의 구독자를 모았습니다. 생각해 보면 저는 게임 영상이 적성에 맞지 않는 사람이었어요. 게임을 잘하거나 텐션이 높아지는 사람이 아닌 거죠. 회사 일을 마치고 퇴근해서 밤늦게까지 게임하고, 주말에도 새벽까지 게임하고, 이러다 보니 '내가 지금 뭘 하는 거지?' 하는 회의가 들더군요. 이래서는 유튜브에서 더 이상 성장할 수 없겠다고 판단하고 2~3주 정도 영상 제작을 쉬었다가 브이로그로 장르를 바꿨습니다.

유튜브 자체를 포기할 법도 한데 그러지 않았군요.

브이로그가 마지막 기회라고 생각했습니다. 다 내려놓고 편집에 힘을 뺐어요. 독특한 편집점이나 개그 타이밍을 두지도 않았어요. 그저 제가 어디에 돈을 썼는지만 심플하게 보여 줬습니다. 그러다가 다니던 회사가 이사를 하면서 덩달아 저도 좁은 곳으로 이사를 가게 되었습니다. 그 내용을 다뤘던 영상의 조회 수가 폭발하면서 채널도 성장했습니다. 갑자기 구독자가 늘면서 악플도 많이 달렸습니다.

자기 모습을 진솔하고 담담하게 드러낸 것이 많은 사람의 공감을 얻었군요.

네, 저는 별로 숨기는 것이 없습니다. 꾸미지 않고 제 소비 생활을 기록해 왔죠.

히트 영상이 나오기 전까지 비디오 가계부 같은 콘텐츠를 꾸준하게 쌓은 거군요. 한 영상이 대박을 터뜨리는 게 채널의 성장에 얼마나 중요한가요?

도움이 되는 것은 분명합니다. 단, 어느 정도 다양한 시도를 하고 내공이 쌓인 이후에 인기 영상이 나오는 게 좋을 것 같습니다. 준비가 덜된 상태에서 갑자기 대박이 터지면 오히려 안 좋은 영향이 있습니다. 저 같은 경우 너무 빠른 성장이 오히려 부담스럽기도 했습니다.

오랫동안 취업을 준비하다가 마침내 직장 생활을 시작하게 되면 처음에는 모든 것이 감사하다. 그런데 안타깝게도 현실은 그 기쁨을 너무 빨리 앗아간다. 내 생계와 인생을 든든하게 책임지고 보호해 줄 줄 알았던 회사가 실은 언제 사라질지 모르는 조직에 불과하다는 사실을 알게 되는 것이다. 선배들을 보면서 저 사람의 모습이 내가 꿈꾸던 미래인가 생각하면 숨이 턱 막히기도 한다. 그래서 직장 생활에 매너리즘을 느끼는 사람들이 탈출을 꿈꾼다. 창업을 준비하거나 재테크에 열을 올리기도 하지만 새로운 탈출 방법으로 등장한 것이 바로 유튜버다. 직장 생활을 그만두고 유튜브로 성공을 거둔 사람들의 이야기를 미디어에서 흔하게 접할 수 있다. 하지만 누구나 성공 스토리를 쓰는 것은 아니다. 강과장 역시, 유튜브라는 새로운 세계에서 여러 번 도전하고 시행착오를 겪었다. 그리고 가장 낮은 곳에서 꾸밈없이 스스로를 드러낸 순간 많은 사람의 공감을 얻기 시작했다. 그가 보여 주는 포장하지 않은 매력이 어디서 비롯된 것인지 궁금해졌다.

학창 시절, 내 분야에서는 지고 싶지 않았다

학창 시절에는 어떤 학생이었나요?

중학교 1~2학년 때까지는 공부를 잘했는데 게임을 시작하면서 공부에서 손을 뗐습니다. 그래도 그림은 계속 그렸습니다. 만화를 그리는 게 재미있어서 대학도 그쪽으로 갔지요. 전문대 애니메이션학과에 진학한 후 열심히 노력했지만 학벌에 대한 콤플렉스가 있었습니다.

조용한 성격이었던 것 같네요.

맞습니다. 그림을 그리고 있으면 친구들이 와서 자기 모습도 그려달라고 부탁하곤 했죠. 어릴 때는 외모에 대해 콤플렉스가 많았거든요. 그냥 구석에서 만화만 그렸습니다. '안여멸'이라는 말을 아시나요? '안경 쓴 여드름 난 멸치' 같은 느낌이었죠. 그런데 살이 찌면서 '안여돼'가 되었습니다. 지금은 여드름도 없어지고 새사람이 되었습니다.

유튜브 영상 창작에 그림이 도움이 되나요?

만화를 그리는 일은 그림뿐 아니라 스토리도 써야 하기 때문에 영상 창작과 연관이 있습니다. 웹툰 작가나 출판 만화가를 준비하는 사람이 있다면 유튜브에 뛰어들 때 훨씬 유리할 것입니다. 스토리를 생각하는 게 습관이 되니까요. 군대를 제대한 후 일본 소설을 많이 읽었어요. 무라카미 하루키, 에쿠니 가오리 같은 작가들의 감성이 좋아서 정말 많이 읽었죠. 그런 감성이 많은 영향을 준 것 같습니다. 그때 느꼈던 문화적 배경이 지금 자막을 쓰는 데 큰 영향을 끼치더군요.

유튜브를 시작하기 전에 SNS나 웹서핑을 많이 했나요?

네. '루리웹'이나 '웃긴대학' 같은 커뮤니티 사이트에서 많은 시간을 보냈습니다. 당시에는 시간 낭비라고 생각했는데 지금은 그때 흡수했던 문화들이 큰 도움이 됩니다. 나도 모르게 젖어 들었던 잉여력이나 아싸 감성이 제 영상에 자연스럽게 드러나거든요. 유튜브도 많이 봤습

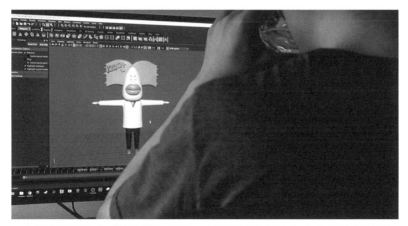

:: 강과장의 본업인 3D 애니메이터의 업무는 유튜브 크리에이터의 일과는 많이 다르다. 하지만 여러 부분에서 도움이 되는 것은 분명하다.

니다. 다이어트를 많이 했는데 식욕을 참는 대신 유튜브 먹방을 많이 봤지요.

당시에는 별 볼 일 없던 문화라 여겼지만 어느 순간 내공으로 발전한 것이군요.

네. 단지 아쉬운 점이 있습니다. 어릴 때부터 책을 좀 더 많이 읽었더라면 좋았을 것 같습니다. 제가 지금 고등학생으로 돌아간다면 저는 두 가지만 할 겁니다. 영어 공부와 책 읽기입니다. 영어를 잘하면 외국 유튜브도 자연스럽게 내 문화처럼 흡수할 수 있을 것 아니겠습니까? 영상 하나, 책 한 권에도 인생이 바뀔 수 있는데 이해할 수 있는 언어가 많다면 인생은 좀 더 풍요로워질 것입니다. 앞으로도 계속 글 쓰는 능력, 말하는 능력이 중요한 시대가 될 것입니다. 학벌과 배경이 없어도 언어와 책 읽기 능력을 유용하게 쓸 수 있는 날이 반드시 옵니다.

스토리텔링에 익숙한 사람일수록 좋은 크리에이터가 될 수 있는 것 같습니다. 만화와 소설을 탐닉하던 젊은이가 지금과 같은 전투적인 생활인이 된 계기가 궁금해집니다.

고등학생 때까지는 흔히 말하는 수능 스트레스가 없었습니다. 아예 공부를 하지 않았으니까요. 열심히 하던 친구들이나 공부에 대한 스트레스를 받는 거지요. 저는 수능 400점 만점에 153점을 받았습니다. 찍으면 보통 그 정도 맞습니다. 그림을 좀 그리는 편이어서 수능 점수가 받쳐 주면 좋은 대학에 갈 수도 있었는데, 점수가 너무 낮아서 미술 학원 선생님이 엄청나게 혼을 냈습니다. 물론 그림에 대한 승부욕은 있었습니다. 단지 공부는 제 분야가 아니라고 생각했습니다. 고등학생이 된 후 치른 첫 영어 시험에서 36점을 맞고 엄마한테 너무 혼이 나서, 그다음부터는 교과서를 모두 외워서 100점을 맞기도 했습니다. 승부욕 자체가 아예 없지는 않았어요. 결정적으로 군대에서 제대한 후 자기 계발서를 많이 읽으면서 삶이 조금씩 바뀌었습니다.

어느 날 군대 동기 4명이 모였는데 2명은 대기업에 다니고 1명은 아버지 사업을 물려받아서 잘나가더라고요. 저만 멈춰 있었죠. 1명은 결혼을 앞두었고 2명은 여자 친구가 있었습니다. 저는 일요일까지 출근할 정도로 일에 몰린 상황이었는데 친구들은 여유가 있어 보이더군요. 뭔가 계획대로 잘 굴러가는 인생처럼 보였어요. 멈춰서 스스로를 보니 막막했습니다. 돈이라도 많이 벌자고 노력했는데 당장 역전이 힘들었습니다. 괴로워하는 와중에 지인이 외주 일거리를 줘서 회사 월급 외에 150만 원이 들어오기 시작했습니다. 그게 정말 신기했습니다. 그때부터 미친 듯이 외주 일을 찾아다녔습니다. 항상 2~3개의 외주 일을 했습니다. 새벽 3~4시까지 하다가 아침에 간신히 출근하는 생활이었습니다. 그러다 보니 몸이 망가졌습니다. 병원에 실려 간 날에도 외주 일 2개를 동시에 하고 있었습니다. 이것만 하고 그만둬야겠다고 결심한 순간에 쓰러져 실려 가게 되었죠. 뭔가 자격지심이 있었던 것 같습니다.

이게 유튜브를 하게 된 계기와 관련이 있나요?

제게는 명예욕이 약간 있습니다. 예를 들면 예전에는 애니메이션 감독이 되고 싶었어요. 그 이유는 '내 작품을 만들 수 있어서'였지만 사실은 애니메이션 제작 스텝 중에서 제일 높은 사람이 되고 싶었던 겁니다. 마찬가지로 유튜브를 뭔가 좀 더 유명해질 수 있는 기회로 여겼습니다. 회사에서는 같은 일을 하는 5명의 팀원 중에서 가장 잘하면 그만입니다. 하지만 유튜브에 들어오니 경쟁 상대가 끝이 없습니다. 가끔 따라갈 수 없는 정도의 격차를 느끼기도 해서 정말 힘들더라고요. 이런 감정은 저에게 별로 도움이 안 된다는 걸 깨닫는 중입니다. 군대 동기들과 나를 비교하던 걸 이제는 다른 유튜버들을 보면서 하고 있더군요. 이제부터는 중심을 잡고 가려 합니다.

숫자로 드러나는 평가가 참 잔인하지요. "대단해"라고 말하는 것과 "100만 만큼 대단해"라고 말하는 건 다르니까요. 본업과 유튜버 생활을 겸하고 있으니 일과가 빡빡할 것 같습니다.

회사가 가까운 덕분에 일어나자마자 금방 출근하고 6시 반에 퇴근합니다. 야근은 거의 없고요. 운동과 저녁 식사를 마치고 책상에 앉으면 9시입니다. 그때부터 편집을 합니다. 주말 중 하루, 평일에는 3일 정도를 편집에 할애합니다. 물론 집중이 안 되면 일주일 내내 매달릴 때도 있습니다. 계획했던 것보다 시간을 많이 쓰게 되는 경우가 많습

:: 한창 편집 작업에 몰입하고 있는 강과장. 뒤편으로 그의 일상과 보금자리가 적나라하게 펼쳐져 있다.

니다. 초창기에는 제 생각 중 하나를 10분 동안 찍은 다음 더빙만 해서 올렸다면, 요즘은 욕심이 많아져서 영상과 편집에 힘이 들어갑니다. 10분짜리를 일주일 내내 붙들고 있을 때도 있습니다. 영상 업로드 주기를 일주일에 2개에서 1개로 줄였는데도 여전히 같은 시간 동안 매달리더라고요.

그의 영상은 큰 사건 사고가 없음에도 불구하고 재미있다. 의외의 포인트에서 등장하는 가벼운 개그 코드, 적당한 속도의 화면 전환, 부드러운 목소리와 보슬비처럼 잔잔히 마음을 적시는 영상미까지 보는 이로 하여금 자연스러운 미소를 짓게 한다. 정교하게 배치된 장치들은 실로 대단한 내공을 필요로 한다. 그는 학창 시절 내내 누구도 주목하지 않는 사람이었다. 그러나 자신만의 세계에서 먹성 좋게 흡수해 온 다양한 문화적 소양은 지금 엄청난 저력을 발휘하며 크리에이터로서의 제2의 인생을 가능하게 해 주었다. 공부를 잘하는 것이, 혹은 번듯한 대기업에 다니는 것이 성공의 전부가 아니다. 세상에는 다양한 분야가 있다. 지금 당장 빛을 발하지 않는 흐릿한 인생이라고 해서 주눅 들 필요는 없다. 내가 좋아하는 분야에서 더 욕심내면 된다. 언젠가는 사람들이 그 분야를, 그리고 숨어 있던 나를 주목하는 날이 올 것이기 때문이다.

정해진 성공의 법칙은 없다

처음에는 얼굴도 나오지 않는 채널이기 때문에 캐릭터도 잘 드러나지 않았습니다. 그런데도 이 정도로 성장한 경우는 드뭅니다. 얼굴 공개에 대해서 어떻게 생각하나요?

콘텐츠마다 다른 것 같습니다. 얼굴을 보이는 게 좋은 콘텐츠도 있습니다. 저는 한편으로 끝까지 얼굴을 공개하지 말걸 하는 생각도 들었습니다. 좀 더 신비주의 콘셉트를 끌고 가고 싶었거든요. 저는 제 일상을 공유하지만 내레이션이나 자막의 역할이 큽니다. 그런 분위기가 주는 감수성이라는 것이 있거든요. 가끔 '중2병'처럼 멋진 말도 하고, 가끔 실없는 개그 코드도 넣으면서 그렇게 오랫동안 나름의 환상이 형성된 것 같습니다. 그런데 갑자기 얼굴이 노출되면서 그게 깨지는 아쉬움도 없지 않았습니다. 외모의 좋고 나쁨을 떠나서, 제가 실존 인물이 아닌 영화나 드라마 속의 캐릭터 같은 느낌이었던 것이죠. 그런데 갑자기 현실 인물이 등장하니 처음에는 당황한 시청자들도 있었어요.

얼굴을 공개한 이유는 무엇인가요?

영상을 만들다 보니 카메라 구도 면에서, 그리고 내용을 만드는 데에서 한계가 느껴졌습니다. 주변 지인들도 출연시키고, 저도 같이 나오는 형식으로 일상을 다채롭게 표현하고 싶었습니다. 혼잣말이 아닌 대화에도 재미 요소가 생길 수 있으니까요. 그런데 저는 나오지 않으면서 주변 사람들 얼굴부터 나오면 뭔가 이상하니까 제 얼굴이 나오게 된 것입니다. 놀란 사람도 있겠지만 거쳐야 할 단계라고 생각했습니다.

유튜브를 시작하는 데 가장 큰 걸림돌은 얼굴 공개입니다. 처음에는 '누가 보겠어?' 하고 별생각 없이 올렸다가 나중에 흑역사가 될 수도 있기 때문이죠. 유튜브를 시작하는 사람이라면 누구나 개인 정보나 얼굴을 어느 정도 노출해야 할지 고민합니다. 수많은 채널 중에는 손만 등장하는 채널도 있지요. 처음부터 얼굴을 공개하는 게 나을까요?

얼굴 공개 여부는 채널의 성장과 별로 상관없는 것 같습니다. 흔히 초보 유튜버를 위한 조언을 보면 '썸네일에 얼굴이 들어가야 클릭한다'는 말이 많은데요. 반드시 그렇지는 않습니다.

그래도 일반인이 어떻게 처음부터 영상을 잘 만들겠습니까? 얼굴이 나와야 도움이 되지 않을까요? 강과장 님은 애니메이션 업계 종사자고 썸네일 제작이나 제목 짓기에 능숙하지만 일반인은 그렇지 못하니까요.

물론 경쟁력 있는 외모를 가졌다면 당연히 얼굴을 공개하고 적극 활용하는 것이 도움이 될 것입니다. 그렇지 않은 평범한 경우라면 영상 내용과 썸네일에 얼굴이 들어가도 되고, 콘텐츠 목적에 부합하지 않으면 넣지 않으면 될 것 같습니다.

누군가 강과장 님을 알아보면 좋을 것 같나요?

팬이 알아봐 주면 싫을 이유는 없을 것 같습니다. 제가 다니는 회사 맞은편 건물에서 근무하시는 분이 제 회사 사진과 함께 "여기서 일하시죠? 잘 보고 있습니다"라는 내용으로 이메일을 보낸 적도 있습니다. 심지어 저와 같은 건물에 사는 구독자도 있어요. 찾아가도 되겠느냐는 문의 댓글도 몇 번 달고, 저희 집 문에 쪽지도 붙였더라고요. 악의로 그러는 게 아니니까 감사히 생각하죠.

강과장이 놀라운 이유 중 하나는 자신의 생활을 공개하면서도 자신은 등장하지 않았다는 점이다. 정확히 이야기하자면 그의 삶 단면만 등장할 뿐이었다. 얼굴을 공개하지 않고도 기꺼이 자신의 내밀한 삶 속으로 타인을 초대하고, 그들과 친밀한 유대감을 맺은 것이다. 예쁘거나 잘생긴 젊은 남녀가 화려한 썸네일로 구독자를 유혹하는 것만이 유튜브의 성공 공식은 아니다. 얼굴로 표현하지 않아도 편안하고 재미있는 내레이션, 지루할 틈 없는 화면 구성, 위트 있는 자막 등 스스로를 표현할 수 있는 방법은 많다. 처음부터 얼굴을 공개하는 것에 부담을 느끼는 사람이라면 얼마든지 다른 방법을 고민해 볼 수 있다.

많은 사람이 유튜버들은 '관종'일 거라고 생각한다. 즉, 사람들이 자기를 알아봐 주기를 갈구한다는 뜻이다. 그런데 이는 맞기도 하고 틀리기도 하다. 우리는 세상에 태어난 이상 어떤 방식으로든 세상과 소통한다. 가족, 친구, 동료, 더 나아가 익명의 타인들에게 내 생각이나 느낌을 표현하고 반응을 기다린다. 혹은 그들의 이야기를 듣고 이에 대해 반응하는 것으로 소통하기도 한다. 교감에는 셀 수 없이 다양한 방식이 존재한다. 유튜브는 안팎으로 열린 소통의 창이다. 우리는 세상을 향해 내 생각을 말하고, 노래를 부르고, 공부하는 모습을 보여 줄 수 있다. 또한 누군가의 창작물에 대하여 내 감상을 표현할 수도 있다.

내가 누군가의 이야기를 잘 들어주는 사람인가? 그렇다면 시청자를 주인공으로 삼아 그들의 이야기를 들어주는 콘텐츠를 만들 수도 있다. 반드시 내 이야기가 아니더라도, 한 사람이 유튜브를 통해 세상과 소통하는 방식은 다양하다.

자기 검열은 솔직해야 한다

애니메이션 분야에서 구체적으로 어떤 일을 하나요?

3D 애니메이터입니다. 〈겨울왕국〉 같은 캐릭터의 이미지를 디자이너로부터 받아서 입체적으로 구현해 내는 일입니다.

창의성이 필요한 일인가요?

필요하긴 하지만 디자인을 직접 하는 게 아니라 구체화하는 것이기 때문에 무에서 유를 창조하는 창의성은 아닙니다.

원래 직업과 유튜브 일이 다른 점은 무엇인가요?

유튜브 일은 회사 업무와 많이 다릅니다. 회사 일의 프로세스는 대개 이렇습니다. 애니메이션 스토리가 나오고 간단한 스토리보드가 나오면 그걸 가지고 디자이너들이 그림을 그립니다. 제가 그걸 받아서 최대한 예쁘게 3D로 만드는 일이다 보니 처음부터 기획하고 촬영하고 연출할 일은 없지요.

어느 쪽이 더 재미있는지요?

유튜브가 더 재미있습니다. 물론 애니메이션 일도 좋아하지만 오래

하다 보니 즐거움이 옅어지더군요. 처음에는 작은 일이라도 인정을 받으면 기뻤어요. 제가 제작에 참여한 영화의 엔딩 크레디트에 제 이름이 들어가면 정말 기뻤습니다. 사회에 갓 진출했는데 극장에서 자기 이름을 확인했다고 상상해 보세요. 하지만 그 첫 즐거움은 시간이 지나자 점점 사라졌습니다. 대신에 다른 즐거움이 생기지요. 퀄리티 있는 업무를 하면 희열이 느껴집니다. 그런데 그것도 오래되면 하던 일의 반복처럼 느껴집니다. 점점 일이 주는 기쁨이 줄어들어 매너리즘에 빠지기 시작해서 유튜브를 시작한 면도 있는 것 같습니다.

아무리 좋아서 하는 일이라도 짜증 날 때가 있습니다. 일의 즐거움이 바닥을 쳤을 때 새로운 계기가 생겨서 유튜브를 하게 된 것이군요.

맞습니다. 유튜브에서도 그렇습니다. 막다른 골목에서 힘을 빼고 새로운 것을 시작하면 잘되기도 합니다.

유튜브에서 느낀 첫 즐거움을 여전히 유지하고 있나요?

요즘은 유튜브가 잘되다 보니 제 인생의 탈출구 같은 느낌이 들고 집착이 생기는 것 같아요. 그래서 영상에 힘이 많이 들어가고 일처럼 느껴지기 시작하더군요. 조회 수에 따라서 하루에도 몇 번씩 마음이 들썩거려요. 그래서 최대한 욕심을 내려놓고 있는 중입니다.

전업으로서 유튜브에 올인할 생각은 없나요?

없습니다. 아직 지속적인 콘텐츠를 생산해 낼 수 있겠다는 확신이 들지 않아요. 언젠가 그런 콘텐츠가 생기면 전업으로 전념할 수도 있을 것입니다. 지금은 말장난 같은 개그나 잔재주에 의존하고 있는 느낌이 듭니다. 그런 잔재주로는 오래가지 못할 것 같아요. 왜 제 영상을 봐 주는지 이해가 안 될 때도 있습니다.

너무 겸손한 것 같네요. 시청자들은 냉정합니다. 재미든 즐거움이든 얻는 것이 없다면 영상을 끝까지 보거나 구독 버튼을 누르지 않습니다.

사실 성장세가 꺾일 것 같은 타이밍이 몇 번 있었습니다. 그런데 중간중간 히트 영상이 하나씩 터지면서 지금까지 커 왔습니다. 앞선 히트작의 힘이 떨어질 때쯤 다른 히트작이 나오는 식이었죠.

어떻게 매번 히트작만 만들겠습니까? 그러면서 채널이 탄탄히 다져지는 거죠.

한번은 욕심을 내려놓고 일상에서 찍은 사진을 모아서 자막만 넣어 업로드한 적이 있습니다. 그런데 조회 수가 평소의 절반으로 떨어지더라고요. 마음을 내려놓자고 올린 영상인데 막상 조회 수가 나오지 않으니 의연하기 쉽지 않더라고요. 한 영상의 조회 수가 잘 나오지 않으면 다음 영상 노출의 알고리즘에 영향을 미친다는 말도 있으니까요.

수익은 어떻게 구성되나요? 시청자들이 영상을 봄으로써 생기는 구글 애드센스 수익 외에 광고 의뢰를 받는 경우도 있나요?

광고를 많이 찍지는 않았습니다. 부담이 크더라고요. 기획안을 쓰는 과정이 엄청난 스트레스를 주었습니다. 그 광고를 제 브이로그에 자연스럽게 끼워 넣는 것도 힘들더군요. 구독자들의 시선도 신경이 쓰였습니다. 제 콘셉트 자체가 "꼭 필요한 소비만 하자"인데 제 광고 때문에 누군가가 쓸데없는 소비를 하지 않을까 하는 자기 검열도 있었습니다.

:: 강과장은 핸드폰 요금 절약하는 법, 효과적인 저축 방법, 무료 영화 감상법 등 슬기로운 소비와 절약 방법을 소개하고 있다. (출처: 강과장 유튜브 채널)

미래의 유튜버들은 어떤 주제로 시작해야 할까요?

너무 전략적으로 들어가기보다 제일 잘하는 걸 하면 좋겠습니다. 예전부터 저는 아끼는 것을 제일 잘했습니다. 부족한 돈으로 세밀하게 계획을 세워서 최적의 소비를 하고 돈을 아끼는 데서 희열을 느끼곤 했지요. 지금 제가 유튜브에서 작은 성공이나마 이룬 원인은 제일 잘할 수 있는 콘텐츠를 다루었기 때문입니다. 물론 자기가 좋아하는 것을 하더라도 그 안에서 좀 더 다수가 관심을 가질 만한 주제면 좋겠지요. 제가 아는 동생이 초밥 가게를 3곳이나 운영하고 있는데요. 창업에 대한 노하우를 전달하는 콘텐츠로 유튜브를 시작했더군요. 어떻게 하면 유튜브로 성공할 수 있을지 저에게 조언을 구하기에 이렇게 물었습니다. "네가 정말로 원하는 게 뭐야? 사람들에게 창업의 구체적인 노하우를 전달하려는 거야, 아니면 네 사업에 도움이 되도록 유튜브를 성장시키는 거야?" 동생은 솔직하게 후자라고 대답하더군요. 그렇다면 다시 생각해 보아야 합니다. 유튜브의 성장이 목표라면 좀 더 넓은 대상을 찾아야 합니다. 창업만 고민하는 사람은 시장이 너무 작습니다. 요리가 좀 더 넓은 주제이니 그 주제부터 넓게 다루다가 수요를 발견하면 창업 콘텐츠로 구체적으로 좁혀 들어가도 좋다고 충고해 주었습니다.

자기 자신에게 솔직해야 올바른 답이 나온다. 〈강과장〉이라는 채널이 성공한 데에는 여러 원인이 있겠으나 그중 큰 부분은 바로 솔직함이다. 그는 막연하고 불안한 희망으로 무장한 채 승산 없는 도전을 시도하거나 스스로에게 거짓말을 하지 않는다. 대신 냉정하고 객관적으로 끊임없이 자신을 분석한다. 그리고 스스로 정한 원칙을 소중하게 여긴다. 자신이 일궈 낸 결과물에 도취되어 허공에 부유하는 것을 경계하며, 현실적으로 땅에 발을 붙인 상태에서 미래를 계획한다. 그리고 전력으로 투구한다. 자칫 오해와 비아냥을 사기 쉬운 금전 주제 콘텐츠를 다루면서도 바탕에 이런 반듯함이 있기에 시청자들로부터 순수한 애정과 격려를 받을 수 있었던 것이다. 그의 영상에서 악플과 '싫어요'를 찾기 힘든 이유는 그의 진정성이 시청자들에게 온전히 전달되었기 때문이다.

유튜버가 되어서 얻게 된 선물들

시청자였다가 크리에이터가 된 지금, 예전과 달라진 점이 있나요?

순수하게 즐기기 위해 유튜브를 보는 시간이 줄고 뭔가 레퍼런스를 구하려는 것처럼 목적성을 가지고 보는 비중이 늘었습니다. 콘텐츠를 만드는 입장이 되니 유튜버 활동을 2~3년 이상 지속해 온 사람들에게 존경심이 생겼습니다. 그 시간만큼을 버티고 스스로에게 동기 부여를 했다는 점이 대단하다고 생각합니다. 조회 수나 성과에 연연하지 않고 버티는 힘이 없으면 그다음 단계도 없으니까요.

유튜브를 하면서 제일 힘든 게 뭔가요?

조회 수를 유지하는 게 가장 힘듭니다. 구독자 수가 5만 명이 될 때까지는 제가 그 수준에 부합하는 유튜버라고 생각하지 않았습니다. 나는 예전과 똑같고, 조회 수가 높든 낮든 그저 내 영상을 올리면 되는 거라고 생각했지요. 그런데 어느 순간부터 구독자 수에 걸맞은 부응을 해야겠다는 욕심이 생기더군요. 조회 수든 영상의 퀄리티든 구독자 수가 주는 기대에 맞춰야 한다는 부담이 생겼습니다. 제가 약간 완벽주의 성향이 있어서 더 힘듭니다. 차근차근 성장했더라면 느끼지 못했을 부담입니다. 그리고 레퍼런스 삼을 만한 채널이 없는 것도 힘듭니다.

유튜버가 새로운 직업이다 보니 롤 모델처럼 앞길을 보여 주는 채널이 없다는 것이군요.

맞습니다. 여성 브이로그 분야에는 유명하고 오래 한 사람들이 있는데 제 채널은 느낌이 다르다 보니 참고할 만한 선배가 부족합니다. 초창기에는 제가 30년 넘게 살면서 했던 생각들을 풀어내면 되었는데 지금은 참신한 소재가 부족합니다. 비슷한 주제로 계속 영상을 만들어 내는 사람들을 보면 신기합니다.

모든 크리에이터들의 숙명 아닐까요? 그런데 반복이 계속되는 걸 좋아하는 시청자들도 있습니다.

몇 년 동안 똑같은 걸로 브이로그를 하는 사람도 있다는 조언을 MCN에서 들었습니다. 저 혼자 기준을 높여 놓고 부담을 느끼는 셈입니다.

유튜브 채널을 잘 운영하기 위해 가장 중요한 덕목이나 성격이 있을까요?

세상에 들려주고 싶은 이야기가 많거나 표현 방법을 잘 알면 좋겠

습니다. 뭔가를 알리고 싶거나 보여 주고 싶거나 드러내고 싶은 사람
이어야 하겠지요. 오지랖도 있어야 합니다. 재테크 방법을 잘 알아도
혼자서만 부를 증식하는 사람이 있는 반면 그 노하우를 주변에 알려
주려는 사람이 있지 않습니까. 운동도 혼자서 잘하는 사람이 있는가
하면 그 방법을 알려 주려는 사람이 있어요. 그런 사람이 유튜버가 되
면 좋겠습니다.

유튜브를 시작하려는 사람들에게 해 주고 싶은 조언이 있나요?

망설이지 말고 무조건 시작하세요. 세상이 점점 자동화되어 가지만
그럴수록 생각하는 능력, 말하는 능력이 필요해집니다. 유튜브 영상을
만들다 보면 평소에 생각했던 바를 정리하는 계기가 되고 더 나아가
자기 인생을 돌아볼 수 있습니다. 글을 쓰고 말하는 능력도 커집니다.
좋은 것을 많이 얻을 수 있습니다.

채널도 채널이지만 나 스스로를 성장시킬 수 있다는 말이군요.

저는 평생 다이어트를 하며 살았어요. 그런데 유튜브 활동이 지금
몸매를 유지하는 데 큰 도움이 됩니다. 그동안 살을 빼면 무조건 요요
가 왔는데, 지금은 바라보는 눈이 있으니 도로 살이 찌지 않으려고 노
력합니다. 유튜브 활동은 길고양이 영상을 찍어서 올린 게 시작이었
어요. 막상 올렸더니 몇 십 명이 봐 주더라고요. 그전까지 저는 제 전공
이나 회사 일로만 돈을 벌게 되리라고 생각했는데 다른 분야에서 돈을
버니 인생 전체가 확장되고 제 가능성을 좀 더 열 수 있는 계기가 되었
습니다.

시청자들이 저에게 "자막이 재미있다. 글재주가 있는 것 같다. 글을

써 보면 어떻겠느냐"고 말해 주는데 '한번 도전해 볼까?'라는 설렘이 생깁니다. 그전에는 글을 써 보고 싶다는 생각을 해 본 적도 없는데 말이죠. '내게 의외의 가능성이 있구나' 하는 희망이 생기니 일상이 긍정적으로 변하더라고요. 회사가 각박하고 답답하다면 한번 도전해 보세요. 작든 크든 좋은 경험을 쌓으면, 채널이 망한다 할지라도 무엇이든 또 할 수 있습니다. 제가 소개팅을 하지 않았던 이유는 소개팅을 성공한 적이 없었기 때문이거든요. 그런데 한 번 성공의 기억이 생기면 다음번에는 쉽게 도전할 수 있습니다. 소개팅이 아닌 다른 분야에 도전하는 데에도 긍정적인 영향을 미칩니다. 한 장의 종이에 한 번밖에 그릴 수 있는 게 아닙니다. 그림을 망치면 그 종이는 버리고 다른 종이에 또 그리면 됩니다. 한 번의 실수나 실패도 없이 그림을 완성하려 하지 말고, 부담 갖지 말고 일단 시작하세요.

유튜브에 하나의 영상을 업로드하는 것은 쉬운 일이 아니다. 무엇을 촬영할지 고민한 후 찍어놓은 결과물을 자르고 붙여 하나의 영상으로 만든다. 자막도 달고 배경 음악도 넣어야 하며 때로는 내레이션도 삽입한다. 완성된 영상을 업로드하려면 제목도 붙이고 썸네일도 만들어야 한다. 이 모든 과정에서 내가 바라본 세상, 더 나아가 나 자신과 마주하게 된다. 유튜브가 단순한 취미 생활이나 돈벌이를 넘어 자기 가능성을 발견하는 계기가 되는 것은, 그 어떤 창작 활동보다 입체적으로 자기 세계를 구현하기 때문이다. 그리고 이렇게 표현된 세계를 불특정 다수에게 선보임으로써 그들이 나를 어떻게 보는지 알게 되기 때문이다. 유튜버가 된다는 것은 세상에 나를 던지며 나 자신을 탐구해 나가는 과정이다. 예전까지 알지 못했던 또 다른 내가 궁금하다면 유튜브를 시작해 보는 것은 어떨까?

단순한 소리일수록 집중과 인내, 지구력이 필요하다

- ASMR 채널 〈윙잇 ASMR〉

| 윙잇 |

경험보다 중요한 배움은 없다고 믿는 유튜브 크리에이터. 그래서인지 평소 ASMR 영상을 자주 시청하다가 직접 만들어 보자며 유튜브 활동을 시작하게 되었다. 사람들의 각양각색 취향을 만족시킬 수 있는 신선한 소리를 발견하거나 만들기 위해 끊임없이 노력하고 있다. 약 10만 명의 사람들이 그의 채널을 구독하고 있으며 총 누적 조회 수는 900만 뷰를 돌파했다(2022년 5월 기준).

유튜브가 큰 인기를 얻으면서 더불어 많은 사람에게 알려지게 된 대표적인 용어는 단연 ASMR(Autonomous Sensory Meridian Response, 자율 감각 쾌감 반응)일 것이다. 다양한 감각 자극을 통해 심신의 안정을 얻는 현상을 일컫는 용어로, 2000년대 초반 미국과 호주 등에서 시작되어 인기를 얻었다. 한국에서는 소수의 마니아층에게만 알려져 있던 ASMR이 대중화된 결정적인 매개체가 바로 유튜브다. 물론 이전에도 시각적 편안함을 주는 영상, 도서관에서의 백색 소음, 자연의 소리 등이 있었지만 유튜브라는 플랫폼을 통해 비슷한 종류의 영상물이 ASMR이라는 상위 장르로 정립되고 발전했다. 윙잇(WINGIT)은 국내 ASMR 유튜버로서는 독보적인 위치를 차지하며 해외에서도 많은 인기를 얻고 있다.

청취자에서 크리에이터로 변신하다

〈윙잇 ASMR〉은 어떤 채널인가요?

저는 자기 전에 나른한 기분을 느끼고 싶은 사람들이 듣는 영상을 만듭니다. 마치 라디오와 비슷하지만 시각적인 나른함도 함께 주어야 하는 장르입니다. 제 구독자들은 화면 전환이 많은 걸 싫어할 정도입니다. 40분짜리 영상에서 카메라를 이쪽 한 번, 저쪽 한 번, 딱 두 번 돌렸는데 "화면 전환이 너무 어지러워 울렁거린다"는 댓글이 달리더라고요. 유튜브의 다른 장르와는 많이 다르죠.

많은 장르 중에서도 ASMR 유튜버가 되어야겠다고 생각한 동기는 무엇입니까?

2년 전 제가 채널을 시작하기 전부터 저는 이미 ASMR 채널을 많이 시청하고 있었습니다. 제가 필요해서 듣다가 "어, 내가 직접 해 볼까?" 하고 시작한 경우죠. 그전부터 방송과 게임 쪽에 관심이 많아 카메라나 웹캠 등 장비는 이미 가지고 있었습니다. 게임 스트리머에도 관심이 있었어요. 가만 생각해 보니 유튜버를 위한 장비를 다 갖추고 있더라고요. 마이크만 있으면 됐죠.

ASMR 채널은 마이크가 좋아야 되지 않나요?

휴대폰 마이크를 사용하는 유명 ASMR 유튜버도 있지 않습니까? 퀄리티는 떨어지지만 못할 건 아닙니다. 저는 마이크를 제외한 다른 장비를 모두 가지고 있었기 때문에 마이크만 구입했죠. 조금씩 영상을 올리다 보니까 댓글이 달리고 그렇게 소통하는 느낌이 재미있더라고요.

:: 새로운 소리를 만들어 내기 위해 다양한 사물을 활용하기도 한다.

처음에는 답글도 다 달아 줬습니다. 그렇게 영상을 한둘 올리다 보니 여기까지 왔네요. 한동안 돈이 얼마나 벌리는지, 수익 구조가 어떻게 되는지도 몰랐어요. 그저 시청자와 소통하는 게 재미있어서 계속했는데 시작한 지 얼마 되지 않아 빠르게 성장했죠.

당시에는 ASMR이 흔하지 않았지요?

맞습니다. 당시는 유명한 몇 명 빼고는 전문 채널이 없었어요. 막 생겨나는 시기였습니다. 운이 좋게도 트렌드를 먼저 읽은 것 같습니다.

그런데 ASMR을 왜 들었죠?

제가 살던 곳은 주변이 시끄러웠어요. 그래서 잠을 잘 못 잤어요. 저는 의외로 록 음악을 좋아해서 플레이리스트에 온통 록뿐입니다. 자기 전에 노래를 4~5시간씩 들었는데 신나는 음악 때문에 오른 흥분이 가시지 않으니까 잠이 잘 오지 않았죠. 그래서 ASMR을 들었는데 금방 잠들 수 있었고 귀에 마사지를 받는 느낌이었습니다. 제가 유튜브에서 처음 구독한 채널도 ASMR 채널이었어요.

ASMR은 불면증에 도움이 되는군요.

취향이 맞으면 정말 효과가 있어요. ASMR의 종류는 매우 많습니다. 말소리, 음식 소리, 생활의 모든 소리가 ASMR이 될 수 있죠. 심지어 자동차가 지나가는 소리도 있어요. 적막 속에 차가 지나가는 소리만 들리는 거죠. 건물 안에서 빗방울이 떨어지는 소리를 녹음하는 사람도 있고요. 저는 개인적으로 빗소리, 귀 마사지, 두드려 주는 소리를 참 좋아합니다.

처음에 어떤 소리로 시작했나요?

여러 가지 사물을 만지는 소리를 만들었습니다.

언제 어디서든 누구나 유튜브를 즐길 수 있다. 하지만 수동적으로 시청만 하는 것에서 나아가 본인이 직접 영상을 제작하는 것은 하늘과 땅 차이다. 아직 ASMR이 주류 문화로 부상하기 전부터 ASMR 채널을 시청해 오다가 본인이 직접 크리에이터로 나섰다는 점에서 윙잇은 매우 적극적이고 진취적인 선택을 한 셈이다. 특히 늘어나는 수요에 비해 국내에서는 쉽게 찾아보기 힘든 분야였기에 단기간에 많은 주목을 받을 수 있었다.

쉽지만은 않은 ASMR 유튜버의 길

그전의 꿈은 무엇이었나요?

옷 가게를 차리고 싶었어요. 지금은 웹디자이너로 일하고 있고요.

회사 생활과 유튜브 활동을 병행하고 있군요. 장단점이 있을 것 같은데요.

회사 생활과 병행할 때 좋은 점은 수입에 대한 부담이 없다는 것입니다. 생활고에 시달리지 않으니 여유롭게 업로드할 수 있죠. 제가 일을 쉬고 유튜브만 할 때가 있었는데 마음이 너무 힘들었습니다. 오늘 업로드를 했는데도 '내일은 뭘 할까?'라며 쫓겼으니 말입니다. 단점은 예상보다 더욱 유튜브에 신경을 못 쓴다는 점이죠. 처음 유튜브를 시작하는 사람들 중 상당수는 일확천금을 꿈꾸고 유튜버를 '놀면서 돈 버는 일' 쯤으로 생각하는데, 막상 해 보면 일은 역시 일이라는 걸 알게 됩니다. 몸이 너무 힘들다 보니 업로드를 꾸준히 못하게 돼요. 편집이 얼마나 많은 시간이 필요한 일입니까. 30분짜리 영상 하나 만드는 데 족히 6~8시간이 걸립니다. ASMR의 특성상 편집할 때 소리가 튀는 부분은 다 잘라 내거든요. 시청자들이 듣다가 거슬릴 수 있으니까 편집 프로그램의 음량을 10배 확대해서 편집하는데 정말 힘든 일입니다. 그러고 나서야 화면 편집에 들어가요. ASMR 영상은 화면보다 소리, 특히 음량이 중요하기 때문에 일반적인 유튜브 영상 편집과는 다르죠.

요즘 윙잇 님 영상에는 키우는 고양이도 등장하던데요. 다양한 소재를 활용하는 것 같아요. 소재를 정하는 과정이 궁금합니다.

물론 검색에 기대기도 하지만 일상 속에서 모든 사물의 소리를 다

:: 고양이와 함께 녹음하고 있는 모습.

들어 봅니다. 괜히 사물을 만져 보는 거죠. 누가 보면 이상하다고 생각할 거예요. 하지만 의외의 성과가 날 수 있어요. 최근에 발견한 소리 중에 물감 만지는 소리도 있어요. 저는 소리를 섞는 것도 좋아합니다. 비내리는 소리를 뒤에 깔고 다른 소리를 낸다든지, 제 말소리를 배경으로 다른 소리를 낸다든지 말이죠. 책 읽는 소리를 아주 희미하게 넣기도 합니다. 대신 내용은 잘 들리지 않을 정도로 해야 합니다. '책을 읽고 있구나' 정도만 알 수 있도록 말이죠.

영상을 찍을 때 힘든 점은 없나요?

여름에는 촬영 중에 에어컨도 틀지 못합니다. 윙윙 소리가 나니까요. 찜통 같은 방음 부스 안에서 해야 하니까 정말 보통 일이 아닙니다. ASMR 영상은 재생 시간도 길기 때문에 찍는 과정도 힘듭니다.

똑같은 걸 계속 반복해서 하는 것도 힘들고요. 같은 곳에서 같은 일을 해야 하니까요. 40분짜리 영상을 만들려면 2~3시간 동안 고요함 속에서 같은 소리를 내야 해요. 맘에 들지 않는 소리가 들어가면 3시간을 촬영해도 30분 분량밖에 건지지 못하죠. 그래도 영상을 올리고 나서 댓글들이 쭉 달리면 보람이 있습니다.

장시간 촬영할 때는 어떤 생각이 드나요?

집중하느라 아무 생각도 들지 않아요. 어떤 때는 촬영하다가 잠든 적도 있습니다.

책장 넘기는 소리도 채널마다 조금씩 다르겠군요?

그렇죠. 채널마다 촬영하는 공간이 다르니까 울림이 달라요. 장비도 다 다르고요. 소리의 스타일이 다른 것이죠. 저는 상대적으로 둔탁하고 푸근한 소리를 좋아하는 편인데 외국 채널에는 정말 다양한 소리들이 있어요. 제가 늘 듣는 채널 중에는 5분 안에 잠들게 만드는 영상도 있지요. 그런 영상은 남들도 좋은가 봐요. 조회 수가 1000만 뷰가 넘어요. 그리고 한번 올려놓으면 몇 년이 지나도 다시 찾아와서 보고보고 또 봐요. 트렌드를 신경 쓰지 않아도 된다는 점이 좋죠.

사람들이 ASMR에 대해 가지는 막연한 편견 중 하나는 한자리에서 촬영할 테니 크게 힘들지 않겠다고 생각하는 것이다. 하지만 조금만 생각해 보면, 고도의 집중 상태에서 섬세한 소리와 영상을 만들어 내는 작업에는 엄청난 인내와 노력이 필요하다는 것을 알 수 있다. 장시간의 촬영뿐 아니라 이후에 이어지는 편집 작업도 단 한순간의 실수를 허용하지 않는다. 적막함 속에서 심신을 안정

시켜 주는 최소한의 음량을 찾아내고, 이 기준을 넘어서는 부분은 모두 제거해야 하기 때문이다. 특유의 완벽주의와 시청자를 위한 섬세한 배려 덕분에 그는 국내뿐 아니라 해외 시청자들에게도 큰 호응을 얻었다. 실제로 이 채널의 구독자 중 상당수가 외국인이라는 사실을 통해 ASMR 장르가 자리를 잡은 해외에서도 경쟁력을 인정받았음을 알 수 있다.

나만의 적성을 찾기 위한 시행착오

학창 시절에 어떤 성격이었나요?

저는 장난이 심했어요. 여자 친구를 울릴 정도로 심하게 짓궂었죠. 공부는 잘하지 못했지만 예술 쪽은 좋아했어요. 음악과 그림을 항상 좋아했죠. 성격은 아웃사이더에 가까웠어요. 그리 활달하지 않았지요. 친한 친구들을 만나면 장난을 많이 치지만 초면에는 낯을 많이 가립니다.

처음에는 게임 스트리머가 되려고 했다고요?

사실 해 봤는데 잘 안 됐어요. 제가 아프리카TV에서 〈우왁굳〉이라는 채널을 보면서 팬이 되었고 어떻게든 함께 게임을 하고 싶었어요. 그런데 그런 팬들이 어디 한두 명이겠습니까. 같이 게임을 못 하게 되니 '에이, 내가 해 보자'라면서 방송을 시작했죠. 그런데 잘 안 되더군요. 게임이 재미있긴 하지만 하루에 8시간씩 매일 하는 건 제게 불가능했어요. 게임 방송을 보는 건 좋지만 매일 게임만 할 정도로 좋아하지는 않았던 거죠. 그때 게임 스트리머는 아무나 되는 게 아니라는 걸 깨달았어요.

그런데 ASMR은 적성에 맞았나 봅니다.

'ASMR이 내 적성에 맞구나'라는 사실을 라이브 방송을 해 보고 깨달았어요. 요즘은 회사 업무가 바빠서 많이 못 하지만 예전에는 일주일에 1~2회는 라이브를 했거든요. 조용한 대화 형식의 라이브 방송이죠. 후원을 받아도 크게 좋아하지 못하는, 잔잔하고 고요한 방송이에요. 반면에 게임 스트리밍 방송을 해 보니 채팅창도 봐야지, 게임도 해야지, 정말 힘들더라고요. 그런데 ASMR은 제 적성에 맞았어요. 제 영상 중에 크게 인기를 얻은 게 제가 ASMR 촬영을 하다가 잠들어 버린 영상이었어요. 그 부분만 편집할까 하다가 그냥 업로드했는데 조회 수가 엄청났어요. '좋아요'와 응원 댓글이 정말 많았어요. 제가 자는 모습이 나른해서 보다 보면 같이 잠들 수 있다는 거죠.

다른 ASMR 채널과의 차이점은 무엇일까요?

저는 ASMR 영상을 찍을 때 정적을 많이 넣어요. 아무 소리도 없는 구간이 있는 거죠. 다른 채널은 쉴 새 없이 소리를 내거든요. 저는 직접 들으면서 영상을 만들기 때문에 쉬지 않고 소리가 나면 귀가 아프다는 걸 압니다. 그때 10초 정도를 쉬어 줍니다. 그러면 듣는 사람도 편하고요. 물론 취향 차이이긴 하지만요. 제가 좋아하는 소리에 많은 사람이 공감해 주면 제일 기분이 좋습니다. 취향을 공유하는 것이니까요.

본인의 취향과 조회 수가 항상 일치하나요?

반드시 그렇진 않아요. 저는 조회 수보다는 댓글이 많은 게 더 좋습니다. 업로드한 지 몇 년이 지났어도 여전히 댓글이 달리는 영상이 있는데 정말 기분이 좋아요.

후회되는 영상도 있나요?

매번 아쉽죠. 제가 미처 편집하지 못한 소리가 들어가서 귀가 아프면 '이걸 왜 올렸지?' 하고 후회하죠. 30분짜리 영상을 몇 번씩 편집해도 마음에 안 드는 부분이 생겨요.

자신이 생각하는 자기 성격과 적성이 반드시 일치할까? 반드시 그렇지는 않다는 것을 윙잇이 증명한다. 평소 록 음악을 좋아하고 게임 방송을 즐겨 보며 심지어 게임 스트리머가 되려고 했던 그가 극도의 고요함을 추구하는 ASMR 채널로 성공했다는 사실은 의미심장하다. 일반적인 잣대로 스스로의 적성과 진로를 쉽게 결정할 수는 없다. 어떤 길이든 탐색해 보고 적극적으로 탐험해 보아야 진짜 나의 길을 찾을 수 있다. 머릿속에서만 상상하던 일을 직접 체험해 보면 자신의 소견이 얼마나 좁고 얕았는지를 알 수 있다.

지루할수록 즐거운 유튜버도 있다

유튜버로서 힘든 점은 무엇인가요?

다른 유튜버들은 악플이 제일 힘들다고들 하는데 저는 악플이 거의 없다시피 해요. 어쩌다 달린 악플에 저는 그냥 하트를 눌러 줘요. 그런 것에 흔들리면 유튜버 생활 못 하죠. 오히려 제일 힘든 점은 친구들의 시선이었어요. "쟤, 유튜버잖아. 관종이야"라고 놀리는 데 솔직히 신경이 쓰였어요.

솔직히 관종 아닌가요?

아니라고 말할 수 없죠. 사람들의 관심과 반응을 좋아하니까요.

유튜버로서는 큰 실패가 없었나요?

네, 애초에 큰 기대가 없었으니까요. 유튜브를 시작하는 사람들에게 일단 하라고 꼭 이야기해 주고 싶어요. 점이라도 찍어야 선이 되고 면이 되잖아요. 마음가짐이 편해야 시작할 수 있어요. '뭘 찍을까' 하고 쫓기면 안 돼요. 위축되면 좋은 콘텐츠가 나올 수 없고, 오래 할 수도 없어요. 일단 영상을 올리면 본인 마음에 안 드는 점이 보이기 때문에 편집도 배우게 되고, 장비에도 관심이 생기게 돼요. 그저 장비 탓만 하지 말고 영상을 올려 보세요. 요즘은 핸드폰이 얼마나 좋은데요.

직장과 병행하는 게 힘들 텐데 계속 유튜브를 하는 이유는 무엇인가요?

돈이 목적이었다면 라이브 방송만 하는 게 편해요. 그런데 그것만으로 만족이 안 되고 영상을 만들어야 만족할 수 있어요. 매번 업로드된 영상에 넘버링을 하면서 콘텐츠를 쌓아 나가는 게 뿌듯합니다.

예전에 평범한 시청자로서 게임 스트리머와 유튜버를 볼 때와 지금의 시각이 많이 다른가요?

완전히 다르죠. 예전에는 방송을 보면서 준비가 덜 된 스트리머를 보면 '방송 전에 준비도 안 했나'라고 생각했어요. 요즘은 '아, 정말 힘들겠다'라는 생각이 들죠. 반면 미리 철저하게 준비한 스트리머를 보면

:: 바삭바삭 과자 먹는 소리를 녹음하다 보면 의도치 않게 먹방이 되기도 한다. (출처: 윙잇 유튜브 채널)

정말 대단하다고 느껴요. 예전에는 크리에이터의 이면을 볼 수 없었으니 '놀면서 소리 한번 지르니까 후원으로 10만 원을 버네?' 하고 생각했는데 지금은 그 뒤에 엄청난 노력이 있다는 걸 알 수 있습니다. 보는 것과 정말 달라요. 저만 해도 영상을 만드는 데 정말 많은 노력이 들어가거든요. 다른 사람들의 영상을 보면 '이걸 어떻게 만들었을까? 재밌었겠다. 조명은 뭘 썼을까? 어떻게 만들었을까?' 등등 유튜버로서의 궁금증이 생기죠. 예전에는 그냥 웃으면서 넘겼을 방송들의 여러 면이 이제는 보입니다.

최근 많은 사람이 ASMR에 도전하는데 어떤 생각이 드나요?

힘들겠다는 생각이 들어요. 저는 첫 영상을 올린 후 일주일 만에 구독자 수가 1만 명이 되었으니 빠르게 컸죠. 저는 유튜브가 언제나 블루오션이라고 생각해요. 같은 카테고리 속에서도 자신과 같은 취향을 가진 사람이 있어요. 똑같은 먹방이라도 다들 조금씩 다르잖아요.

다른 사람들이 콘텐츠를 따라 하는 것에 대해 스트레스를 받지 않나요?

신경 쓰지 않아요. 오히려 저 스스로 변화하고 발전하려고 애써요. ASMR의 특성상 지루해야 하는데, 재미있게 지루해야 하니까요. 해외 채널도 많이 보고, 고양이도 출연시키고, 화면에 유머 포인트를 넣기도 해요. 소리에도 변화를 주지만 비주얼 쪽으로도 많이 노력합니다.

어떤 성격의 사람이 ASMR 유튜버와 어울릴까요?

솔직히 성격은 상관없는 것 같아요. 정말 다양한 ASMR 채널이 성장하고 있어요. 시끄러운 ASMR 채널도 있어요. 접근하기 쉬운 대신 자기만의 색깔이 있어야 하죠. 말투라든지 몸짓이라든지, 특징이 있으면 빠르게 성장하는데 솔직히 그건 자기는 몰라요. 하다 보니 알게 되는 것이죠. 그러니 일단은 시작을 해야 해요. 물론 게으르면 곤란합니다. 본인이 안 하면 끝이니까요. 뭐든 해 봐야 알아요. 게임 스트리머는 매일 해도 머리가 아프고 집중이 안 되더라고요. 그리고 구독자의 조언을 잘 들어야 한다는 걸 강조하고 싶어요. 처음에는 그냥 제 스타일만 고집했는데 "이렇게 바꿔 주세요" "저렇게 해 주세요" 등등 구독자의 조언을 들었더니 더 성장하게 되더라고요.

유튜버로서의 목표나 꿈이 있나요?

단기 목표는 소박해요. 무조건 일주일에 한 개의 영상을 업로드하는 것이죠. 멀리 보면 구독자 수 20만 명을 만드는 게 목표인데, 사실 그런 숫자로 된 목표 달성 이전에 다른 사람들에게 편안함을 주고 싶어요. 저의 편안함에 최대한 많은 사람이 공감하게 만들고 싶다는 것이죠.

"일단 시작해 보라." 모든 유튜버들의 공통된 조언이다. 특히 윙잇은 ASMR로 성공하기 전에 게임 스트리밍에도 도전한 덕분에 자신의 적성이 아님을 알아냈다. 요즘과 같은 저성장 시기에 생업을 포기하고 유튜브에 올인하라는 조언은 어쩌면 현실적이지 못할지도 모른다. 유튜브의 장점은 핸드폰 하나면 누구라도 어떤 영상이든 만들어 올릴 수 있다는 것이다. 이미 너무 많은 사람이 몰려든다고 주저할 것 없다. 나만의 색깔과 취향이 담긴다면 세상 어디엔가 내 영상에 공감해 주는 사람이 있을 것이다. 중요한 것은 '남들이 다 하니까'가 아니라 '내가 원하니까'이다. 내 특성과 취향에 오롯이 집중해서 채널의 색깔을 만든 후 피드백을 반영하며 성장해도 늦지 않다. 전업 유튜버가 아님에도 큰 성공을 거두고 성장해 가는 윙잇이 우리에게 주는 교훈이다.

국내뿐 아니라 해외 시청자를 사로잡을 수 있는 비결이 관건

– 글로벌 브이로그 채널 〈윤선 YoonSun〉

| 윤선 |

운동을 가르치는 일과 유튜브 크리에이터를 병행하고 있다. 그의 채널은 약 8만 명이 구독하고 있으며 총 누적 조회 수는 300만 뷰를 돌파했다(2019년 11월 기준). 병원에서 직장 생활을 하던 중 틀에 갇힌 생활에서 탈피하기 위해 퇴사하고 유튜브의 세계에 뛰어들었는데, 그의 고민과 선택은 많은 직장인에게 큰 공감을 얻었다. "인생은 지금부터!"를 실천하기 위해 최선을 다하고 있다.

"누가 남자의 일상을 궁금해해요?" 20~30대 여성 크리에이터를 중심으로 큰 호응을 얻은 브이로그 분야에서 남자가 주인공인 채널을 찾기 힘든 이유다. 여성 브이로그는 메이크업, 패션, 인테리어 소품 등 동성 시청자들에게 아이디어와 시각적인 즐거움을 줄 만한 요소가 다양하다. 하지만 이에 비해 남성 브이로그는 아기자기한 재미가 떨어지는 게 사실이다. 게다가 여성 시청자들은 편안한 영상을 선호하는데 비해 남성 시청자들은 뚜렷한 목적성을 가진 영상, 예를 들면 테크, 자동차 등을 선호하는 경향이 있다. 그래서 특별할 것 없는 잔잔한 일상을 풀어내는 브이로그는 매력적인 여성이 주인공으로 등장하지 않는이상 인기를 얻기 힘들다. 그럼에도 불구하고 1년이 채 되지 않는 기간동안 8만 명의 구독자를 매료시킨 남자 크리에이터가 있다.

평범한 퇴사자, 수백만의 공감을 얻다

유튜버 윤선 님이라고 하면 직장인의 하루, 그리고 퇴사를 주제로 한 영상들, 덧붙여 멋진 근육질 몸매를 자랑하는 썸네일이 가장 기억에 남습니다. 잘생긴 외모가 채널의 성장에 도움이 되었다고 생각하나요?

물론 영상 매체에서 외모의 이점은 분명히 존재합니다. 하지만 더 중요한 것은 그 사람만이 가지는 개성이라고 생각합니다. 예를 들어 특색 있는 표정과 말투에서 나오는 그 사람만의 분위기 같은 것 말이죠.

운동을 많이 한 덕분인지 몸이 좋으세요. 썸네일에 상체 노출 사진이 들어가면 확실히 조회 수가 높더군요.

직장 생활 중에도 일주일에 4번은 꼭 센터를 찾아 몸 관리를 했습니다. 그때는 '이렇게 열심히 하는 게 무슨 소용이 있나'라고 생각했는데, 지금은 그 노력이 영상에 도움이 되는 것 같아 뿌듯합니다.

채널을 시작한 동기가 궁금하네요.

유튜브 활동을 고민하던 때는 직장 생활에 회의감을 많이 느끼던 차였어요. 직장을 그만둔다면 어떤 다른 일을 할 수 있을까 고민했죠. 저는 어린 시절부터 관객이 되기보다는 무대에 서는 걸 좋아했어요. 수동적으로 영화를 보는 것보다 '저기서 연기 한번 해 보고 싶다'라는 욕심이 있었고, 어떤 제품을 생각 없이 사용하기보다는 '이건 어떤 사람이 만드는 걸까' 궁금했어요. 능동적인 사람이었던 거죠. 처음에는 그저 제 생각을 말로 표현한 영상을 올렸어요. 그런데 자연스럽지 않은 거예요. 대본을 내레이션으로 읽는 방식이 아무래도 어색했죠. 브이

:: 윤선의 시청자 중에서 그의 밝은 모습을 보고 긍정적인 기운을 얻는다고 평한 해외 시청자들이 많다.

로그를 통해 제 생활을 보여 주면서 내면과 생각을 드러내는 것이 낫겠다 싶었죠. 결과는 성공이었어요. 그걸 시발점으로 삼아 본격적인 유튜버 생활을 하게 되었습니다. 어릴 적 성향이 유튜브라는 플랫폼을 통해 자연스럽게 영상 제작으로 구체화된 것 같아요.

"유튜버가 대세, 돈도 많이 번다." 이런 이야기에 휩쓸려서 뛰어든 건 아니군요.

네, 그런 기대는 애당초 없었어요. 그저 톱니바퀴처럼 수동적으로 사는 제 모습에서 탈피해 진정한 제 목소리를 찾고 싶었습니다.

원래 하던 일은 무엇인가요?

방사선과를 졸업한 뒤 초음파 자격증을 취득했어요. 병원에서 혈관 초음파를 검사하고 분석하는 일을 했지요.

지금의 모습과 전혀 매치가 안 되네요. 병원에서는 얼마나 근무했나요?

6~7년 일했죠. 작은 병원에서 3년, 모 대학 병원에서는 4년 가까이

일했습니다. 그런데 정직원이 되자마자 고민이 커져서 결국 퇴사하게 되었죠.

대학 병원 정직원이라면 누구나 원하는 좋은 직업 아닌가요?

안정적으로 먹고살 수 있는 직업은 맞습니다. 초봉 실수령액이 300만 원이었고, 일반 대기업처럼 쉽게 해고될 위험도 없어 오래 다닐 수 있는 장점이 있죠.

그런 좋은 직장을 그만둘 정도면 일이 무척 힘들었나 보네요.

사실 우리나라 의료계는 종사자들에게 그리 좋지 않은 게 현실입니다. 감당 못 할 환자들까지 '케어(Care)'해야만 하는 현실이죠. 저뿐 아니라 대부분의 일이 힘들 겁니다. 제가 직장을 그만둔 이유는 노동 강도 때문이 아니었어요. 본질적으로 제 성향 탓이죠. 그렇다고 무작정 박차고 뛰쳐나온 것은 아닙니다. 현실과 제 성향의 타협점을 찾기 위해 나름대로 노력했지요. 그때 당시 초음파 업무가 제 유일한 희망이었습니다. 조금 더 능동적으로 일할 수 있을 것 같았고, 미국이나 호주에서는 초음파사에 대한 대우가 좋았으니까요. 그래서 퇴근 후 자기 계발에 힘써서 자격증도 취득하고 그렇게 초음파 분야에서 일할 수 있게 되었습니다. 하지만 우리나라의 의료 시스템과 제 기대와는 괴리가 컸습니다. 결과적으로 병원 시스템에 저를 끼워 맞추지 못했지요. 사실 병원은 발전적인 성향보다 보수적인 성향이 강한 곳이라고 생각합니다. 조금 더 멀리 내다봤을 때 이 일이 저와 어울리지 않는다고 생각했고, 직업 특성상 은퇴 후에는 활용하기 힘들다고 판단했습니다. 이것이 중요한 퇴사 이유입니다.

미국은 우리나라에 비해 대우가 더 좋은 편이군요. 만약 미국으로 이민을 간다면 초음파 전문가라는 점이 유리하게 작용하겠네요.

네. 그 분야에 대해서 전문성을 인정해 줍니다. 그리고 그에 상응하는 대우도 해 주지요.

발전 가능성을 생각하면 외국에서 활동해야 하는 분야군요.

직업만 따지면 그렇습니다. 하지만 해외 취업은 곧 이민을 가야 한다는 것인데, 그러면 고려해야 할 사항이 많아집니다. 섣불리 결정할 수 없는 문제죠. 국내의 경우에는 병원을 퇴사한 후 의료 기기 회사에 입사하는 경우도 많습니다. 하지만 저는 유튜브를 시작한 지 얼마 되지 않았고, 다시 회사 생활을 한다는 건 제 자신에게 지는 것 같아서 거절했습니다.

그럼 회사에 다닐 때 유튜브를 시작했나요?

회사 생활과 유튜브 활동을 병행하다가 유튜브 반응이 좋아져서 퇴사했죠. 위험한 선택이었고 주변의 반대도 많았습니다. 특히 여자 친구가 반대했죠. 그래서 유튜버 활동을 하되 생활체육지도사로서 운동 개인 교습을 병행하기로 타협했어요. 저는 평상시에도 운동을 즐겼기 때문에 그 부분은 수월했습니다. 현재까지도 중년 여성분들의 건강을 도와드리고 있지요.

보험 하나를 들어 놓고 퇴직한 셈이군요.

큰 보험은 아니지만 그렇다고 볼 수 있겠네요. 오전 수업 때문에 아침 일찍 일어나게 되기도 하고요.

한때 "회사를 그만두었습니다"는 식의 퇴사 영상이 붐을 일으킨 적이 있다. 그중 윤선의 퇴사 영상은 큰 공감과 반향을 일으켰다. 답답한 상사, 무서운 후임, 경쟁을 피할 수 없는 동료 등 전방위적 압박을 받으며 기계의 부속품처럼 일하는 직장인이라면 가슴 속에 사직서를 품고 일한다고 말할 수 있을 것이다. 수많은 직장인이 지금의 일이 자기 인생에 어떤 의미를 지니는지 해답을 찾지 못했다. 안정된 직장을 그만둔 그의 솔직하고 담담한 이야기들은 그런 직장인들에게 한편으로 대리 만족을, 한편으로 안타까움을 자아냈다. 그리고 이 영상들은 대형 채널로 성장하는 데 원동력이 되었다. 너무도 당연해서 많은 크리에이터가 간과하는 진실이다. 채널이 성장할 수 있는 가장 빠른 길은 많은 사람들로부터 깊은 공감을 얻어야 한다는 것이다.

유튜버에 대한 환상을 버려라

직장 생활을 하던 중 시작한 유튜브가 잘되어서 퇴사하고 유튜브에 전념한다는, 윤선 님과 똑같은 코스를 밟으려는 사람들이 많은데 그들에게 어떤 조언을 하고 싶은가요?

똑같은 코스라는 게 브이로그를 말하는 거죠? 예스(Yes)와 노(No) 중에 택하자면 제 대답은 '노'입니다. 희망차고 긍정적으로 보는 것도 좋지만 때로는 현실적이고 비판적인 시각도 중요하다고 생각하거든요. 영상에서도 밝혔지만 저는 유튜브가 레드오션이라고 정의를 내렸어요. 본업을 위한 광고, 마케팅 쪽으로 활용하기는 좋지만 특히 단순한 브이로그는 좋은 선택이 아니에요. 주제가 없는 일상 브이로그는 조회수를 올리기가 무척 힘들 수 있어요.

:: "누가 남자의 일상을 궁금해해요?" 본인의 일상에 대해서도 이렇게 말할 정도로 남자 브이로거는 쉽지 않다.

윤선 님은 남자 브이로거로 굉장한 성공을 거뒀잖습니까?

'굉장히'라고 표현해 주셔서 감사합니다. 그래도 어지간하면 말리고 싶어요. 취미로 하는 건 괜찮은데 일주일에 1회 이상 업로드를 하면 본업을 위협하게 되고 체력 소모도 엄청나기 때문이죠. 특히 남자 브이로그는 영상에서 그 사람만의 매력이 느껴지지 않으면 안 되거든요. 한 달에 2번 정도 영상을 만들어 올린다면 자기 기록용으로 최고인 것 같아요. 훗날 나이가 들어서 자기 영상을 보면 얼마나 좋겠어요?

유튜버의 업무가 쉽다면 쉽고 어렵게 하자면 끝이 없죠.

맞아요. 창작에는 정해진 룰이 있는 게 아니니까요. 저는 제가 하던 일에 비해 유튜브 일이 힘들지 않아요. 한 편의 브이로그 촬영은 빠르면 3~4시간이면 끝나요. 아침부터 저녁까지 촬영하는 영상이 아니라면 말이죠. 편집은 최소 6~7시간은 걸리는 것 같아요. 보통 10시간은 공을 들이죠.

그런데도 예전 일보다 덜 힘들다는 거죠?

네. 일하는 시간과 강도는 다른 개념이라고 생각해요. 병원에서 근무할 때는 환자가 많아서 체력적으로 너무 힘들었거든요. 정신적인 스트레스도요. 시간을 투자해야 한다는 면에서 유튜브도 결코 쉬운 일은 아니죠. 촬영과 편집 도중에 문득 지칠 때도 있고 불안감도 들지만, 지금 당장은 제가 하고자 하는 일에 열정을 쏟고 있어서 그런지 예전보다는 힘들지 않습니다.

다들 용기를 내서 자기 삶을 살고 싶은 마음이죠.

맞아요. 그런 느낌이에요. 물론 제 선택이 좋았는지는 앞으로 두고 봐야 하지만요. 제 채널의 구독자가 3만 명을 넘었을 때 친구들이 "너 돈 많이 벌겠다"라고 하더라고요. 그런 발상이 가장 위험해요. "10만 명 구독하면 한 달에 천만 원은 벌겠다?" 이런 식이에요. 현실은 절대 그렇지 않아요. 저도 처음에는 누가 유튜브를 시작해야 할지 물으면 긍정적으로 추천해 줬지만 요즘은 그렇지 않아요. 일단 반대하고 볼 정도입니다. 광고 한 편에 수백만 원을 쉽게 번다고 아는 사람도 있고요. 사람마다 다르겠지만 대부분의 유튜버들은 그리 쉽게 돈을 벌지 못해요.

맞습니다. 조회 수로 지급되는 금액은 생각보다 크지 않지요. 그래도 채널이 크면 광고비가 높게 책정되는 비례식이 정해져 있는 것 아닌가요?

구독자 수와 조회 수가 기본이 되지만 여러 가지 면이 광고주의 성향과 부합해야 하지요. 주 시청자의 연령대나 성별, 지역 분포도 중요하다고 알고 있어요. 10만 명의 구독자를 가진 똑같은 채널이라고 해도 광고가 전혀 없는 채널이 있고 많은 러브콜을 받는 채널이 있어요. 소수의 성공적인 사례만을 좇아 덜컥 유튜브에 올인하는 것은 신중을 기해야 합니다.

항상 밝게 웃는 모습에 익숙해서인지, 놀랍도록 솔직한 그의 대답은 한편으로 신선했다. 대부분의 사람은 자신의 선택이 옳았음을 애써 증명하려 한다. 때로는 그 과정에서 자기 자신을 속이기도 한다. 윤선에게서는 그런 허세가 전혀 보이지 않는다. 담담하고 냉철하게 업태를 분석하고 자기 포지셔닝을 정확히 파악하는 능력이 없다면 탄탄한 채널을 길게 유지하기 힘들다. 그가 한두 편의 인기 영상에서 그치지 않고 지속적으로 탄탄한 팬층을 구축할 수 있었던 바탕에는 이런 예리한 분석 능력이 있었던 것이다.

세계 시장으로 눈을 돌려야 하는 이유

수익 구조를 물어도 될까요?
유튜브 조회 수로 인한 수익은 그리 크지 않아요. 간간이 광고를 찍고 있고요. 제가 소속된 MCN에서 영어 자막을 만들어 주고 있는데 MCN에서 조회 수 수익의 일부를 가져가죠.

구독자 중 외국인과 한국인의 비율은 어떤가요?
미국인 30퍼센트, 한국인 30퍼센트, 나머지는 각국 구독자입니다.

19	다섯자리 구독자수(30,000↑) 감사영상(Free style Rap, Q&A, Dance)_ThanksVlog(Eng,French) 윤선 YoonSun
20	결혼에 대하여 카톡Car talk_(ENG SUB)_About Marriage_Korean thinking 윤선 YoonSun
21	휴일 브이로그_(ENG)holiday vlog korea version 윤선 YoonSun
22	직장인의 하루2_퇴사(ENG)Korea Worker Vlog2_How to quit my job 윤선 YoonSun
23	나의 퇴사를 엄마가 알아챘다_My mom noticed that I quit my job(Eng)(French) 윤선 YoonSun

:: 글로벌 시청자들의 시선을 사로잡으려면 다국어 자막은 필수다. 영어 자막이 제공된다는 표시가 된 영상들 목록. (출처: 윤선 유튜브 채널)

프랑스, 스위스 등 유럽 국가가 대부분이에요. 한류 열풍과는 무관한지 동남아시아 국가는 생각보다 없더라고요. 오히려 스페인어권 국가가 많아요.

영상에 영어 자막을 달아야겠다고 생각한 계기가 있나요?

영어 자막을 다는 게 보통 힘든 일이 아닌지라 꾸준하게 유지할 생각은 없었어요. 어떤 영상들은 제목에 'eng'라는 문구가 붙어 있더라고요. 저도 한번 해 볼까 싶더군요. 그래서 처음에 직장인 브이로그에 자막을 만들어서 올린 거죠. 그런데 그 영상이 대박이 터졌어요. 국내였으면 조회 수 40만 회 정도 찍었겠지만 그 영상은 130만 회가 나왔어요. 100만 회는 해외 시청자들에게서 나온 것 같아요.

한국식 브이로그라도 영어 자막을 넣는 게 좋겠군요.

네, 넣으면 무조건 이득이죠. 물론 영상 스타일이 영어 자막과 잘 맞으면 더 좋을 거예요. 영어권 시청자들은 영상미에 반응하는 것 같아요.

유머 코드는 나라마다 다르잖아요? 그러니까 해외 시청자를 공략하기 위해서는 유머보다 영상미에 집중하는 게 좋겠군요.

해외 시청자들의 반응은 조금 달라요. 감각적인 면을 중시하죠. 영상미와 음악이 좋다는 댓글이나 웃는 모습이 좋다는 댓글이 생각보다 많아요. 제 영상의 밝은 에너지가 마음에 드나 봐요. 제가 운동도 좋아하고 항상 씩씩한 모습을 보여 주기 때문에 함께 힘이 난다고 하더군요.

한국 시청자들은 아무래도 예능성이 강한 영상을 선호하죠. 저는 윤선 님이 어머님과 나누는 다정하면서도 리얼한 교감이 마음에 와 닿았습니다. 정말 따뜻한 사람이구나 싶어 저절로 미소를 짓게 되더군요.

맞습니다. 우리나라는 대체적으로 그런 면이 조금 강해요. 사실 최근의 유튜브는 페이스북과 같은 느낌이 약간 들어서 개인적으로 걱정되기도 하고 안타깝기도 합니다. 저는 자극적인 예능보다 사람 냄새 나는 브이로그를 만들려고 합니다. 하지만 가끔은 저도 자극적인 썸네일로 시청자들의 관심을 받으려고 노력하기도 하지요.

영상에 영어 자막을 다는 데 어느 정도 비용이 드나요?

사실 저는 돈을 내고 의뢰한 적이 없습니다. 하지만 제가 알아본 바에 의하면 프리랜서에게 영어 자막 작업을 맡길 경우 10분짜리 영상에는 최소 7~8만 원이 든다고 하네요. 보통은 10만 원 선이고요. 제가 아는 유튜버는 지인을 통해 10분짜리 영상을 3만 원에 맡기고 있습니다. 사실 저는 최근에 영어 자막 작업을 담당해 주는 조건으로 MCN과 계약을 맺었습니다.

MCN에 들어가는 걸 찬성하나요?

저는 좋다고 생각해요. 무조건 들어가라는 건 아니고요. 자신에게 필요한 서비스가 있는지 잘 선정해야 해요. 최근에는 영상 제작비를 지원해 주는 곳도 있더군요. 섣불리 선택하지 말고 기다려 보세요. MCN 섭외 제안이 들어온 채널은 매력이 있다는 뜻이니까 다른 곳에서도 연락이 올 거예요. 제가 속한 곳은 해외 MCN인데 조회 수 수익만 나누고 광고 수익은 건드리지 않는다는 점, 자막 제작 업무를 대신해 준다는 점이 좋아요. 그래서 꼭 국내 MCN만 고집하기보다는 해외 MCN도 고려하는 것을 추천합니다.

우리나라를 벗어나야 하는 이유 중 하나는 시장의 파이가 커지고 다양한 취향의 영상이 사랑받을 수 있기 때문인 것 같습니다. 우리나라에서는 하나의 스타일이 인기를 얻으면 우르르 몰려들기 때문에 트렌드의 쏠림 현상이 심하지요.

공감합니다. 한국에서는 자기 고집을 가지고 묵묵히 버티는 게 쉽지 않아요.

해외 유튜브 시장으로 시야를 넓히기 위해서는 외국어 자막이 필수다. 그런데 실제로 자막을 다는 데에는 많은 시간과 노력이 필요하다. 한국어 자막을 다는 것만으로도 힘든데 영어 자막, 일본어 자막, 중국어 자막을 다는 일은 대형 유튜버가 아니라면 현실적으로 힘든 일이다. 윤선의 경우처럼 MCN의 도움을 받을 수 있는 것도 어느 정도 구독자 수가 형성된 다음이어야 가능하다. 처음에는 그 모든 작업을 혼자서 끈기를 가지고 해내야 한다. 반응이 오지 않는 일에 오랫동안 매달리는 건 쉽지 않다. 하지만 큰 비전을 가지고 유튜브를 시작하려

한다면 외국어 자막은 피할 수 없을 것이다.

엄습하는 불안감에 솔직하고 담담해지자

유튜버 생활에 만족하세요?

물론입니다. 하지만 솔직히 말씀드리면 불안감이 있는 것도 사실이에요. 업로드한 영상의 반응이 조금이라도 줄면 그렇죠. 연예인과 비슷한 것 같아요. 대중의 관심을 받지 못하면 생명이 끝나는 거니까요. 항상 그런 불안감이 깔려 있어요. 그래서 만족도 70, 불안감 30 정도라고 할 수 있겠네요. 조회 수가 곧 대중의 관심이지 않습니까. 그리고 대중의 관심이 곧 수익이고요. 영상을 올릴 때마다 체크하게 됩니다. '업로드 후 1시간 안에 조회 수 1000회를 넘어야 하는데……' 저도 모르게 이런 기준을 적용하고 있더군요. '질 좋은 콘텐츠를 지속적으로 만들 수 있을까?' 하는 저 자신에 대한 불안감도 있어요. 매번 대박을 터뜨릴 수는 없으니까요.

영화감독이 좋은 작품을 만들지 못할까 봐 항상 불안해하는 것과 비슷하네요.

맞아요. 그런데 유튜버는 그 피드백이 너무 빨라요.

그렇죠. 유튜버는 자신의 성과가 시시각각 조회 수로 확인되니까요. 영화감독은 한 작품을 찍는 데 3년씩 걸리기도 하는데 말이죠.

맞아요. 그래서 자기 멘탈을 잘 관리하는 것이 가장 중요합니다. 채널에 대한 시청자들의 평가나 의견 댓글은 도움도 되지만 한편으로 스트레스가 되기도 하니까요. 그런데 간혹 말도 안 되는 저주를 퍼붓는 사람이 있어요. 사실 그런 악성 댓글을 보면 기분이 안 좋죠.

남들 앞에 나서야 하는 사람으로서의 숙명과도 같군요. 일적인 면에서 힘든 점은 없나요?

제 장르가 브이로그다 보니 촬영할 때 남의 시선에서 자유롭지 못해요. 초상권 문제도 있어서 요즘 신경을 많이 쓰는 편입니다. 그리고 편집 작업을 할 때에는 창작의 고통과 허리의 고통을 함께 겪지요.

유튜버라서 좋은 점은 뭔가요?

유튜브라는 플랫폼이 가장 매력적인 건 자기 생각을 온전히 표현할 수 있다는 거예요. 자기 삶과 생각을 온전히 펼쳐 낼 수 있는 공간이 어디 있겠어요. 물론 유튜브 정책이나 사람들의 여론 때문에 제한은 많지만 그 안에서도 충분히 저 자신을 표현할 수 있다고 생각해요. 자신이 좋아하는 분야를 각자의 스타일대로 표현하고 사람들과 소통하는 일은 정말 가치가 크다고 생각합니다. 사실 가장 가까운 친구나 가족에게도 제 생각을 온전히 전할 기회가 많지 않거든요.

톱니바퀴처럼 살았던 예전과 달리 지금은 시간표를 주도적으로 만들고 내가 얼마나 열심히 하느냐에 따라 아웃풋도 달라지니 좋지 않나요?

당연히 그 부분도 만족스럽죠. 그런데 조심할 점이 있어요. 자유로운 공간으로 나온 만큼 나태해지면 큰일 납니다. 저는 거기에서 비롯되는 불안감이 있어요. 예를 들어 낮잠을 자면 불안한 거죠. 직장인이 낮

잠을 잘 수 있다면 그 낮잠은 꿀잠 아니겠어요? 지금은 달라요. 주도적인 삶을 택한 만큼 내 인생을 책임지는 불안감도 수반되죠. 저는 아직 제 한계가 어디인지 확인하지 못했어요. 예전에는 이것 조금 건드리고 저것 조금 배우면서 한 가지 일을 제대로 꾸준히 밀고 나가지 못하고 많이 휘둘렸어요. 더 이상 그렇게 살기 싫어요. 성공하지 못하더라도 다 쏟아부어서 끝을 보는 것이 낫죠. 끝까지 가 보고 싶어요. 후회 없을 만큼 열심히 해 보고 싶어요.

인생을 걸고 도전하고 있군요. 이미 짧은 기간 동안 큰 성공을 이루었으니 앞으로 더욱 기대됩니다. 영상을 찍으면서 제일 재미있었던 콘텐츠는 무엇인가요?

여자 친구와의 부산 여행을 담은 영상이 제일 자연스러웠어요. 보는 사람들에게도 저희의 따뜻한 느낌이 그대로 전달되었거든요. 사실 촬영과 편집보다 힘든 점이 있어요. 제가 전하고 싶은 진실함이 묻어나도록 하는 게 가장 힘들어요. 그리고 제 채널의 정체성이 흔들릴 때도 좀 힘듭니다. 요즘이 제 채널의 터닝 포인트 같아요.

채널의 정체성이 흔들릴 때야말로 또 다른 도약의 계기가 되더군요. 터닝 포인트라는 표현에 공감합니다.

자신의 불안을 이처럼 아무렇지 않게 담담히 털어놓은 유튜버를 만난 적이 있던가. 그의 영상에서 느껴졌던 진솔함이 거짓이 아니었음을 다시금 확인할 수 있었다. 그리고 그가 불안감을 어쩔 수 없는 것으로 받아들이고 적당한 수준에서 성장의 동력으로 활용하고 있음을 알게 되었다. 유튜버는 몇 년 전까지는 아무도 가지 않던 길이었다. 어떻게 100퍼센트 편안한 마음으로 미래를 그릴 수 있겠는가. 그럼에도 불구하고 인생을 내던져서라도 후회 없이 최선을 다하겠노라 말할 수 있는 패기가 있기에 많은 사람이 그의 영상에서 밝은 에너지를 얻는 것 아닐까?

많은 유튜버가 공통적으로 겪는 어려움 중 하나는 자기 채널의 모든 것이 대중에게 까발려진다는 점이다. 유튜브 채널은 비공개가 아닌 이상 대중의 인정을 받아야 존재할 수 있다. 그런 만큼 일주일에 적어도 두세 번은 내 성적표가 만천하에 드러나고 그 현실을 목도해야 한다. 구독자 수의 증감은 말할 것도 없고 각 영상의 '좋아요'와 '싫어요'의 비율, 댓글의 온도 등이 드러난다. 타인의 평가 앞에 노출된 창작자가 느끼는 압박감은 많은 사람의 응원 댓글로도 완전히 상쇄될 수 없다.

게다가 유튜브가 제공하는 크리에이터 전용 앱은 자신의 채널을 실오라기 하나 남기지 않고 낱낱이 분석해 준다. 시청 시간과 지속도는 영상마다 어떤지, 시청자가 어떤 유입 경로로 내 채널을 방문하게 되었는지, 각 영상이 창출한 수익은 얼마인지, 내 영상을 시청하는 지역, 연령, 성별은 어떤지 친절하게 설명되어 있다. 이 앱이 창작자에게 도움이 되는 것은 분명하지만 유해하기도 쉽다. 이 앱을 열어 볼 때마다 내 성적표와 마주해야 하기 때문이다. 이처럼 창작자가 잔인한 수치의 늪에 빠지지 않기 위해서는, 자기 채널과 자기 자신이 결코 동일한 존재가 아님을 명심해야 한다. 내 채널과 영상에 쏟아지는 관심은 그것이 찬양이든 비난이든 나라는 사람에게 향한 것이 아니다. 유튜브 세계 속의 나와 실제 삶을 살아가는 나를 정확히 구분해야 평심한 자세로 창작의 길에 정진할 수 있다.

선한 영향력을 끼치는 사람이 되고 싶다

윤선 님은 변하지 않는 밝은 에너지를 가진 것 같아요. 그런 부분은 본질적인 면이라서 채널의 방향성과는 무관하게 변치 않을 것 같습니다. 학창 시절에도 밝은 성격이었나요?

끼가 많았어요. 축제 때 무대 밑에서 즐기기보다는 무대 위에 서고 싶은 학생이었어요. 고등학교 축제 때는 〈개그콘서트〉처럼 콩트의 콘티를 짜서 무대에 설 정도로 밝은 성격이었어요. 리더십이 있지는 않았고 인간관계가 넓지 않았지만 확실히 요즘 말하는 관종의 느낌은 강했습니다.

끼가 중요한가요? 어떤 성격이 유튜버에 유리할까요?

일단은 개성이 있어야죠. 웃기면 더 좋겠고요. 편집에는 예술적인 감성도 필요해요. 어릴 때부터 항상 뭔가 배우고 싶어 하는 사람이면 좋을 것 같아요. '유튜브나 해서 돈이나 벌까?'라는 생각은 정말 위험할 수 있습니다. 금방 지치거든요.

시청자 입장에서 다른 유튜버의 영상을 보다가 현재는 크리에이터가 되었는데요. 변화가 있나요?

여러 가지가 바뀌었는데요. 우선 일상생활이 완전히 바뀌었습니다. 직장인에서 프리랜서가 되었으니 시간에 대한 책임이 온전히 제게 있는 거죠. 그리고 생각보다 제약이 많다는 걸 알게 됐습니다. 유튜브의 통제가 조금씩 심해지고 있으니까요. 단순히 구독자 수가 많다고 큰돈을 버는 게 아니라는 것도 알게 되었어요. 새로운 콘텐츠를 계속 만든다는 것도 생각보다 어렵습니다. 제가 이렇게 부정적으로 말씀드리는 이유는, 유튜버가 되고 싶은 사람은 누가 어떤 이야기를 하건 상관없이 어차피 유튜브를 시작할 것이기 때문이에요. 그만큼 강한 의지와 이유가 있을 테니까요. 반대로 마냥 희망적인 이야기로 유튜브 활동을 부추기는 건 현재 시장 상황을 고려했을 때 정말 힘든 길로 안내하는 것일 수도 있다고 생각합니다.

본인 영상이 다른 사람들에게 어떤 영향을 끼친다고 생각하세요?

의도한 것 중 하나는 잘 전달된 것 같아요. 밝은 기운 말이죠. 조금 더 욕심을 내자면 따뜻함도 추가하고 싶습니다.

선한 영향력을 행사하고 있군요. 운동은 원래부터 열심히 하셨나요? 육체적인 단련이 정신에도 긍정적인 에너지를 주는 것 같은데요.

네, 저도 그렇게 생각합니다. 밝은 에너지가 제 영상에 자연스럽게 묻어나려면 제 몸과 마음부터 건강해야 합니다.

그저 잘생긴 얼굴과 멋진 근육만으로는 채널 개설 1년 만에, 다양한 국적의 시청자 8만 명의 마음을 사로잡을 수 없다. 그의 시청자라면 진정성 있는 밝은 에너지에 자연스럽게 공감할 수 있다. 이는 그의 밝은 천성과 긍정적인 성격에서 기인하겠지만 건강한 몸과 마음가짐을 유지하려는 꾸준한 노력 덕분이기도 하다. 그가 이토록 쉽고 자연스럽게 진정성과 선한 영향력을 드러낼 수 있는 이유는 보이지 않는 다짐과 노력이 쌓였기 때문이다.

나에게 필요한 정보야말로
시청자에게 필요한 정보

– 테크 리뷰 채널 〈이상한 나라의 영태형〉

| 영태형 |

모바일 소프트웨어를 개발하는 IT 벤처 사업가이자 유튜브 크리에이터. 10여 년간 게임 개발자로도 활동했다. 평소 신기하고 재미난 테크 및 생활용품 제품을 지인들에게 소개하던 장기를 살려 유튜브 활동을 시작했지만, 제품이 아닌 사람과 경험이 주인공이 되도록 노력하고 있다. 그의 채널은 약 3만 명의 구독자, 640만 뷰의 총 누적 조회 수를 돌파했다(2022년 5월 기준).

유튜브의 등장과 함께 새롭게 등장한 용어들이 있다. 그중 대표적인 것이 '테크(tech)'다. 본디 '테크'라는 단어는 실생활과는 거리가 먼 기술 분야에서 전문적으로 사용되던 용어였다. 그러나 유튜브가 활성화되는 과정에서 여성 사용자 위주의 블로그와 카페 환경에 만족하지 못한 남성 사용자들이 평소 관심 있던 전자기기에 대한 궁금증을 유튜브를 통해 해결하기 시작하면서 '테크 유튜버, 테크 리뷰' 등 유튜브 관련 용어로써 폭넓게 사용되기 시작했다.

이전까지 소비자들은 새로운 제품에 대한 정보를 설명서나 온라인 쇼핑몰의 상세 설명 페이지, 혹은 리뷰에만 의존했다. 그런데 유튜브의 등장 이후 일반인이 제품을 사용하는 모습을 영상으로 확인할 수 있게 되었고 이는 가히 혁명적이었다. 곧 유튜브에는 '테크 리뷰'라는 확고한 장르가 생겨났다. 그리고 휴대폰, 자동차, 게임, 컴퓨터 등 신제품이 출시될 때마다 리뷰 채널의 성장폭도 커졌다. 그중에서도 〈이상한 나라의 영태형〉 채널은 자신만의 고유한 영역을 확보했다. 값비싸고 화제성 높은 제품만 골라서 리뷰를 하는 것이 아니라 다양한 제품의 상세 사용기를 영상으로 만들어, 소소한 소비가 주는 기쁨을 시청자로 하여금 대리 만족하게 해 준 것이다.

제품을 리뷰하지만 주인공은 사람

〈이상한 나라의 영태형〉은 어떤 채널인가요?

다양한 제품을 소개하고 리뷰합니다. 보통 리뷰어들이 리뷰 대상을 정할 때 많은 사람들이 찾거나 관심을 가진 신제품 위주로 한다면 저는 제가 직접 구매하고 경험해 본 것들에 대해 이야기합니다. 그게 좋든 나쁘든 실제 사용기를 전달하는 채널이죠.

유튜브 초창기보다 테크 유튜버가 많아졌습니다. 다른 테크 채널과 어떤 차별점이 있을까요?

언젠가 한 팬이 다른 채널과의 차별점에 대해 이야기해 준 게 있어요. "다른 리뷰어들은 리뷰를 하기 위해 제품을 구입하는데 영태형은 너무 많은 물건을 사다 보니 그걸 가지고 리뷰를 하게 되는 것"이라고요. 너무 정확한 관찰이어서 놀랐죠. 런업 님은 '나는 어떤 사람일까?'라고 한 번쯤 곰곰이 생각해 본 적이 있는지요? 저는 무언가 물건을 사고 주변 사람들에게 보여 주고 자랑하고 그 제품에 대해 물어

보면 답해 주는 걸 일상의 큰 기쁨으로 여겼어요. 유튜브를 시작할 때 '내 모습을 제일 잘 보여 주는 게 뭘까?'라는 고민을 했어요. 그랬더니 제가 제일 잘할 수 있는 게 바로 그거더군요. 제 일상에는 그런 특징이 있는 것이죠.

다른 사람들은 리뷰 채널을 위해 물건을 가져온다면 저는 제가 산 물건들을 보여 주려고 채널을 하는 것이죠. 그래서 물건에 대한 접근 방식 자체가 다릅니다. 사람들에게 물건의 모든 점을 보여 주는 게 아니라 제가 특별히 만족한 부분이나 불만이었던 부분, 즉 매우 주관적인 경험을 말해 주는 겁니다. 경험이 녹아들지 않으면 리뷰를 할 수 없습니다. 그래서 사람들이 제 채널에서 진정성을 느끼는 것 같아요. 제 성향이 이렇다 보니 리뷰를 해 달라고 부탁을 받아도 못 하는 제품이 많습니다. 제가 직접 쓰지 않고 그래서 잘 모르는 제품을 그저 설명서에 적힌 스펙만 읊는 리뷰는 하고 싶지 않으니까요.

그런데 영태형 님의 채널에는 정말 많은 제품이 나오더군요. 한 번에 제품 5개씩 소개하는 영상을 올리기도 하던데 그렇게나 물건을 많이 사나요?

저는 일주일에 물건을 30~40개씩 사요. 유튜브를 하면서 2~3배 늘긴 했지만 원래 저는 택배가 매일매일 오는 사람이었습니다. 저렴하게는 몇 천 원짜리부터 비싸 봤자 십 몇 만 원짜리지만 말이에요. 새롭고 신기한 물건을 찾아보는 게 취미였습니다. 호기심에 주문을 하고야 마는 게 제 성격이죠.

얼리어답터(Early Adopter)군요.

그 단어가 등장하기 전부터 저는 얼리어답터였습니다. '얼리어답터'

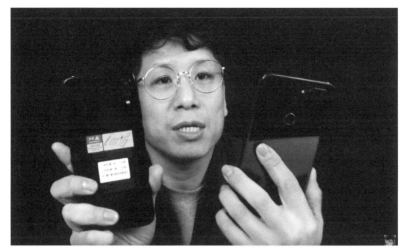

:: 스마트폰을 리뷰하고 있는 라이브 방송의 한 장면. (출처: 영태형 유튜브 채널)

라는 용어가 나왔을 때 "어? 바로 나네"라며 바로 이해했죠. 남들이 모르는 제품을 먼저 써 보는 것 자체가 저에게는 정말 중요했어요. 새로운 걸 남들보다 늦게 알면 자존심이 상했죠. 아무도 모를 때 먼저 써 보고 "너 이거 알아?" 하는 게 인생의 제일 큰 행복이었습니다.

채널 이름을 〈영태형의 편숍〉이라고 하면 어떨까요?

원래 채널 이름은 〈쇼핑 중독 영태형〉이었어요. 제가 실제로 쇼핑 중독이거든요. 오늘도 택배가 12개나 왔어요. 어제는 8개가 왔고요. 가끔 '쓸데없이 관심도 없는 제품을 소개하려고 사는 것 아니냐'고 오해하는 사람들이 있는데 그렇지 않아요. 원래 물건 사는 걸 좋아해요. 리뷰를 하려고 사는 게 아니라 제가 샀으니까 그걸 가지고 리뷰를 하는 겁니다.

다른 테크 유튜버들도 그렇지 않나요?

저는 테크 유튜버라고 불리는 게 부담스럽습니다. 진정한 테크 유튜버라면 제품에 대해 기술적으로 꼼꼼하게 분석하고 공부해야 하는데 저는 관심이 없는 제품은 궁금하지도 않거든요. 만약 제가 먹는 걸 삶의 낙으로 여겼다면 먹방 채널을 시작했을 겁니다. 제 채널은 제품이 아니라 제 경험이 위주인 채널입니다. 시청자들은 "영태형이 또 뭘 샀구나. 저걸 저렇게 썼구나. 저런 물건을 쓰면서 살고 있구나" 하면서 제가 주인공인 채널을 보는 것이지요.

사람이 주인공이면 구독자가 잘 늘지 않는 단점이 있지 않습니까?

저도 인정합니다. 그런데 남들과 똑같이 하려니 저부터 재미가 없고 텐션도 떨어지고 어색해져 버리더군요. 이렇게 해서는 오래 못 할 것 같았습니다. 자꾸 남들 리뷰를 보게 되고 따라 하게 되면 그 순간 '나'는 사라지는 것이지요. '남들은 이렇게 하는데 나도 그렇게 할까?' 하고 생각하는 순간 제 채널의 생명력은 사라진다고 봅니다.

남자의 쇼핑 욕구는 사실 여자에 비해 과소평가된 면이 있다. 그러나 요즘은 가정을 위해 헌신하고 일에만 집중해야 했던 과거의 남성상에서 벗어나 자신만의 취미 생활과 쇼핑을 즐기는 남성이 늘고 있다. 남성들의 장난감은 게임기나 전자 기기 등의 차원을 넘어서 다양한 카테고리를 형성하고 하위문화를 만들어 가고 있다. 요리, 먹방의 유행과 함께 남성들도 쉽게 접근할 수 있는 조리 도구인 에어프라이어가 선풍적인 인기를 얻은 것이 좋은 예다. 경기 침체와 저금리 시대에 접어든 지금은 아버지 세대처럼 적금을 들고 때가 되면 집을 사는 등 일생에 몇 번 되지 않는 크고 굵직한 소비 패턴을 모방하기 힘들어졌다.

대신 저렴하고 다양한 제품을 소비하는 데에서 즐거움을 얻는 이른바 '소확행' 라이프스타일이 생겨났다. 이렇게 다변화된 쇼핑과 소비문화 트렌드의 중심에 서 있는 채널이 바로 〈이상한 나라의 영태형〉이다. 중요한 포인트는 제품이 아니라 그 제품을 사용하는 '사람'이 주인공이라는 점이다. 물건이 사람을 압도하는 시대가 아니라, 같은 제품이라도 어떤 사람이 어떻게 사용하는지에 따라 완전히 다른 제품이 될 수 있다는 것이다. 영태형이 명품 언박싱(Unboxing), 하울 (Haul) 류의 자극적인 소비 조장 채널이나 테크 제품 위주의 리뷰 채널과 차별화되는 지점은 바로 여기이다.

독특한 성격도 콘텐츠가 된다

현재 회사를 운영하고 있는데요. 본업이 있으면서 유튜버가 되기로 결심한 계기가 무엇인가요?

저는 유튜브라는 플랫폼이 생기기 전부터 제품에 대해 사람들에게 떠드는 걸 좋아하는, 한마디로 오지랖이 넓은 성격이었습니다. 제가 사업을 하기 전에 게임 회사를 다녔는데요. 돌아보면 타 회사 직원들과 미팅 자리에서도, 예를 들어 상대방이 어떤 시계를 차고 있는데 불편해 보인다면 꼭 그 이야기를 꺼내곤 했어요. "그 시계 말고 이런 게 있는데 써 봐라. 좋더라"라고 말이죠. 사람들은 일과 관련해서 저를 기억하는 게 아니라, 다양한 제품에 대해 잘 알고 많이 써 봐서 좋은 걸 잘 추천해 주는 사람으로 기억하더군요. 게다가 그 추천이 설득력이 있더라는 것이지요. 그래서 주변 사람들이 저더러 유튜브를 해 보라고 제안을 많이 했어요.

그런데 제가 막상 영상을 찍으려니 카메라 울렁증이 있더군요. 그래서 몇 번 시도 후에 포기하고 카메라를 껐죠. 그 뒤로 콘티도 없이 그냥 편안하게 제가 좋아하는 제품을 가지고 와서 모여 앉은 사람들끼리 떠들었는데 내용이 잘 나오는 겁니다. 그게 유튜브를 시작한 계기였습니다. 처음에는 사업을 하고 있으니 방해가 될 줄 알았습니다. 그런데 유튜브 활동이 일이라는 생각이 안 들고 재밌었어요. 생각해 보세요. 지금까지는 주변의 몇 명에게만 떠들던 걸 이제는 수천, 수만 명의 사람들에게 이야기하는 거잖아요. 사람이 많이 볼수록 피드백도 다양하게 올라오니 너무 재미있더군요. 자존감도 높아지고 본업에도 긍정적인 영향을 주었습니다.

유튜버와 회사 운영을 병행하는 데 단점은 없나요?

회사를 운영하다 보면 상황이 바쁘고 심각할 때도 있습니다. 그렇게 회사 상황은 긴장도가 높은데도 영상 속의 저는 늘 웃고 즐거운 표정이니 직원들이나 사업 파트너들이 보기 좋지 않았나 보더군요. 심각한 회의를 하고 나왔는데 즐겁게 웃는 제 영상이 업로드되면 뭔가 매치가 되지 않겠죠. "이렇게 바쁜데 뭐가 좋다고 웃냐"고 지적하더라고요. 속상한 일이 있어도 남들 앞에서는 감정을 숨겨야 하는 개그맨들의 애환이 이해가 되더군요. "다들 바쁘게 일하는데 넌 놀다 왔잖아"라는 눈빛으로 저를 바라보는 것 같아서 마음이 불편할 때가 있습니다.

집에서도 반대가 심했습니다. 제 아이들이 중학생과 초등학생인데요. "아빠가 게임 회사 개발자야. 사업도 하셔"는 좋은데 "아빠가 유튜버야"라고 말하는 건 아직 좀 가볍게 느껴지나 봐요. 얼굴이 노출되는 영상 속에서 개그하고 장난이나 치는 캐릭터니까요. 가족들은 힘들고 바쁜데 영상 속 저는 항상 웃고 떠드니까 오해와 갈등이 많았습니다. 그래서 초창기에는 아내가 많이 반대했습니다. 지금은 제 영상을 꾸준히 보다 보니 제가 뭘 하려는지 알게 된 것 같습니다. '이 사람이 여기서 행복해하는구나'라는 걸 깨달은 것 같아요.

TV나 영화가 유일한 영상 매체였던 과거에는 대단한 끼와 재능이 있지 않으면 영상 매체에 등장한다는 것은 꿈도 꾸지 못할 일이었다. 유튜브는 일반인과 특별한 사람을 가르는 장벽을 무너뜨렸다. 그래서 우리는 예전에는 상상할 수 없었던 다채로운 크리에이터와 콘텐츠를 접할 수 있게 되었다. 영태형은 유튜브라는 플랫폼을 통해 전통적 의미의 재능이나 끼라는 잣대를 보란 듯이 뛰어넘었다. 주변에서 흔히 볼 수 있는 친근한, 친하게 지내면 도움도 되고 재미도 있는 형 같은 존재로 시청자들에게 편안하게 다가갔다. 현실 관계가 아닌 랜선상의 관계이지만 '형'이라는 호칭이 주는 친근함의 위력은 강하다. 화려하게 돋보이는 사람이 아니어도 얼마든지 자신이 지닌 개성을 살려 유튜버로 성공할 수 있음을 증명해 보였다.

자기 삶을 투영하고 성찰하게 만드는 유튜브

어릴 때 꿈이 무엇이었습니까?

추상적이지만 행복해지고 싶었습니다. 저는 어렸을 때 불행하다고 생각했습니다. 심하게 왕따를 당했던 아픈 기억도 있어요. 그래서 '나처럼 불행한 사람이 없었으면 좋겠다. 세상 사람들이 모두 행복해지면 좋겠다'는 꿈이 있었습니다. 회사를 차린 것도 비슷한 동기였어요. 제가 회사에서 힘든 일을 겪고 그만두게 되었거든요. 개발자들이 행복한 환경에서 일하면 좋겠다는 꿈 때문에 회사를 만든 겁니다. 그 꿈은 지금 계속 이어지고 있습니다. 유튜브도, 제 인생도 말이죠. 저처럼 평범한 사람도 유튜브 활동을 할 수 있다는 것을 보여 주고 유튜버 1세대가 된 것도 뿌듯합니다.

유튜브를 통해 꿈에 가까워졌다고 할 수 있네요.

예전보다 나아졌습니다. 사실 아무리 재미있는 일도 반복하면 일 자체에 매몰돼서 고단해지고 매너리즘에 빠지게 됩니다. 제가 게임 회사에 들어간 것도 비슷했습니다. 처음에는 게임이 너무 좋고 재미있어서 입사했습니다. 그런데 매일 야근을 하다 보니 그 좋던 게임도 싫어지더군요. 유튜브도 마찬가지입니다. 영상을 편집할 때 제 얼굴을 보면 낯설 때가 있어요. 표정이 굳어 있고 지쳐 보일 때가 있죠. 제삼자의 시각에서 저의 삶을 보게 되니 깨닫는 바가 많더군요. 그리고 다른 사람들의 피드백도 받게 되는데요. 그런 시선들이 부담되기도 하지만 제 모습이 어떤지, 제가 행복한지 아닌지 판단할 수 있는 중요한 기준이 됩니다. 솔직히 지금은 일하는 것보다 유튜브가 재미있습니다.

어떤 점이 그렇게 재밌나요?

많은 사람이 가족을 위해서, 승진을 위해서, 어쩔 수 없이 일을 하지요. 저는 제 이야기를 하는 게 재미있어서 유튜브를 합니다. 유튜브를 통해서 제가 성장하고 있음을 절감합니다. 영상을 찍을 때마다 새롭게 가슴이 두근거립니다. 모든 유튜버는 관심을 갈구합니다. 관심을 받기 싫어하고 부담스러워하면 유튜브 활동을 할 수 없습니다. 시청자들의 피드백을 받고 반응이 좋으면 기뻐하는 것이 바로 관심에 대한 갈구이지요. 그 열망이 없으면 오래 하기도 힘들고요. 저도 아마 그런 데서 가장 큰 기쁨을 얻지 않나 싶습니다.

어떤 성격이 유튜버에 잘 맞을까요?

유튜브를 시작하기 전에는 아주 적극적인 성격이 아니면 유튜버를 하기 힘들겠다고 생각했습니다. 흔히들 말하는 끼가 있어야 한다고 말이죠. 지금은 다릅니다. 본인이 등장하지 않아도 풍경만 올려도 되는 것이 유튜브입니다. 화면 변화 없이 소리만 나오는 ASMR도 있습니다. 유튜브를 보고 '난 저렇게 해야지'라는 생각이 들면 아직 준비가 안 된 것입니다. '나라면 이걸 하고 싶은데 이런 건 왜 아직 없지?'라고 생각하는 사람이 시작해야 합니다. 즐겁게, 그리고 성장하면서 오랫동안 유튜브를 할 수 있는 사람은 남과 다른 내 모습을 진정성 있게 담을 수 있습니다. 나의 콘텐츠를 어떻게 보여 줄지, 내 고유의 모습(Originality)을 어떻게 보여 줄지 관심 있는 사람은 뭘 해도 잘할 수 있습니다. 예를 들어 모두들 그림을 A에서 B의 순서로 그리는데, 나는 남들과 다른 순서로 거꾸로 그릴 수 있다면 그게 자기 본래의 모습입니다. 그리고 그러한 생각이나 행동을 그대로 영상으로 올릴 수 있는 것이 유튜브입니다. 이상한 것이라도 괜찮아요.

영상미나 장비에는 어느 정도 투자하나요?

장비 투자는 최소한으로 합니다. 장비나 시설 투자 대신 그 돈으로 다양한 제품을 사려고 합니다.

영상 퀄리티보다는 콘텐츠에 주목하는 거네요?

네. 제 채널의 성격상 영상미보다는 다양한 콘텐츠를 소개하는 쪽의 비중이 크니까요.

유튜브를 시작하려는 사람이 장비 문제로 그만둘 필요는 없다는 뜻인가요?

물론이지요. 만약 원하는 콘텐츠가 '영상을 잘 찍는 방법'이라면 물론 좋은 장비가 필요하겠지요. 하지만 그게 아니라면 내가 무엇을 보여 주려는지가 훨씬 더 중요합니다. 핸드폰만으로도 찍을 수 있는 게 유튜브입니다. 장비로 시작하는 게 아닙니다. 채널이 잘되면 "카메라는 어떤 걸 쓰시나요?"라고 물어보는 사람이 많은데 그건 중요한 게 아닙니다.

하루 일과는 어떤가요?

저는 본업이 있고 한 가정의 가장이므로 촬영에 투입하는 시간을 일주일에 딱 하루로 정합니다. 그날 모든 걸 다 끝내려고 노력합니다. 잘 지켜지지 않을 때도 많지요. 보통 오후 늦게 출연진이 모여서 새벽까지 찍습니다. 제가 메인 출연진이고 고정 출연 및 편집 담당자가 1명 있습니다. 가끔 다른 사람이 출연하기도 하구요.

기획 회의를 따로 하나요? 편집은 어떻게 이루어지나요?

제가 먼저 대략적으로 콘텐츠를 생각하고 있다가 촬영 전에 식사를 겸한 회의를 통해 주제를 정합니다. 아이템이 넘쳐나서 고르는 것이 힘들죠. 보통 한 번 촬영에 3~4편의 영상을 찍는 것 같아요. 7~15분짜리 한 편을 찍는데 보통 1시간 정도 걸립니다. 영상 2개는 무조건 그날 편집을 완료합니다. 그다음 날로 넘어가면 어떻게 왜 찍었는지 잊어버리게 되니까요.

요즘 성공한 유튜버들이 큰돈을 버니까 혹해서 뛰어드는 사람이 많은 것 같습니다.

이건 제 실제 경험인데요. 돈은 원하는 대로 줄 테니까 제품 리뷰를 찍어 달라는 사람도 많습니다. 제가 원래 관심이 없는 제품은 아무리 조건이 좋아도 거절하는 편이에요. 그런데 거듭 거절하니까 광고 영상 한 편에 2000만 원까지 부른 회사도 있었습니다. 알고 보니 다른 유튜버들은 조건이 맞으면 하는데 저는 계속 거절하니까 "얼마면 할래? 2000만 원이면 할 거야?"라는 식으로 화가 잔뜩 났더라고요. 나중에는 오해를 풀었지만 재미있는 해프닝이었지요. 사실 제품 리뷰가 주된 콘텐츠여서 광고 제안이 많이 들어옵니다. 하지만 제가 관심을 가지는 몇몇 제품을 제외하고는 대부분 거절합니다. 회신도 잘 안 해요. 광고 영상을 요청한 적도 없고 돈도 준 적이 없는데 제가 직접 사서 리뷰까지 찍어 주니 사장님들이 감동하고 좋아하세요. 그래서 저는 정 감사하면 구독자 선물을 주십사 말씀드립니다. 물론 매우 화제가 되는 제품은 구독자들의 요청으로 선정하기도 합니다. 돈 욕심 없는 사람 어디 있겠습니까? 하지만 밸런스가 중요합니다. 진정성이 없다고 느껴지는 순간 시청자들은 등을 돌립니다. 게다가 저는 티가 많이 나는 사람입니다. 관심이 없는 제품을 다루면 사람들이 다 알더라고요. 진정성을 가지고 리뷰에 임하면 저에 대한 신뢰가 쌓이고요. 돈은 따라오는 것이라 생각합니다. 저는 원래 손해를 보더라도 옳다고 생각하는 걸 지키는 사람이니까요.

:: 새로운 제품의 리뷰를 위해 직접 해외로 여행을 떠나기도 한다.

유튜브 크리에이터는 다른 일에서 맞닥뜨리기 힘든 다양한 경험을 한다. 무엇보다 수많은 사람과 소통할 수 있는 위치에 서므로 그만큼 책임과 보람이 따른다. 단순히 남들의 관심을 갈망하여 채널을 시작했다 하더라도 많은 시청자에게 영상을 선보이고 피드백을 받으면, 유튜버는 자기 모습을 돌아보게 되고 타인에게 미치는 영향력을 인지하게 된다. 이런 일련의 과정을 통해 자기만의 원칙과 기준을 세울 수 있다면 좋을 것이다.

영태형과 같은 제품 리뷰 채널은 콘텐츠의 속성상 수많은 광고 제의를 받을 수밖에 없다. 눈앞의 이익만 생각하여 무분별하게 광고 영상만 제작하다 보면 채널에서 내 모습은 점점 사라질 것이다. 그리고 일관성 없이 선택된 제품들의 사용기만 중구난방으로 펼쳐지게 될 것이다. 그런 유혹 앞에서 진정성을 지키는 것은 쉽지 않다. 그러나 영태형은 자신이 초심을 잃었을 때 시청자들은 결국 채널을 외면할 것이라는 사실을 잘 알고 있다. 이런 현명함이야말로 오랜 시간 신뢰를 잃지 않고 채널을 운영할 수 있는 강력한 힘이 된다.

남들이 외면한 제품에 생명력을 불어넣다

가장 기억에 남는 에피소드는 무엇인가요?

가장 먼저 시청자들의 반응이 기억나네요. 재미있게 찍었는데 조회수가 안 나오면 아무래도 속상하더군요. 하지만 모두들 욕하는 제품도 저만의 사용법을 알고 있는 경우가 있거든요? 그런 경우는 안타깝죠. 사람에 따라서는 필요한 기능이 다를 수도 있지 않습니까? 그래서 많은 유튜버들이 비난했던 제품에 대해 개인적으로 좋았던 부분을 소개한 영상이 있어요. 협찬을 받은 것도 아니고 그저 제가 경험한 사용기와 발견해 낸 장점을 소개한 것이죠. 그 영상이 정말 큰 호응을 얻었어요. 일면식도 없는 대만 회사 제품이었는데 나중에 감사 메일을 받기까지 했지요. 이런 식으로 아무도 관심 없고 인기가 없어 시장에서 외면을 받았지만 저만의 경험을 소개해서 인기를 얻게 된 경우 정말 뿌듯합니다.

힘들 때도 있나요?

모두가 관심을 가지는 인기 제품이 출시되는 경우 저도 리뷰를 할 때가 있습니다. 그런데 제가 진심으로 관심을 가지지 않는 경우는 희한하게 잘 풀리지 않더군요. '좋아요' 숫자는 적고 '싫어요' 숫자가 상대적으로 많은 걸 보면요. 그러면 역시 진정성을 잃지 말아야겠다고 다짐하게 됩니다. 그리고 남들과 구독자 수를 비교할 때 힘이 듭니다. 비슷하게 성장하던 사람이나 저보다 뒤처져 있던 채널이 급성장하면 '내가 뭘 잘못하고 있나' 하고 계속 생각하게 됩니다. 자책하면서 스트레스를 받죠. '난 유튜브를 하면 안 되나? 사람들이 날 싫어하나?'라는 고민을 하게 됩니다. 특히 100개 선플을 받아도 단 1개 악플이 제 아킬레스건을 건드리면 엄청난 상처가 됩니다. '관두자'라고 생각한 적이 한두 번이 아닙니다. 그래서 남들과 나를 비교하면 안 됩니다. 남들이 하는 걸 따라가면 안 됩니다. 원래 하려고 했던 일을 끝까지 붙잡고 갈 수 있어야 합니다.

어려움은 어떻게 극복하나요?

너무 힘들어서 '잠시 휴식기를 갖겠다'고 선언한 적이 있었어요. 그런데 결국 쉬지 못했습니다. 그저 일주일에 4개의 영상을 업로드하던 것을 3개로 줄이는 데 그쳤죠. 내려놓지 못한 겁니다. 그런데 물리적으로 업로드가 불가능한 때가 있었습니다. 아이러니하게도 이때 힘든 게 극복이 되더군요. 어떤 때는 올리자마자 구독자가 줄어드는 영상도 있습니다. 시청자들이 A콘텐츠 채널인지 알고 구독했다가 B콘텐츠 채널이라고 판단하면 방향성이 맞지 않으니 구독을 취소하는 겁니다. 그런데 제가 중국에 가게 돼서 어쩔 수 없이 영상을 업로드하지 못한 적이 있었어요. 그런데 그때 구독자 수가 급증했습니다. 그때 느꼈죠. '내가 기를 쓰고 해도 올라가는 게 아니고 쉰다고 떨어지는 것도 아니구나. 그래서 내려놔야 하는구나'라고 말이죠. 덕분에 중국에서 재충전을 할 수 있었고 그 뒤로 예전만큼 일희일비하지 않게 되더군요.

그런데 남과의 비교는 쉽게 해결되지 않았습니다. 완전한 극복은 힘들 것 같습니다. 다만 저 사람과 내 바이오리듬이 다르듯이, 채널이 잘되는 곡선도 다르다고 생각하려고 노력합니다. 제가 테크 제품 영상을 올리니 제 메인 페이지에 자꾸 테크 영상만 추천되는 겁니다. 그렇게 다른 이의 영상을 보게 되니 어쩔 수 없이 비교하게 되더군요. 그래서 되도록 추천 영상에 다양한 채널이 뜨도록 관리하고 있어요.

유튜버가 되기 전에도 유튜브를 많이 봤나요? 그때 유튜버를 보면서 어떤 생각이 들었나요?

예전에는 유튜버를 특별한 끼를 가진 사람이 TV보다 세분화된 환경에서 활동하는 것일뿐 같은 종류라고 생각했습니다. 그런데 실제로 해 보니 유튜브는 누구나 할 수 있는, 평범한 사람들이 하는 것이라고 느낍니다. 저만 해도 평범한 사람이니 다른 유튜버를 봐도 특이해 보이지 않습니다. 서로 교류도 많이 하고요. 직장에서는 인간관계가 좁고 깊었는데 유튜브를 시작하면서 인맥이 넓어졌습니다.

유튜브 채널은 '나만 재미있으면 되겠지'라는 순수한 마음으로 시작해도 결국 경쟁 시합에 세워진 일개 선수일 수밖에 없는 것 같다. 유튜브 채널을 개설하면 사용할 수 있는 '유튜브 크리에이터 스튜디오'라는 분석 툴은 매일 구독자 수, 조회 수, 조회 시간, 수익 등의 증감 추이를 정교한 리포트로 제공한다. 내 채널의 상황이 실시간으로 수치화되어 나오기 때문에 여기에 연연하지 않기란 무척 힘들다. 무엇이 잘못되었는지 깊이 고민하는 것은 좋지만 자칫 자신감과 자존감이 쉽게 나락으로 떨어질 수도 있다. 내 채널의 가치는 정량적으로 평가할 수 없음을 잊어서는 안 된다. 아울러 쉽게 성장한 채널일수록 하락 폭도 클 수 있다는 점을 간과하지 말자.

여럿과 함께할 것인가, 혼자서 할 것인가

처음에는 여럿이서 하던 채널이었는데 지금은 혼자 하게 되었습니다. 채널을 함께 운영할 때 어떤 장단점이 있을까요?

매우 중요하고 좋은 질문입니다. 흔히들 동업하지 말라고들 합니다. 유튜브를 할 때조차 말이죠. 유튜브를 여럿이 함께하면 일단 시작하기 쉽고 리스크도 분산되는 것이 사실입니다. 그런데도 함께 운영하지 말라는 데는 이유가 있습니다. 같이 운영하던 채널이 잘 안 돼서 관계가 깨지는 경우는 거의 없습니다. 오히려 잘되어서 깨지는 것입니다. 채널이 안 되어서 그만둔 경우 그 후 운영자들끼리 관계를 끊는 경우는 없습니다. 그런데 잘되어서 깨지면 아예 서로 등을 돌립니다. 아이러니한 일이지요.

제 경우는 이랬습니다. 저는 원래 유튜브란 타고난 끼가 있는 사람이 하는 것이라고 생각했기에 혼자 유튜브를 시작할 수 있다는 생각은 하지 못하고 있었습니다. 그런데 영상, 편집, 엔터테인먼트 분야의 경험이 있는 지인이 함께 유튜브를 해 보자고 제안했습니다. 저는 확실한 콘텐츠가 있었지만 저 혼자서는 카메라를 향해 말하지 못했죠. 그런데 이 사람들과 함께해 보니 할 수 있겠더라고요. 이렇듯 서로의 필요를 채워서 출발한 것까지는 좋았는데 그 이후를 바라보는 시각은 너무 달랐습니다. 그래서 여럿이 채널을 시작할 때는 친한 사이일수록 각자 원하는 것이 무엇인지 분명하게 이야기해 보고 필요하다면 계약서를 써야 합니다. 각자 원하는 게 정말 다를 수 있습니다. 성장 속도가 빠를수록 그 갭은 커집니다. 내가 원하는 방향과 동업자의 방향이 같은지 깊이 고민해 보세요. 각자의 기여도나 비중도 서로 다를 수 있습니다.

생각의 갭은 어느 정도 서로 양보할 수 있지만 점점 벌어지게 됩니다. 시작은 얼마든지 함께할 수 있지만 본격적으로 몰두하게 되면 이런 부분에 대해 반드시 많은 대화를 나누고 항상 확인해야 합니다. 처음에는 그저 '서로 목표가 다르고 채널을 통해 얻고 싶은 성과가 다르구나' 정도만 깨닫게 됩니다. 그리고 누가 어느 만큼 채널의 성공에 기여했는지 알기도 모호하지요. 그래서 편집자와 출연자가 서로 다투는 경우가 많습니다.

저는 역할을 나누더라도 유튜브 전체 프로세스를 다 알아야 한다고 조언하고 싶습니다. 촬영부터 편집까지 모든 분야를 말이죠. 그래야 남의 역할에 대해 이해할 수 있습니다. 전체 프로세스를 모르면 내 입장만 보게 됩니다. 일어난 일에 대해 제때 이야기하지 않으면 기억이 왜곡될 수 있습니다. 반드시 이야기하고 중요한 내용은 기록해야 합니다. 그래서 명문화가 필요한 것입니다. 내 생각도 글로 써서 보고 동업자의 생각도 글로 써서 눈으로 봐야 합니다. 이런 것들은 미룰수록 점점 어려워집니다.

〈이상한 나라의 영태형〉은 〈쇼핑 중독 영태형〉이라는 이름으로 여러 명이 운영하던 채널이었으나 여러 단계를 거쳐 현재의 1인 중심 채널로 재단장하였다. 마음이 맞는 사람끼리 힘을 합쳐 채널을 운영하는 것의 장점과 단점을 그만큼 잘 아는 사람은 없을 것이다. 유튜브를 시작하려고 계획한다면 그의 충고에 귀를 기울여야 할 것이다. 특히 혼자든 여럿이든, 당사자는 채널을 운영하는 데 필요한 모든 작업에 대해 알아야 한다는 충고는 중요하다. 각자의 강점을 살린 분업도 좋지만 특정 분야가 싫고 귀찮아서 미루는 마음이라면 결코 원활한 협업이 이루어질 수 없기 때문이다.

:: 〈이상한 나라의 영태형〉 채널의 대문 이미지.

'나'라는 본질을 잊지 말아야 한다

유튜브 입문자에게 하고 싶은 이야기가 있을까요? 그리고 유튜브의 전망은 어떻게 보는지요?

혹자는 유튜브가 이미 레드오션이라고 말합니다. 저는 생각이 다릅니다. 생각하기 나름입니다. 어떤 관점에서 유튜브는 블루오션입니다. 잘되는 채널을 따라 하는 것은 레드오션에 코를 박고 뛰어드는 것입니다. 그보다는 '나는 이런 걸 잘할 수 있는데 이런 채널이 없네?'라는 시각이 필요합니다. '나'로부터 시작해야 하는 거죠. '나라면 저걸 이렇게 하면 훨씬 더 잘할 수 있는데' '리뷰는 왜 이런 식으로 안 만들지?' 이런 생각이 들면 두려워 말고 시작해 보세요. 나로부터 시작된 나만의 것이 있다면 빨리 찍어서 올려 보세요. 그 과정에서 많은 걸 얻을 수 있습니다.

물론 생각한대로 흘러가지는 않을 것입니다. 머릿속에 구상한 대로 찍는 것도 힘들고, 촬영본을 편집하기 위해 들여다보는 순간 또 구상이 달라집니다. 업로드한 후 낯선 사람들의 반응으로부터 얻는 것도 있습니다. 이런 일련의 과정들이 모두 나를 성장하게 만듭니다. 시작하지 않으면 얻는 것도 없습니다. '요즘 유튜브가 뜬다는데 저걸 하면 돈도 많이 벌겠네'라는 마음으로는 안 됩니다. 물론 '나'를 표현하는 방식을 차용할 수는 있습니다. 그러나 나만의 생각이나 독창성도 없이 채널이 잘되는 조건을 공식화하면 안 됩니다. 일시적으로 잘되더라도 오래 하지 못하고 한계가 있어요. 자신만의 콘텐츠를 가진 유튜브들이 등장하면 옥석이 가려지고 아류들은 도태됩니다. 진짜가 살아남고 보다 다양한 크리에이터가 등장하면 유튜브는 지금과는 상상할 수 없을 정도로 풍요로운 콘텐츠의 바다가 될 것입니다.

영태형과의 대화에서 줄곧 핵심 화두로 등장한 주제는 바로 '나다움', 즉 '독창성'이다. 유튜브를 시작하기 전에 반드시 나 자신을 깊이 관찰하고, 내가 남들과 무엇이 다른지 발견해 내야 한다. 대부분의 사람들은 자기 자신에 대해 잘 알지 못한다. 영태형은 남과 나를 구분하는 결정적인 특징이 무엇인가를 정확하게 판단했기에 아류가 아닌 원조가 될 수 있었다. 남과 똑같이 따라 하면 TV 대신 유튜브를 볼 이유가 없다. 남들의 반응과 시선을 신경 쓰기 전에 먼저 나 자신의 목소리에 귀를 기울여야 롱런할 수 있는 콘텐츠를 개발할 수 있다.

유튜브의 확장 가능성을 발견한 사람들

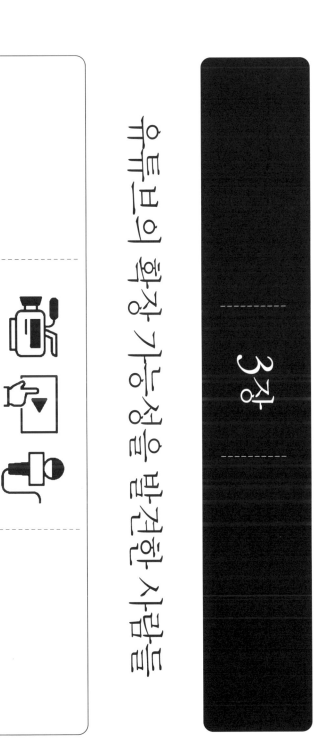

3장

단순한 취미도 크리에이터에게는 열정과 도전이다

- 베이핑 트릭 채널 〈테일러 909〉

| 테일러 909 |

전자 담배 불모지였던 국내에 관련 정보와 베이핑 트릭 문화를 알리는 데 앞장선 크리에이터. 단순한 취미일 지라도 자기만의 개성과 노력이 바탕이 된다면 얼마든지 유튜브 콘텐츠로 발전시킬 수 있고 나아가 업계에 긍정적인 영향력을 발휘하거나 개인 사업의 영역으로도 확장할 수 있음을 보여 주었다. 그의 채널은 약 16만 명이 구독하고 있으며 총 누적 조회 수는 1700만 뷰를 돌파했다(2022년 5월 기준).

불과 1~2년 만에 유튜브를 바라보는 시각이 많이 바뀌었다. 유튜브는 일부 마니아 취미를 즐기는 사람이나 어린이들이 주로 소비하는 채널이라고 생각했었다. 하지만 이제는 주류 매체로 급부상하여 어떤 분야의 홍보든 유튜브가 빠지지 않는 정도가 되었다. 교육부와 한국직업능력개발원의 조사 결과에 따르면 국내 초등학생들의 장래 희망 5위가 유튜버이고, 들어가고 싶은 회사 1위가 굴지의 MCN 회사라니, 세상의 변화 속도는 참으로 무섭다. 그리고 이런 변화를 통해 스타 유튜버들은 자신의 영역을 유튜브 밖으로 확장하는 추세다. 기업과의 협업은 물론이고 자신의 상품 가치를 활용하여 굿즈를 만들어 판매하기도 한다. 더 나아가 채널의 콘텐츠를 사업으로 발전시키는 경우도 있다. 이 장에서 소개하려는 유튜브 채널 〈테일러 909(Taylor 909)〉가 대표적인 사례다.

테일러 909는 전자 담배의 불모지나 다름없던 우리나라에 '베이핑 트릭(Vaping Trick, 전자 담배 연기로 만들어 내는 묘기)'을 선보여 단시간에 확고한 팬층을 확보했다. 미국 교포 특유의 독특한 어투와 자유로운 라이프스타일 속에 녹아든 '베이핑'이라는 새로운 흡연 문화는 전자 담배에 대한 이미지를 개선하기에 충분했다. 아울러 테일러 909는 구하기 힘든 만큼 사용법도 까다롭고 가격도 천차만별이었던 전자 담배 기기들을 자세하게 리뷰하며 정보에 목말랐던 사용자들에게 큰 지지를 받았다. 그 성공을 발판으로 현재 전자 담배 전문 쇼핑몰을 런칭하여 성공적으로 운영 중이다.

단순한 묘기가 아닌 문화를 담다

베이핑 트릭 콘텐츠가 낯선데 채널 소개 좀 해 주세요.

제 채널은 베이핑 입문 방법과 다양한 기계 정보를 주는 동시에, 베이핑 문화를 즐길 수 있는 방법을 소개합니다. 베이프 트릭 강좌와 브이로그를 통해 다양한 베이핑 문화를 보여 주려고 합니다. 시청자의 연령대가 다양한 만큼 다채로운 영상을 담으려고 노력하고 있어요. 연초 담배를 피우기보다는 건강에 덜 해로운 전자 담배를 피우려는 사람들을 위한 채널이죠. 사람은 어떤 방식으로든 스트레스를 풀어야 하잖아요? 그게 흡연이라면 좀 더 다양한 방식을 소개하고 싶었어요. 한국에서는 다소 생소한 시가 바(Cigar Bar)를 소개하는 것도 그런 차원입니다.

전자 담배뿐 아니라 라이프스타일 전반을 다루네요.

베이핑뿐 아니라 그 주변 문화를 힙하게 보여 주려고 하지요. 채널 분위기는 제 성격처럼 정신없으면서도 유쾌한 게 특징이죠.

그럼 채널의 주인공은 베이핑이 아니라 본인인가요?

베이핑이 없으면 제가 아니듯이, 제가 없으면 〈테일러 909〉라는 채널도 존재하지 않는 거죠.

베이핑은 궐련형 전자 담배와는 다른가요?

스마트폰도 안드로이드 폰과 아이폰이 있지 않습니까? 궐련형 전자 담배는 연초 담배에서 크게 벗어나지 않은 느낌이에요. 연초 담배를 파는 곳이면 어디서든 살 수 있어서 구하기도 쉽죠. 반면에 베이핑 액상은 쉽게 구할 수 없지만 더 다양합니다. 매달 새로운 기기와 액상이 100가지 넘게 출시되니까요. 무화량이 훨씬 많고 다양한 맛을 즐길 수 있는 반면 구하기가 어려운 단점이 있네요.

우리나라는 아직 초기 단계이지만 미국은 베이핑 문화가 활발하다고 알고 있습니다. 어느 정도 차이가 있나요?

우선 흡연에 대한 인식이 달라요. 해외 흡연실에 가 보면 연초 담배가 몸에 더 좋지 않은데도 무화량이 많은 전자 담배를 안 좋은 시선으로 봅니다. 연기가 많이 나오니까 왠지 건강에 더 해로울 것이라고 오해하는 것이죠. 한국은 베이핑 문화가 생성되는 과정이라 아직 이해도가 낮은 편입니다. 미국은 다르죠. 전자 담배 엑스포를 예로 들면 베이핑 트릭, 타투이스트, 자동차 기업, 음료 회사, 모델 등등 전자 담배와

:: '테일러 909'라는 닉네임이 새겨진 기기를 소개하고 있다.

관련된 기업들이 빠짐없이 참여합니다. 중국, 일본, 미국, 캐나다의 액상 제조 회사들도 다 참여하죠.

즉 엑스포에만 가 봐도 타지의 베이핑 문화를 모두 볼 수 있습니다. 예를 들어 중국에서만 재배되는 과일이 있다면 그 과일 맛이 나는 독특한 액상을 만들 수 있습니다. 제품은 얼마든지 다채롭게 출시될 수 있어요. 한국에서는 전자 담배 엑스포가 2018년 처음 열렸는데 메이저 회사만 참여했습니다. 미국에서는 아주 작은 규모의 회사까지도 엑스포에 참여하는데 말이죠. 한국은 아직 그 정도의 시장이 아닙니다. 물론 많이 커지고 있는 것은 사실입니다. 베이핑 콘텐츠 유튜브도 많이 생기고 있습니다.

테일러 909는 불모지에 가까운 전자 담배 시장을 넓히고 다양한 관련 문화를 선도한다는 자부심과 동시에 책임감마저 느끼고 있었다. 이렇게 자신의 채널에서 보람과 의미를 찾는 것은 채널의 정체성을 유지하고 롱런할 수 있는 중요한 기반이다. 단순한 재미나 인기만을 추구하다 보면 나의 의지나 방향성과 동떨어진 콘텐츠를 쫓아다닐 수밖에 없다. 인기가 떨어질까 봐 두려움에 떨게 된다. 보다 근본적으로 내 채널이 지니는 가치에 대해 생각하고 보람을 느낄 수 있다면 일희일비하지 않고 채널의 정체성을 지켜 나갈 수 있다.

삶의 공허함 끝에서 찾은 인생의 변화

잘 다니던 대학을 휴학했다고 들었습니다. 어떤 계기가 있었나요?

미국에서 대학에 다닐 때였어요. 어느 날 강의를 듣고 있는데 영화처럼 교수님 말이 웅웅거리며 들리기 시작했어요. 갑자기 멍해지더군요. 오른쪽에 있는 창문을 내다봤는데 비가 거세게 내렸어요. 천둥이 칠 정도의 폭우였죠. 그때 인도에 서 있던 튼튼해 보이는 나무가 뚝 부러졌어요. 갑자기 너무 무서워져서 휴학을 했습니다. '한자리에서 몇 백 년을 굳건히 살아온 나무가 갑자기 죽었다. 나는 지금 좋아하지 않는 곳에서 원하지 않는 삶을 살고 있다. 이렇게 살다가는 안 되겠다'는 생각이 들었던 것이죠.

주변에서 반대하지 않았나요?

다들 미쳤다고 했어요. 2년만 있으면 졸업이었거든요. 학교를 그만두고 친구를 따라 LA에 갔습니다. 부유한 삼촌 집에서 숙식을 해결하려고 했더니 삼촌이 공짜 밥은 없다며 아르바이트를 하라고 했어요.

그렇게 멕시코 이민자들과 첫 알바를 했습니다. 멕시코인들은 아침 8시부터 저녁 6시까지 쉬지를 않아요. 너무 힘들었죠. 휴학한 게 후회되기도 했고요. 그런 저를 지켜보던 숙모가 3개월간 방세를 내 줄 테니 독립하라며 저를 내보냈습니다. 그래서 커피숍에 매니저로 취직을 했습니다.

사회에 나가 보니 어떻던가요?

LA에서의 삶은 피폐했습니다. 커피숍에서는 팁 덕분에 돈을 잘 벌었지만 다른 힘든 점이 많았죠. LA처럼 큰 도시는 기회의 땅이니까 다양한 사람들이 있어요. 좋은 사람도 많지만 질이 나쁜 사람도 많죠. 이때 함께 일했던 멕시코인들은 좀 불량했어요. 출퇴근 시간이 2시간 반~3시간씩 걸리는 것도 정말 힘들었죠. 결국 26세 때 LA를 떠나 치노힐스로 이주했어요. 3년 전이었는데 제 인생의 터닝 포인트였죠.

어떤 변화가 일어났나요?

그때까지는 인생이 공허했어요. 당시 여동생은 졸업을 했고 샌프란시스코에 있는 병원에 간호사로 취직했습니다. 남자 친구는 변호사였죠. 한마디로 모두가 원하는 안정적인 삶을 살고 있었어요. 친구들도 마찬가지였죠. 저 혼자 너무 외로웠던 것 같습니다. 혼자 즐길 게 없었다고 할까요. 그래서 수중에 있는 돈을 다 털어서 강아지를 샀어요. 시베리안 허스키였죠. 그런데 이 녀석이 기생충 때문에 3주 만에 죽고 말았어요. 의사는 살 가능성이 10퍼센트라고 했고, 저는 할 수 있는 모든 걸 해 주고 싶었어요. 그런데 돈이 없었죠. 너무 감사하게도 당시 커피숍 사장님이 450만 원을 들여 치료해 주었지만 결국 죽고 말았습니다. 너무 허무했어요. '강의실 밖 나무가 뚝 하고 넘어져 죽은 것처럼 나도 이렇게 쉽게 죽는 것일까? 허무하게 일만 하다가?' 이런 생각으로 견딜 수가 없었어요. 그때 사장님의 남편이 "너, 이러지 말고 나 한번 따라와 봐"라며 저를 베이핑 숍에 데리고 갔어요.

베이핑에 입문한 계기군요.

맞아요. 당시 저는 사람을 외모로 평가했어요. 말투나 행동거지를 보고 그 사람의 질이 좋은지 나쁜지 평가했지요. 그런데 베이핑 숍에 갔더니 질이 나쁜 사람들뿐인 거예요. 평소라면 두 번 다시 가고 싶지 않았을 곳이죠. 그런데 놀랍게도 그렇게 불량해 보이는 사람들이 베이핑 트릭을 하는데 너무 멋있는 겁니다. 연기로 만든 두꺼운 도넛이 허공에 머무르면서 사라지질 않더군요. 정말 신기했습니다. '저렇게 불량해 보이는 사람들도 저 정도 묘기를 하는데 나도 한번 도전해 볼까?' 라는 생각이 들었죠. 스타트업 키트가 14만 원인데 당시 저에게는 비싼 가격이었습니다. 그래도 샀어요. 그 후로 하루 종일 가지고 놀았어요. 일도 그만두고 베이핑만 하고 싶을 정도로 좋았습니다. 그때는 기기의 코일을 가는 방법도 모르고 타르가 탈 때까지 피웠어요. 액상 교환하는 방법도 몰랐습니다.

베이핑은 어떤 점에서 매력적이었죠?

불량해 보이는 사람들이 아름다운 예술 행위를 하는 게 굉장히 충격적이고 멋있었습니다. 얼마나 노력을 많이 했는지 보이잖아요. 대단해 보였어요. 완전히 빠져들었죠.

베이핑 트릭은 연습만큼 잘되던가요?

연습만큼 되니까 더 재밌었습니다. 도넛이 몇 개씩 만들어지는 게 너무 좋았죠. 우리나라 유튜브로 검색했더니 베이핑 관련 콘텐츠는 제대로 된 게 없더군요. '내가 더 잘하는데……' 하는 마음으로 영상을 올렸고 폭발적인 인기를 끌었어요. 조회 수 40만을 금방 찍었으니까요. 베이핑에 대해서 잘 모르는 사람들은 '흡연충 죽어라'라며 심한 욕도 많이 했어요. 그래도 너무 좋았습니다.

인기를 얻어서 좋았던 건가요? 아니면 유튜브 자체가 재미있었던 건가요?

둘 다인데요. 제가 사실 고등학생 때부터 영화 제작 동아리 활동을 하면서 편집도 했었어요. 워낙 영상 만드는 걸 좋아했죠.

그 영상 덕분에 유튜버가 되겠다고 결심한 건가요?

그렇게 된 셈이죠. 유튜브 활동보다는 일을 할지 그만둘지를 고민했습니다. 당장 유튜브로 생계를 유지하는 게 불가능했으니까요. '한 달 동안 일을 쉬고 유튜브만 집중해 볼까? 안 되면 엄마한테 가자'라는 생각도 했습니다. 그런데 제가 없으면 커피숍이 돌아가지를 않았어요. 치노힐스는 젊은 인구가 적어요. 어린 친구들은 대개 16~17세여서 제대로 일할 수 있는 아르바이트생을 구하기가 쉽지 않습니다. 그래서 그만두지 않고 남았어요. 그때 좀 더 유튜브에 전념했으면 지금 구독자가 더 많았을 겁니다. 구독자는 500명도 안 되는데 조회 수는 몇 만 회가 나왔으니까요. 늘 일을 했기 때문에 과외로 하는 유튜브에 집중하기 힘들었고 그 점이 정말 아쉬웠습니다.

유튜버가 되기까지 그가 살아온 인생과 당시의 과감한 결단들은 너무도 흥미롭다. 유튜버가 각광받는 직업이 된 것은 아주 최근이고 여전히 일반적인 직업의 카테고리에 속한다고 말할 수는 없다. 남들이 가지 않은 길을 가기 위해서는 빤한 인생에 대한 본능적인 거부감과, 이런 자신의 의식에 솔직해지는 열린 자세가 필요하다. 그리고 급격한 삶의 변화를 꾀할 수 있는 엄청난 결단력이 필요하다. 그는 편안한 길을 등지고 안정적인 대학 생활을 버렸다. 사실 안정을 추구하는 사람이라면 '이렇게 남의 의지대로만 살아갈 수는 없다'는 위기감과 맞닥뜨릴 때가 있는데 그는 이 위기감을 억누르지 않고 '내가 원하는 것이 무엇인지 아직은 모르겠지만 어쨌든 지금 당장 원하지 않는 삶은 살지 않겠다'며 박차고 일어난 것이다. 이 용기 덕분에 인생을 바꿀 취미 생활을 갖게 해 주었고 더 나아가 성공한 유튜버로 성장시킨 셈이다. 물론 그 과정 중에는 짧지 않은 고민과 방황이 있었다. 하지만 고민과 방황 없이 새로운 진로를 찾아낼 수 있을까? "당장은 미래가 불투명하고 삶이 공허하더라도, 남들 따라 내 의지와는 상관없는 인생을 살지 않겠다." 유튜버라면 공통적으로 고민하고 결심했을 부분이 아닐까 싶다.

나만의 취향을 담아야 성공한다

베이킹 채널로서 처음 시작했을 때부터 독보적이었나요?

아닙니다. 당시에도 이미 몇 만 명대의 구독자를 가진 큰 채널들이 있었어요. 그런데 결국 제가 앞서게 되었죠.

:: 베이핑 입문자들을 위해 간단한 세팅 방법을 소개하고 있는 모습. (출처: 테일러 909 유튜브 채널)

그 채널들을 앞설 수 있었던 비결이 궁금합니다. 테일러 909만의 독보적인 점은 무엇인가요?

제가 미국인이란 게 흥미를 끌었던 것 같아요. 제가 거친 말을 써도 억양이 특이하니까 시청자들이 거부감 없이 받아들이더라고요. 그리고 베이핑 유튜버 중에서는 제가 제일 어렸어요. 다른 분들은 대부분 중후한 느낌인데 저는 특이한 케이스였죠. 그래서 사람들이 관심을 많이 가진 것 같습니다. 베이핑 채널 중에서 가장 트렌디했으니까요. 예를 들면 저는 유튜브 특유의 빤한 음악 말고 항상 힙합을 배경 음악으로 썼어요. 제가 2011년부터 만들어 놓은 플레이리스트를 공유한 겁니다. 영상 하나도 제가 좋아하는 음악을 공유하는 마음으로 만들었으니 완성도가 높았죠.

국내에서 베이핑 트릭 실력이 최고인가요?

트릭은 어느 수준이 된 이후로는 잘 안 하게 되더라고요. 지금은 저보다 트릭을 잘하는 사람이 많아졌습니다.

주제나 소재 선정은 어떻게 하나요?

대부분의 유튜버들은 남들이 하는 콘텐츠를 따라가는 것 같은데 저는 그렇지 않아요. 철저하게 제 개인적인 영감에 집중해요. 그래서 순간적으로 영감이 떠오르면 반드시 메모합니다. 예를 들어 어느 날 자다가 일어났는데 진짜 좋은 소재가 떠올랐다? 그럼 노트에 적어요. 베이핑을 하는데 연기 도넛이 아닌 진짜 도넛이 나가는 것처럼 기발한 아이디어는 생각나자마자 적어야 잊어버리지 않아요. 영화를 보다가도 아이디어가 스치면 보던 영화를 멈추고 기록하고요.

테일러 909는 일관되게 독특하다. 유튜브 영상을 만들다 보면, 남들이 보고 싶어 하는 것과 내가 만들고 싶은 영상 사이에 차이가 생길 때가 있다. 이런 갈등 상황에서 혹자는 남들이 보고 싶어 하는 것을 찾고, 또 다른 이는 자기 내면의 소리에 집중한다. 테일러는 철저하게 후자에 속한다. 그렇다고 팬들이 원하는 것을 간과한다는 뜻은 아니다.

하지만 중요한 것은 나의 취향을 담아내는 것이다. 그렇지 않다면 수많은 채널들 속에서 자기 색깔로 빛나기 힘들다. 남들과 똑같은 삶을 살기 싫어서 유튜버가 되었더라도 때로는 안전하고 무난한 루트를 따르고 싶은 것이 인지상정이다. 영상 편집 방식이 정해진 공식처럼 너나없이 비슷한 것은 그것이 가장 안전한 길이기 때문이다. 하지만 본말이 전도되어서는 안 된다. 크리에이터라면 빤한 공식을 의심할 줄 알아야 한다.

사업이라는 또 다른 도전

유튜브 채널을 토대로 오프라인 전자 담배 매장을 운영하게 되었지요?

맞습니다. 1년 전에 베이핑 유튜버 사슴사슴 님을 한국에서 만났습니다. 당시 사슴사슴 님의 채널은 크지 않았어요. 구독자가 2000명을 넘지 않았었지요. 지금은 2만 7000명이 넘습니다. 첫 만남에서 사슴사슴 님이 너무 마음에 들었어요. 그분의 집에서 하룻밤 신세를 지기로 했는데 결국 열흘을 묵었을 정도니까요. 당시 사슴사슴 님이 2년 뒤에 전자 담배 숍을 차릴 거라고 하기에 제가 당장 함께 사업을 시작하자고 강하게 설득했습니다.

오프라인 숍을 시작하고 싶었던 이유가 뭔가요?

매장을 열고 싶은 것보다 사슴사슴 님과 함께 일해 보고 싶었습니다. 저는 제 느낌을 신뢰합니다. 지금까지 살면서 늘 그랬어요. 이분과 같이 사업을 하고 싶다는 생각이 들고서는 다른 모든 일에 흥미를 잃었어요. 이렇게 뇌리에 꽂히는 직관이 생기면 따르는 게 맞다고 생각합니다. 반드시 실행에 옮기겠다고 생각했죠. 사업을 시작한 뒤로 한동안은 회사에서 돈도 안 받았어요. 그저 일이 너무 즐거웠어요.

단순히 '내가 베이핑 유튜버니까 관련된 사업을 하면 돈을 벌겠구나'라는 생각은 아니었네요.

전혀 돈 욕심으로 시작한 일이 아니었습니다. 아직 회사에 직급 체계도 없고 일도 많아요. 그런데 모두 신나게 일하죠. 재미있게 일하다 보니 결국 돈은 저절로 따라오더라고요.

:: 사무실에서의 일상은 제품을 포장하는 일로 분주하다. (출처: 테일러 909 유튜브 채널)

대략적인 일과가 어떻게 되나요?

일어나자마자 사무실로 가서 씻은 뒤에 택배 박스 만들고 점심 먹고 제품 포장을 합니다. 이 모든 작업 중간중간에 영상을 찍죠. 저는 영상을 찍을 때 항상 업된 분위기를 유지하려고 해요. 그래서 기분이 업되면 하던 일을 멈추고 얼른 영상을 찍으러 가죠.

처음부터 돈벌이나 사업가를 꿈꾼 것은 아니었다. 하지만 도전을 두려워하지 않는 진취적인 마인드와 협력할 수 있는 파트너를 찾아내는 안목이 있었기에 테일러 909는 온라인 플랫폼에서 한 발짝 더 나아가 오프라인 매장을 열 수 있었다. 강렬한 자신의 느낌에 귀를 기울이는 그의 태도는 남들의 생각에 먼저 집중하는 평범한 사람들과 확실히 다르다. 테일러 909는 사업의 성공을 위해 전략적인 수단으로 유튜브를 이용한 것이 아니다. 좋아하는 일을 시작해서 유튜버가 되었고 좋아하는 사람들과 재미있는 일을 벌이다 보니 그것이 결국 사업으로 이어진 케이스다. 좋아하는 일을 하면 돈은 따라오더라는 그의 말이 뇌리에 남는다. 유튜브의 인기가 높아짐에 따라 돈벌이와 사업의 수단으로 유튜버를 시작하려는 입문자도 늘고 있다. 이는 바람직하지 못하다. 결국 채널의 성장과 확장을 이끌어 내는 것은 밤낮없이 즐겁게 일할 수 있는 열정이지, 돈과 성공에 대한 맹목적인 욕심이 아니기 때문이다.

취미로 시작해서 업계를 변화시키다

유튜버로서 뿌듯할 때는 언제인가요?

제가 전자 담배 시장을 많이 바꿔 놓은 점이 가장 뿌듯합니다. 예전에는 판매자가 갑이었습니다. 사람들이 베이핑 문화는 물론이고 전자 담배 기기나 액상에 대해 전혀 몰랐습니다. 부르는 게 값이었죠. 그런데 제 채널을 통해 기기나 액상의 가격이 공개되고 세세한 정보가 알려지니 갑과 을이 바뀌게 되었습니다. 요즘은 "그 기계 없어요? 여긴 액상 값이 왜 이렇게 비싸요?"라고 손님들이 먼저 말합니다. 갑을이 바뀐 것이죠. 가격도 미국과 비슷해졌어요. 물론 판매자들은 저를 싫어할 수도 있을 겁니다.

얼굴 붉히는 경우도 있나요?

판매자 중에는 좋은 분도 많은 만큼 나쁜 사람도 많습니다. 액상 가격을 공개했을 때는 살해 협박까지 받았어요.

단순 악플러들과는 차원이 다르네요.

정말 위협적이에요. 욕도 정말 많이 먹죠. 제가 매장을 운영하면서 가격을 투명하게 공개했거든요. 일부 양심 없는 판매자들은 가격을 모호하게 책정해서 소비자들을 혼란하게 만들고 부당한 이득을 취해요. 하지만 제가 유튜브를 통해 그런 점들을 조목조목 공개하니 시장의 흐름이 바뀌더군요.

전자 담배에 대한 인식을 바꾸는 데 큰 역할을 했다는 게 인상적입니다.

그런 평가를 많이 받았습니다. 금연이 최선이지만 어떤 방식으로든 스트레스를 풀어야 한다면 연초 담배보다는 전자 담배가 덜 해롭겠죠. 금연으로 가는 중간 단계가 되어 주기도 하거든요. 이전까지는 전자 담배에 대한 이해가 너무 부족했고 제대로 된 시장도 형성되지 않았기 때문에 소비자들이 해외 정보에 의존하고 직구도 많이 했어요. 그런 소비자들에게 제대로 된 정보를 주고 싶었죠. 물론 베이핑 트릭도 널리 알려서 새로운 취미 생활을 보여 주고 싶었습니다. 자기가 좋아하는 걸 많은 사람과 나누고 싶잖아요. 단순히 글이나 소리만이 아니라 영상으로 전달하고 공유하면 그 파급력이 더 큰 것 같습니다.

유튜브가 활성화되기 전에는 소비자들이 얻을 수 있는 정보가 대개 생산자가 제공한 것이거나 쇼핑몰이나 블로그의 후기와 리뷰 정도였다. 블로그도 유용한 정보의 바다이지만 글이나 사진 위주라 영상에 비해 한계가 많다. 게다가 실제 사용자의 글보다 광고 글이 넘쳐나기 시작하면서, 소비자들은 실제 사용 후기를 얻기 위해 유튜브로 모여들었다. 특히 전자 담배처럼 남성 소비자가 많은 제품에 대해서는 주부들이 많이 이용하는 블로그나 카페에서 제대로 된 정보를 얻기 힘들었다. 이런 제품들에 대한 솔직하고 가감 없는 리뷰들이 등장하자 유튜브는 전에 없이 강력한 정보 전달 플랫폼으로 성장하였다. 이 과정에서

각 분야의 채널들도 빠른 속도로 성장하게 되었다. 유튜버는 많은 사람에게 정보를 전달하고 그들에게 사랑을 받으면서 자신도 모르게 영향력을 갖게 된다. 이 영향력이 나쁜 아니라 많은 사람에게 유익한 방식으로 발휘될 때의 보람은 그 어떤 수익보다 더 큰 기쁨을 가져다준다. 제품에 대한 다양한 정보를 많은 사람에게 제공하고 나아가 그 시장을 건전하게 발전시키는 데 일조했다는 보람은, 그가 유튜버로서 직업적 자부심을 가지게 해 주었다.

'우리 모두의 플랫폼'에는 '나만의 버전'이 필요하다

유튜브를 처음 접했을 때 유튜버가 될 거라고 생각했나요?

중학생 때부터 유튜브를 보기 시작했는데 그때는 제가 유튜버가 될 거라고는 생각도 못 했습니다. 지금은 유튜버라고 하면 흔하지만 예전에는 찾기 힘들었어요.

유튜브의 비전은 어떨까요?

어떤 사람들은 유튜브가 '우리 모두의 플랫폼'이라고 하는데 저는 생각이 다릅니다. 잘된 사람의 것을 따라 만들면 그저 '버전 2'가 될 뿐입니다. 그런데 사람들은 '버전 1'을 좋아합니다. 자신만의 것을 만들지 못하면 나의 플랫폼이 될 수 없습니다.

대단한 성찰입니다. 유튜버로서의 장단점이 있다면요?

유튜브는 내가 보여 준 것에 대해 즉각적인 피드백을 알 수 있어서 좋습니다. '좋아요'와 조회 수를 보면 내가 말하고자 하는 바를 잘 전달했는지 아닌지 바로 알 수 있죠. 단점은 그 과정에서 악플을 읽을 수밖에 없다는 것이죠.

악플에 대해 스트레스를 받습니까?

예를 들어 "테일러 909 매장에 방문했는데 실제로는 매너가 없더라"라는 악플이 달리면 사람들이 저를 오해하죠. 제가 낯을 가려서 살갑게 대하지 못했을 수도 있는데 말이죠. 이처럼 저에 대해 잘 모르면서 툭 내뱉는 악플이 쉽지만은 않습니다.

유튜브와 사업의 병행이 힘들지 않습니까?

사실 유튜브를 접을까 고민도 했습니다. 저는 영상 편집을 정말 좋아하지만 너무 시간이 부족해져서 편집자를 구하려고 했거든요. 물론 잘하는 분도 많았습니다. 그런데 아무래도 제가 찍은 영상이니 제가 무비 디렉터잖습니까? 제 느낌을 살릴 수 있는 사람은 역시 저밖에 없더군요. 그래서 결국 모든 걸 제가 하고 있는데 그러다 보니 힘든 게 사실이죠. 유튜브 활동을 잠시 쉬었었는데 재미가 없더라고요. 댓글도 그리웠고요. 저는 사람들의 관심을 받는 게 좋은가 봐요.

유튜버를 계속하려면 어떤 마음가짐이 필요할까요?

멕시코인처럼 일해야 해요. 쉼 없이 계속, 밤이 될 때까지요. 일은 일이니까요. 뭐가 되든 끝까지 해야 합니다. 저는 재미로 시작한 일이 결국 직업이 되었어요. 정말 감사한 일이죠. 원하지 않는 일을 하는 사람도 많잖아요. 그러니 저는 감사한 마음으로 일해야죠.

어떤 성격의 소유자가 유튜버로 잘 맞을까요?

좀 특이한 사람이겠죠. 사람들은 특이한 걸 원합니다. 옆에 있는 평범한 친구를 원하지 않아요. 전 원래 정말 이상한 사람이어서 유튜브가 잘 맞았습니다.

특이한 사람의 정의가 뭘까요?

일반 사람들이 생각할 수 없는 것을 생각할 수 있는 사람이죠.

유튜버로서 목표는 무엇인가요?

저는 수익보다는 구독자 수가 목표입니다. 50만, 100만 명까지 가는 거지요. 유튜브는 많은 사람과 소통할 수 있는 좋은 플랫폼이니까요. 라이브를 하면서 느끼는 즐거움도 큽니다.

모두가 할 수 있는 생각, 모두가 가는 길에 연연한다면 자신만의 '버전 1'을 만들 수 없을 것이다. 모두가 따르는 법칙을 의심하고 좀 더 새로운 무언가를 찾아내려면 자기중심이 확고해야 한다. 자신감이 부족하다면 잘나가는 선배의 흉내를 낼 수밖에 없다. 진정한 크리에이터가 되려면 어떤 생각과 느낌이 자기 내면으로부터 생겨나고 있는지 찬찬히 들여다보아야 한다. 그리고 스스로를 믿어야 한다.

성공적인 채널 운영에는
비즈니스 감각이 필요하다

‒ 사업 멘토링 채널 〈정찬영 dobby〉

| 정찬영 |

온라인 마케팅 회사의 대표이자 창업 및 진로 멘토링 유튜브 크리에이터. 진로를 고민하고 성공을 꿈꾸는 수많은 청춘에게 진솔하고 실용적인 조언을 아끼지 않는다. 그의 채널은 약 8만 명이 구독하고 있으며 총 누적 조회 수는 1200만 뷰를 돌파했다(2022년 5월 기준). 자신만의 경영 원칙과 성공 노하우, 여러 시행착오와 실패담을 소개한 책 《1만 시간 자수성가의 비밀》을 펴냈다.

유튜브가 인기 플랫폼으로 부상한 것은 비교적 최근이다. 불과 얼마 전까지만 해도 검색은 네이버로 대표되는 포털 사이트, SNS는 페이스북과 인스타그램이 대세였다. 이렇게 주류 플랫폼들이 광고와 홍보의 장으로 변질되면서 이용자들은 대안을 찾을 수밖에 없었고 그런 움직임이 현재의 유튜브 붐을 가져왔다. 아울러 스마트폰 카메라의 성능이 눈부시게 발전하여 누구나 자유롭게 영상을 제작하고 업로드할 수 있게 되었다. 아마추어리즘 특유의 신선함과 다양성은 주류 영상 매체였던 텔레비전과 영화의 지위마저 위협하기에 이르렀다. 소수의 전문가들에게만 허락되었던 영상 제작의 영역이 어린이부터 노인까지, 스마트폰을 사용하는 모든 이에게 확대된 것이다.

　유튜브는 사용자가 일방적으로 정보를 수용하는 것에서 그치지 않고 크리에이터의 작업에 참여하거나 직접 소통할 수 있다. 공중파 방송을 무대로 삼던 주류 연예인들도 특권 계급의 지위를 내려놓고 일반인처럼 서툰 모습으로 개인 채널을 만드는 추세다. 유튜브가 강력한 쌍방향 소통의 매체임을 생각하면 이 장에서 소개할 채널은 더욱 주목할 만하다. 정찬영은 '유엔아이 커뮤니케이션즈'라는 사업체를 대표하는 수장으로서, 유튜브 채널을 시작하기 전부터 이미 페이스북과 인스타그램을 통해 상당한 지명도를 가지고 있었다. 그 또한 유튜브가 어떤 플랫폼보다 크고 강한 소통의 장이 될 것임을 깨닫고 채널을 개설해 성공한 케이스다. 그는 자수성가한 사업가로서 사업을 시작하는 후배들에게 실질적인 조언을 해 주는 멘토링 채널을 운영하고 있다.

유튜브는 소통과 공감의 플랫폼

정찬영 님 채널의 특징은 무엇일까요?

한마디로 소통하는 채널이라고나 할까요? 일반적으로 사업가에 대한 부정적인 시선이 많다 보니 사람들에게 제 생각을 전하고 그런 오해와 편견을 없애고 싶었어요. 사실 저는 낯을 많이 가리고 사람 많은 곳은 피하는 아웃사이더 기질이 강합니다. 그런데 소통에 대한 갈망은 있죠. 그래서 SNS를 많이 활용했고, 유튜브 채널에 토크쇼 콘텐츠를 만든 것도 사람들과 대화를 많이 하기 위해서였습니다.

토크 콘서트 같은 건가요?

네. 처음에는 제 이야기를 위주로 채널을 운영했지만 이제는 제 색깔을 충분히 드러냈다고 생각합니다. 그래서 브이로그는 줄이고 대신 토크쇼의 비중을 높이려고 합니다.

유튜브를 중요한 소통 수단으로 보는 거군요.

제 채널의 목적은 남들과 소통하고 제 메시지를 전달하는 것입니다. 애초부터 수익은 관심사가 아니었어요. 그러다 보니 채널 운영은 늘 적자 상태죠.

특별히 전달하고 싶은 주제가 있나요?

시청자들에게 동기 부여를 해 주는 게 가장 큰 목적이자 주제입니다. 사실 이런 호응이 있을 거라고는 생각하지 못했어요. 하지만 시청자들이 제게 감사의 메시지를 보내 줄 때 뿌듯합니다. 심지어는 2~3년이 지나서 감사 인사를 하는 사람도 있었어요. 그럴 땐 제가 선생님이 된 것처럼 으쓱했지요.

기본적으로 남을 돕고자 하는 마음이 바탕인 것 같습니다.

'돕는다'는 표현은 좀 과한 것 같고, 그저 주변 사람이 성장하는 과정을 지켜보면 기분이 좋습니다. 사업하는 사람들을 위한 멘토링 학원을 만들까 고민하고 있는데요. 제게 사업은 먹고살기 위한, 가족을 책임지기 위한 수단이지요. 제가 진정 하고 싶은 일은 따로 있는데 그게 유튜브와 잘 맞았습니다.

사업보다 유튜브 활동에서 더 큰 즐거움을 찾고 있군요.

맞습니다. 잘못된 길을 가고 있는 사람을 보면 답답해요. 하지만

:: 종종 시청자들이나 조언을 구하고 싶은 이들과 갑작스런 모임. 일명 '급번개 모임'을 갖는다. 다양한 사람들과 소통할 수 있는 귀중한 자리다.

제 조언을 듣고 방향을 바꿔 성공하면 너무 기쁘죠. 물론 아무리 조언을 줘도 실제 변화를 일으키는 사람은 많지 않습니다. 심지어 무턱대고 "1억 원 드릴 테니 제 사업체를 대신 키워 주세요"라며 찾아오는 사람도 있었어요. 이것은 옳은 접근 방법이 아닙니다. 하지만 본인이 구상하고 있거나 실행 중인 사업에 어떤 문제가 있는지 알려 달라고 물어 오는 것은 다른 문제입니다. 이런 사람들은 조금만 멘토링을 해 주어도 좋은 결과를 낼 수 있으니까요. 어쩌면 제 적성에는 강사가 더 어울리는지도 모르겠습니다.

유튜브를 하는 이유는 다른 사람들이 잘못된 길을 가는 게 답답해서군요.

열심히 노력은 하지만 방향을 조금 바꿔야 한다는 걸 몰라서 못 하는 사람이 많아요. 이런 분들은 방향만 알려 주면 됩니다. 예를 들어 볼게요. 런업 님의 영상은 영상미가 뛰어나잖아요? 그래서 런업 님이 어떤 카메라를 사용하는지 궁금해졌다면 조금만 찾아보면 금방 알 수 있을 거예요. 런업 님의 카메라가 잡힌 화면을 일시 멈춤 해 놓고 확대하면 무슨 제품인지 확인할 수 있잖아요. 그런데 그런 노력이 귀찮아서 대뜸 알려 달라고 질문을 던지는 겁니다. 사업도 마찬가지예요. 조금만 찾아보면 얼마든지 성공할 수 있는 루트가 있는데 찾아볼 노력은 안하고 무작정 잘되게 해 달라고만 합니다.

그 정도 노력도 안 한다는 건 관심이 없다는 의미 아닐까요?

관심이 없어서일 수도 있지만 방법을 모르기 때문일 수도 있습니다. 분명히 조언을 잘 이해하고 흔쾌히 받아들이는 사람이 있거든요.

말하자면 '원 포인트 레슨'이군요. 효과가 얼마나 좋다고 보십니까?

정말 효과가 좋다고 체감합니다.

정찬영의 채널은 여러모로 특이하다. 촬영부터 편집까지 혼자 책임지는 1인 크리에이터가 대부분인 유튜브 지형에서 기업적 마인드로 접근하여 유튜브에 투자한 케이스다. 이렇게 조직적으로 채널을 운영하는 경우는 방송 매체, 연예인, 광고나 홍보의 목적으로 한 기업체의 채널이 아니면 흔치 않다. 그런데 이 채널의 색깔은 멘토링이다. 성공한 사업가가 화려한 일상을 시청자들과 공유하고, 좁게는 사업과 넓게는 인생에 대해 조언함으로써 소통하고 있다. 이러한 특징은 정찬영의 과거 행보를 살펴보면 쉽게 이해할 수 있다. 이미 다양한 매체를 통해 인플루언서로 활동했기 때문이다. 자수성가의 노하우를 더 많은 사람과 나누고 싶다는 의지가 유튜브라는 플랫폼을 선택하게 만들었다. 또한 단순히 영상을 업로드하는 데에서 그치는 것이 아니라 오프라인 토크 콘서트처럼 소통의 장을 넓혀 가도록 만들었다.

비즈니스 마인드로 유튜브를 시작하다

유튜버가 되기로 한 구체적인 계기는 무엇인가요?

유튜브를 시작하기 전에 페이스북과 인스타그램으로 동기 부여 멘토링을 많이 해 오던 터였습니다. 강연 프로그램에도 참여했고, YTN이나 그 외의 아침 방송 토크쇼에도 출연했죠. 페이스북은 4만 명, 인스타그램은 1만 7000명 정도의 팔로워를 가졌습니다. 하지만 유튜브는 그런 SNS와 좀 다르게 시작했습니다. 제가 광고 회사를 운영하다 보니 유튜버 기획사, 즉 MCN 사업을 하려고 했습니다. 하지만 제가 업계를 속속들이 모르면 사업을 할 수 없잖아요? 그래서 유튜브를 직접 시작한 것이지요.

일의 속성을 파악하기 위한 것이군요.

맞습니다. 직원에게 업무를 지시할 때 모르고 시키는 것보다는 알고 시키는 게 나으니까요. 그리고 대중이 유튜버에 대해 가지고 있는 편견도 깨고 싶었습니다. '유튜버는 아무나 못 해. 재능과 끼가 있어야 돼'라는 기준을 내세우는 게 싫거든요. 저는 뭐든 안 하니까 안 되는 거라고 생각합니다. 재능 여부와 상관없이 누구나 하면 된다는 걸 보여 주고 싶습니다.

결과는 만족합니까?

유튜버로서의 성과는 만족하는 편입니다. 계획한 시나리오대로 성장해 가고 있거든요.

목표가 명확하고 단계별로 시나리오가 있었군요.

하지만 한 가지 예상하지 못한 점이 있습니다. 유튜브에 신경을 쓰다 보니 정작 제 사업이 산으로 가더라고요. 저는 TM(Telemarketer, 영업 사업) 출신입니다. 우리 회사에는 영상 팀, 기획 팀, 관리 파트, 그리고 영업 팀이 있습니다. 즉 인바운드와 아웃바운드가 함께 있는 회사인 거죠. 그런데 제가 유튜브에 신경을 쓰다 보니 정작 제 전문 분야인 영업 팀이 제대로 돌아가지 않더라고요.

유튜브에 한눈을 팔았더니 조직에 누수가 생겼군요.

더 이상 방치하면 안 되겠다 싶어서 요즘은 회사 일에 집중하고 있습니다. 그래서 최근의 제 일상적인 영상은 일 이야기밖에 없습니다. 다양한 프로젝트가 들어오면서 토크쇼도 우선순위에서 밀렸습니다. 어찌되었든 제게는 유튜버보다 생업인 회사가 더 중요하니까요.

콘텐츠 기획은 어떻게 하나요?

따로 기획을 하지 않습니다. 별다른 콘티 없이 회사에서 뚝딱 찍어서 편집해 업로드하지요. 기획에 공을 들인 적도 있지만 그렇다고 조회수가 많이 나오는 것은 아니더군요. 그래서 기획보다는 제 다짐대로 꾸준히 영상을 올리는 것에 더 집중하기로 했습니다. 일주일에 이만큼의 분량은 올리자는 나와의 약속을 지키려는 거죠.

콘텐츠에 대한 조사나 연구보다는 이때까지 살아온 인생 경험과 경륜을 토대로 영상을 만드는군요.

콘텐츠가 중요한 게 아니라고 생각합니다. 유튜버 '호주 노예 Joe'

:: 보다 많은 시청자와 보다 다양한 방법으로 소통하기 위해 구체적인 기획들을 준비하고 있다.

의 채널 〈Joe튜브〉는 특별한 콘텐츠가 없어도 인기가 많습니다. 만일 같은 내용을 제가 업로드한다면 그만큼 호응을 얻지는 못할 겁니다.

유튜버의 캐릭터 자체가 중요하다는 이야기군요.
네, 맞습니다.

유튜브를 사업가적 마인드로 접근하는 크리에이터들이 많은데 그중에서도 활약이 돋보입니다. 채널이 어떻게 하면 인기를 얻을 수 있을지 잘 파악하고 계신 것 같은데 비결이 무엇인가요?
공식이 있습니다. 조회 수가 높고 잘되는 채널이 정답입니다. 이 원리는 사업도 마찬가지인데요. 저는 잘되는 채널의 리스트를 뽑아서 그 특징을 수기로 적었습니다. 그리고 공통점을 찾았습니다. 그 결과, 유튜브의 인기 비결은 썸네일과 제목이 핵심이더군요. 그리고 자극적인 것에 반응하는 트렌드를 중요하게 보았습니다.

제목에 '람보르기니'라는 단어가 들어가거나 썸네일에 자동차 사진이 들어가면 된다는 것인가요?

맞습니다. 일단 사람들이 좋아하니까요. 그 채널에 더 머무를 것이냐 아니냐는 그다음 역량입니다. 만일 시청자가 금방 빠져나간다면 제가 더 노력해야 합니다. 하지만 자극적인 제목이나 썸네일을 마련하는 건 그보다는 쉽습니다. 일단 클릭을 하도록 만들어야죠.

가장 마음에 들었던 썸네일은 어떤 것이죠?

"10억을 들고 은행에 가면 생기는 일"이라는 제목의 영상입니다. 이 영상은 네이버TV에서도 조회 수가 50만 회 이상이었어요. 그런데 돈 자랑 한다고 악플도 많이 달렸어요.

유튜브를 성공시키는 공식이 있을까? 많은 유튜버가 이 부분을 고민한다. 실제로 채널을 성장시키는 방법을 소개하는 동영상도 많다. 처음에는 나의 기호를 표현하고 이를 기록으로 남기는 개인적인 의도로 유튜브를 시작하더라도, 결국 대중에게 공개된 플랫폼에 영상을 업로드하는 이상 채널의 성장에 100퍼센트 초연하기란 힘들다. 정찬영은 처음부터 철저하게 비즈니스 마인드로 유튜브를 시작한 케이스이므로 잘되는 채널들의 성공 공식을 면밀히 분석하고 이를 따랐다. 그리고 단기간에 많은 구독자와 조회 수를 확보하며 성공적인 채널로 안착했다. 아무리 마니아 성격이 강한 채널이라고 해도 대중성에서 완벽하게 자유로울 수는 없을 것이다. 흥미를 끄는 썸네일과 제목이라는 매우 강력한 성공 원칙은 사실 말처럼 쉽지 않다. 여러 영상들을 관찰하고 공통적인 특징을 뽑아야 대중에게 어필하는 코드를 알아낼 수 있다.

멘토라면 조언할 수 있는 자리에 서야 한다

악플에 대해 어떻게 생각합니까?

악플이 좋을 리 있나요? 하지만 요즘은 많이 줄었습니다. "돈 많다고 자랑하는 녀석인 줄 알았는데 계속 보니 그런 사람이 아닌 것 같다"는 반응이 많습니다. 악플러가 오면 다른 구독자들이 나서서 방어해주기도 합니다. 그리고 다른 직원들이 댓글을 관리합니다.

직원들이 댓글을 관리하는군요. 특별한 이유가 있나요?

그런 댓글을 보고 제가 너무 큰 상처를 받거나, 욱해서 직접 답글을 달면 곤란하니까요. 저는 감정적으로 강하지 못합니다. 평소 컨디션이 안 좋으면 회사가 아닌 다른 곳에서 일을 하거나 제 방의 문을 잠그고 일합니다. 왜냐하면 저도 모르게 직원들에게 상처를 줄 수 있기 때문이지요. 만일 악플 때문에 기분이 상한 채 일을 한다면 회사 운영에도 악영향이 미칠 것입니다.

사업과 유튜브를 병행하고 있는데 유튜브에 들이는 공은 몇 퍼센트나 되나요?

매일매일 일과가 다른데 하루 종일 유튜브에 붙어 있을 때도 있습니다. 무조건 일주일에 3회는 영상을 업로드하려고 합니다. 화면 전환이 많아 편집이 오래 걸리는 경우도 있지만요. 편집은 주로 주말에 몰아서 하는 편입니다.

따로 쉬는 날은 없는 거죠?

아예 없습니다.

성공한 사람들은 공통적으로 일중독인 것 같습니다. 일과 유튜브 중 어느 쪽이 더 재밌습니까?

유튜브가 훨씬 재밌어요. 최근에는 특히 유튜버가 되기를 정말 잘했다 싶어요. 유튜브는 영상으로 다이어리를 쓰는 것과 같습니다. 저 자신을 되돌아보고 가다듬는 데 큰 도움이 되거든요.

유튜버로서 안 좋은 점은 무엇인지요?

이미지 관리를 해야 하는 게 조금 불편합니다. 일반적인 유튜버가 아니라 사업을 하는 사람이니까요. 식당도 운영하고 있는데 식당은 이미지가 더욱 중요하지요. 제가 무언가 잘못을 하면 사업에도 영향을 줍니다. 그래서 악플도 다 지우는 거죠. 악플러들과 싸우는 모습도 가감 없이 보여 주고 싶지만, 또 진정한 유튜버라면 그래야겠지만, 저는 본래 사업을 하는 사람이니 그렇게까지는 못하는 거지요.

실제로 유튜버가 되고 나니 원래 생각했던 유튜버의 삶과 다른 점이 있습니까?

유튜브 활동이 쉬운 일이라고 생각했는데 막상 해 보니 힘듭니다. 머리로 구상하는 것을 실현하려면 몸에 익어야 됩니다. 축구 중계를 보면서 "왜 저렇게 공을 못 차나"라고 답답해하지만 막상 직접 공을 차면 흉내도 낼 수 없는 것과 같지요. 편집도 뭐가 어려울까 했는데 해 보니 정말 어렵더군요. 또 하나 착각했던 것은 돈이 있으면 쉬울 줄 알았다는 겁니다. 사실 처음에는 '내가 직접 편집하지 않아도 되고 직원들에게 시키면 되니까, 유튜브를 사업으로 접근하면 된다. 10억을 투자했는데도 성공 못 한다고? 그러면 100억을 투자하면 된다. 자극적인 건 다 해 보자'는 마음가짐이었습니다.

그런데 다른 사람에게 시킨다고 되는 게 아니더군요. 내 색깔이 나오지 않으니까요. 선물을 많이 뿌린다고 되는 것도 아니에요. 아이들만 좋아합니다. 자극성만 추구했다? 자극적인 콘텐츠는 조회 수는 많이 나오지만 구독자로는 연결이 안 됩니다. 그동안의 시도로 이런 오류들을 발견했죠.

정찬영의 채널은 비즈니스 멘토링 위주다. 사업의 성공을 위한 조언을 하려면 조언자가 그만한 자격이 된다는 것을 보여 주어야 한다. 그래서 그의 영상에는 자연스레 어떤 성공을 누리고 있는지가 드러난다. 이른바 '머니 스웩(money swag)'이다. 멋진 슈퍼 카와 세련된 라이프스타일이 채널 전반에 등장한다. 이런 화려한 모습은 필연적으로 시기와 질투를 받는다. 악플이 따라올 수밖에 없다.

사실 아무리 무해한 채널이라도 악플에 시달린다. 콘텐츠의 성격이나 유튜버의 캐릭터에 따라 차이는 있지만, 악플은 유명세와 비례하기 마련이다. 오픈된 플랫폼에 자기 삶을 드러내려면 엄청난 용기가 필요하다. 하지만 그것만으로 부족하다. 그 용기에 쏟아질 격려만큼이나 많은 오해와 질투도 이겨 내야 한다. 사랑받을 용기만큼, 미움받을 용기도 필요한 것이 유튜버의 길이 아닐까?

다양한 콘텐츠의 바탕이 된 팀워크

유튜버의 장래성은 어떨까요?

향후 3~4년 정도는 괜찮다고 봅니다. 해외에서는 10년 정도 지속되겠지만 한국에서는 3~4년이 고비가 될 것 같아요. 다른 시장이 나오지 않을까 싶습니다. 물론 플랫폼이 바뀌면 현재 유튜버들도 새로운 플랫폼으로 넘어가면 되니까 괜찮을 겁니다. 아프리카TV에서 유튜브로 대세가 바뀔 때도 많은 크리에이터들이 잘 적응했어요.

어떤 사람이 유튜버에 적합할까요?

적합한 유형이 따로 있는 게 아니라 모두가 할 수 있다고 봅니다. 하지만 그저 안 하는 것이지요. 얼굴이 드러나면 창피하니까요. 하고 싶은지 아닌지, 본인의 의사가 더 중요합니다. 유튜브는 혼자서, 여럿이서 해도 지장이 없습니다. 영상미를 신경 쓰는 채널도 있고 독백만으로 가득한 채널도 있습니다. 하고 싶다는 욕구와 야망이 중요합니다. 굳이 성향을 따지자면 특이한 사람들이 잘되는 것 같긴 해요. 실제 일상에서 인기가 많은 사람들은 오히려 유튜버로 성공하지 못하더군요. 물론 이슈와 특이함만 추구해도 오래가지 못합니다.

조회 수와 구독자 수는 어느 쪽이 더 중요할까요?

조회 수가 훨씬 더 중요합니다. 시청자들은 바로 구독 버튼을 누르지 않습니다. 채널을 두세 번 접하고 나서 마음에 들고 다음 영상이 기다려지면 그제야 구독 버튼과 알람을 누릅니다. 그래서 구독자수 올리기가 조회 수보다 더 어려워요. 아이들 채널 중에는 유령 계정도 많습니다. 아이들이 자기 계정을 잊어버려서 다시 만드는 거죠. 혹은 구독자들에게 잊혀지는 채널도 많습니다. 사람들은 늘 새로운 채널을 찾습니다. 제가 마케팅 회사를 운영하고 있으니 잘 알지요. 저희는 광고 단가를 매길 때 채널의 영상 평균 조회 수, 시청자 나이대, 국가별 조회 수를 중시합니다. 어떤 채널은 한국 시청자의 비중이 50퍼센트밖에 안 됩니다. 그런 채널에는 광고를 맡기면 안 되죠. 대부분의 마케팅 회사는 이런 세세한 부분을 살피지 않고 무작정 구독자 수만 보고 판단하는데, 그건 유튜브라는 플랫폼을 잘 이해하지 못했기 때문입니다.

따로 편집자를 두었지만 직접 편집을 할 때도 있나요? 작업 비율은 어느 정도인가요?

일주일에 업로드할 영상 3개 중 1개 정도는 제가 전체적으로 편집하고 마무리 작업만 직원이 맡습니다. 제가 살리고 싶은 컷을 직원이 편집하는 경우도 많거든요. 결과적으로 제가 직접 편집한 영상에는 제 색깔이 잘 담겨 있어서 조회 수도 잘 나오더군요. 촬영도 마찬가지입니다. 남이 찍어 주면 브이로그가 아니라 다큐가 됩니다. 그래서 촬영과 편집 모두 제가 해야 페이크 다큐가 되지 않습니다. 물론 직원을 두고 편집하면 좋은 점도 있습니다. 자막이나 디자인처럼 많은 시간이 필요한 작업을 해 주니까요. 토크쇼의 경우 편집은 방송국 출신 직원들이 하고 카메라도 5대가 동원됩니다. 이런 작업은 1인 크리에이터는 할 수 없지요. 제 사업에는 원래 촬영이 필요했기 때문에 가능한 거죠. 촬영 비용만 매달 2000만 원 정도 나갑니다.

:: 길거리 토크쇼를 진행하고 있는 모습. 보다 생생한 현장의 이야기를 나눌 수 있다. (출처: 정찬영 유튜브 채널)

유튜버로서의 목표는 무엇입니까?

1년 동안의 목표는 구독자 수 50만 명이었습니다. 지금 7개월째인데 약 6만 6000명이고 이번 달 목표는 10만 명이었습니다.

동기 부여 콘텐츠로 구독자 수가 50만 명이 넘는 채널이 있나요?

아직까지는 없습니다. 그래서 토크쇼 콘텐츠로 한 단계 도약하려고 합니다. 브이로그로는 불가능합니다. 구독자가 5만 명 이상 되면 이후부터는 무조건 〈힐링 캠프〉 〈어쩌다 어른〉처럼 오프라인 토크쇼가 믹스되어야 합니다. 지금까지 내 이야기만으로 채널이 성장했다면 그다음부터는 타인의 이야기로 성장해야죠. 그래서 게스트로 개그맨도 모실 계획입니다.

정찬영 님은 사업뿐 아니라 인생 멘토링도 하는데 아무래도 본인의 자신감이 중요할 것 같습니다.

저는 저를 믿습니다. 저는 일을 벌여서 실패한 적은 없어요. 경험하지 않은 것이나 '카더라' 이야기는 하지 않습니다. 누구의 도움도 받지 않고 제 꿈보다 훨씬 더 많이 성공했어요. 의료 보험도 없던 가난한 집에서 태어나 여기까지 왔습니다. 자기가 직접 경험한 것만 이야기하면 됩니다. 금수저 재벌 아들이 제 이야기에 감동을 받지는 않을 겁니다. 하지만 "적어도 내가 경험한 부분만큼은 이야기해 줄 수 있다"는 마음가짐이 있어야 합니다.

사업 멘토링이 정답을 주는 콘텐츠라면, 토크쇼는 공감을 줘야 하는 콘텐츠입니다. 다른 사람에게 공감을 잘하는 편인가요?

솔직히 잘 못합니다. 그래서 게스트를 섭외하지요. 제가 할 수 있는 일과 못하는 일을 구분해서 제가 못하는 부분은 남이 해 주면 됩니다. 유튜브를 시작한 뒤 제가 다른 사람에게 조언해 주는 것만큼이나 저도 많이 배우고 있어요. 이런 게 공감의 과정이겠죠.

많은 크리에이터가 처음 유튜브를 시작할 때 1인 다역을 소화한다. 혼자서 촬영, 편집, 소통을 해내는 것이다. 채널이 성장하면 편집자를 따로 두거나 썸네일과 자막 제작 같은 일부 작업을 외부 인력에게 맡기는 방식으로 일이 분담된다. 그런데 정찬영은 처음부터 풍부한 인력과 자본을 투자해 유튜브를 시작했다. 전문 인력이 투입되면 수월한 점이 많다. 시간과 노력을 절약할 수 있고 처음부터 높은 퀄리티의 영상을 업로드할 수 있다. 그러나 외부 인력의 도움을 받으면 채널의 특색이 흐려지기 쉽다. 또한 유튜브 특유의 아마추어리즘이 퇴색

되고 공중파와 구분하기 힘들어지는 단점도 있다. 정찬영은 이런 함정을 경계하며 자신의 목소리를 녹여 냈기에 채널의 성격을 정립할 수 있었다.

유튜브는 나 자신을 비추는 거울

사업만 하던 때와 비교하면 삶이 어떻게 바뀌었나요?
예전보다 행복합니다.

벤츠나 람보르기니 같은 슈퍼 카를 타면 행복하지 않았습니까?
그런 외적인 것들은 다 부질없습니다. 유튜브를 하면서 나 자신을 돌아보게 되었어요. 사업에는 이미지 메이킹이 중요해서 나다울 수 없습니다. 좋은 차를 타는 것도 남에게 보이는 이미지가 중요하기 때문입니다. 유튜브를 하기 전에는 우울증이 심했고 혼자서 울 때도 많았습니다. 그런 걸 보면 저는 사업가 체질은 아닌 모양입니다. 사업은 언제라도 그만두고 싶습니다. 물론 돈은 어느 정도 행복을 가져다줍니다. 적어도 내 가족이 불행하지 않으니까요. 그런데 어느 정도까지 벌고 나면 그 이상부터 효용이 늘지 않아요. 유튜브를 시작한 뒤로 내 삶을 영상으로 남기고 돌아보면서 갖게 되는 감정이 좋습니다. 다른 사람들과 소통하는 것도 기쁘고요.

철저하게 비즈니스 마인드로 접근했던 유튜브가 어느덧 본인의 삶에 행복을 가져다주고 있다는 정찬영의 말은 시사하는 바가 크다. 기업이나 단체가 운영하는 채널이 아닌 이상 유튜브는 사람이 주인공이다. 어떤 콘텐츠를 주력으

:: '유엔아이 커뮤니케이션즈'라는 하나의 회사를 운영하고 있기 때문에 한때 '유엔아이 수장'이라는 별명으로 불리기도 했다.

로 삼든 유튜버 자신의 시각과 성향이 녹아들고, 더 나아가 생활의 많은 부분이 저절로 기록된다. 영상으로 기록된 자신의 삶은 글이나 사진보다 더 많은 것을 전달한다. 그 어떤 매체보다 개인의 삶과 개성이 잘 부각되는 것이다. 그래서 여타의 플랫폼과 달리 광고로 뒤덮이는 홍보 매체로 쉽게 전락하지는 않을 것이다. 유튜브의 주인공은 어디까지나 유튜버라는 사람이기 때문이다.

수많은 사람이 협력하여 만들어 내는 기존 매체의 영상과 달리 유튜브는 대개 1인 크리에이터가 처음부터 끝까지 책임진다. 제작에 참여한 사람이 많으면 시청자들의 피드백은 분산되어 흩어지지만 유튜버의 영상에 대한 반응은 오롯이 유튜버에게만 집중된다. 따라서 익명의 다수에서 따로 떨어져 나 자신을 세상에 던지려면 엄청난 용기가 필요하다.

특히 악플이 크리에이터에게 주는 고통은 겪어 보지 않으면 가늠하기 힘들다. 연예인들은 악플에 대해 심적 대비를 한 채 연예계 활동을 시작하지만 유튜버들은 무명의 상태를 오래 겪기 때문에 갑자기 관심이 쏟아지면 평정심을 가지고 대처하기 힘들다. 특히 크리에이터를 괴롭히는 몇몇 악플은 선플을 가장하여 교묘하게 비아냥이 섞여 있다. 분노와 불편함을 막무가내로 상스럽게 표현하는 댓글보다, 크리에이터의 팬임을 내세우면서 마치 평론가처럼 영상을 난도질하는 댓글이야말로 최악의 피드백이다.

이런 피드백을 받게 되면 크리에이터는 자신감이 떨어지고 큰 마음의 상처를 입는다. 그래서 지금까지 고집해 온 채널의 방향성이 흔들리기도 한다. 100명의 칭찬보다 1명의 지적이 더 신경 쓰이는 것은 모든 유튜버가 경험하는 일이다. 하지만 비슷한 피드백이 두세 번 반복된다면 내가 고쳐야 할 점을 지적한 것은 아닌지 생각해 볼 필요가 있다. 중심이 흔들리거나 자존감이 떨어지지 않도록 유의하는 선에서 그 지적을 충고로 받아들일지 고민하는 게 합리적이다.

악플은 구독자가 늘어나기 시작하는 단계에서 등장한다. 새로운 유튜버가 존재감을 드러내면 일단 거부 반응부터 보이는 사람이 많다. 그런데 대중에게 "이 사람은 뭐지? 왜 신경이 쓰이지?"라는 반응을 일으켰다면 유튜버로서 성공이다. 아무도 관심을 주지 않는 단계에서 여러 시선이 내 채널로 향하는 단계로 성장했다는 증거이기 때문이다. 실제로 채널의 급성장기에는 그 어느 때보다 악플이 많다. 역으로 채널의 노출 빈도가 낮아서 성장이 둔화되는 시기에는 새로운 시청자의 유입도 더디고 악플도 보이지 않는다. 그렇다면 우리는 악플을 어떻게 바라보아야 할까? 사람들의 입맛을 아예 무시할 수는 없지만 그렇다고 모두의 입맛에 맞추려는 노력도 어리석은 일이다. 나의 존재에 불편함을 느끼는 사람들은 언제나 있기 마련이다. 악플이야말로 채널이 불특정 다수에게 노출되고 있다는 신호이니 차라리 내 채널이 성장하고 있다며 반갑게 여기는 편이 좋다.

또한 유의할 점은, 대다수의 시청자는 악플은 고사하고 댓글 자체를 잘 남기지 않는다는 사실이다. 한국 유튜브 시장은 아직 규모가 작기 때문에 비슷한 성격의 채널을 여러 군데 살펴보면 자주 등장하는 낯익은 시청자가 보일 정도다. 그만큼 댓글은 작성하는 사람들만 주로 작성한다. 즉, 소수의 사람이 오피니언 리더로서 영향력을 행사하는 것이다. 그러므로 그들의 반응이 시청자 전체를 대변하는 것은 아님을 명심해야 한다. 남들의 댓글에는 관심도 없고 아무런 피드백도 남기지 않는 다수의 시청자가 어떤 생각을 하는지 알기 위한 노력이 반드시 필요하다. 유튜버라면 가끔씩 댓글 이벤트를 통해 평소에는 드러나지 않던 구독자의 속마음을 열어 보는 것도 좋은 방법이겠다.

본업과 유튜브의
시너지 효과로 롱런하기

– 독서·영어 교육 채널 〈서메리 MerrySeo〉

| 서메리 |

작가이자 번역가 겸 유튜브 크리에이터. 독서와 영어 교육 채널 〈서메리 MerrySeo〉는 약 7만 명이 구독하고 있으며 총 누적 조회 수는 350만 뷰를 돌파했다(2022년 5월 기준). 영상 콘텐츠를 통해 독서의 매력과 즐거움을 나누고자 노력한다. 지은 책으로 《회사 체질이 아니라서요》《나와 작은 아씨들》 등이 있고, 옮긴 책으로 《좋은 권위》《태도의 품격》《인듀어》 등이 있다.

서메리는 작가, 번역가, 일러스트레이터, 그리고 5만 명이 넘는 구독자를 거느린 유튜버. 그의 채널 〈서메리 MerrySeo〉는 영어 교육 콘텐츠뿐 아니라 베스트셀러 작가가 책을 읽어 주는 라이브 방송을 통해 북클럽 활동도 진행하고 있다.

많은 크리에이터가 독서와 유튜브를 접목하려고 시도했지만 성공적으로 안착한 경우는 많지 않다. 이는 영상 매체의 주 소비층과 활자 매체의 소비층이 일치하지 않는다는 점을 생각하면 크게 놀랄 일이 아니다. 그럼에도 불구하고 독서 콘텐츠로 단기간에 탄탄한 구독층을 확보한 이 채널에는 어떤 비밀이 있을까?

탄탄한 본업, 유튜브의 발판이 되다

굉장히 빠르게 성장한 채널인 것 같습니다. 지, 덕, 체를 겸비한 인재가 운영하는 채널이다 보니 어쩌면 당연한 결과겠네요. 유튜버가 아닌 본인 소개를 부탁할게요.

5년 정도 회사 생활을 하다가 2015년에 퇴사했어요. 이후 출판 번역가로 활동하다가 제 이름으로 책을 내기 시작했고요. 번역이든 집필이든 모두 '글'이라는 매개체로 독자들과 소통하는 일이지요. 때로는 영상으로 보여 주는 게 훨씬 좋은 콘텐츠도 있어서 유튜브를 시작하게 된 것이랍니다.

일러스트레이터로도 활동하는데, 원래 하던 일이 일러스트 작업과 관련되었나요?

아닙니다. '원래는 회사의 평범한 기획 팀에서 일했어요. 일러스트는 작가 활동의 일환입니다. 제 책에 들어가는 일러스트를 직접 그리고 있어요.

어떤 책을 출간했나요?

첫 책은 퇴사 후 프리랜서로 전향하는 과정을 담은 《회사 체질이 아니라서요》입니다. 차기작은 《나와 작은 아씨들》이라는 제목의 문학 관련 에세이입니다.

서메리 님은 번역가로도 활동하고 있는데 어떤 번역을 주로 하나요?

번역에는 분야가 많습니다. 책, 영상, 계약서, 기술 문서 등을 번역

:: 유튜브 채널을 방문하면 가장 먼저 시청자들을 맞아 주는 일러스트들.

하는 것이지요. 저는 책 전문 번역가라고 할 수 있겠지요.

평범한 사무직 생활을 하다가 번역가 겸 작가로 변신한 셈이군요. 드라마틱한 변화인데 어떻게 이루어 냈나요?
그동안 시행착오가 많았고 1년 정도는 백수로 지냈어요. 그런 일련의 이야기들을 책으로 엮은 것이죠.

아무리 좋은 이야깃거리를 가지고 있어도 아무나 책을 낼 수 있는 것은 아니잖아요. 출판사를 설득하는 과정도 필요하고요.
작가로 데뷔하는 데에는 여러 경로가 있는데요. 제 경우는 출판사 쪽에서 먼저 연락을 주었어요. 제가 퇴사 후 프리랜서에 도전하는 경험담을 카카오 '브런치'라는 인터넷 공간에 올렸는데 그걸 보고 출판 제의를 해 온 것이죠. 요즘에는 유튜버들도 책을 많이 내고 있지요. 저는 작가가 된 후 유튜브를 시작한 케이스지만 반대도 있어요. 유튜브든

다른 플랫폼이든 인터넷상에서 자신을 표현하는 일이 책 한 권을 쓸 수 있는 가장 빠른 방법일 수 있답니다.

회사 일을 하면서 번역 일을 병행한 건가요? 투잡처럼?

회사 일과 번역은 병행하지 않았습니다. 퇴사를 결심한 후 번역가에 도전하려고 공부를 시작한 거죠.

용기가 대단하네요. 누구나 마음속으로 열망할 수는 있지만 막상 회사를 그만두고 번역을 해야겠다고 나서는 건 쉽지 않잖아요.

저는 의외로 소심한 성격이에요. 직업이 많은 것을 두고 대단하다고 감탄하는 사람도 있지만 프리랜서는 언제 일감이 끊길지 모른다는 불안감이 있잖아요. 그래서 이 일이 끊기면 저 일을 하고, 저 일이 끊기면 이 일을 하는 식으로 여러 직업을 가지게 된 것 같아요. 지금은 어느 정도 안정이 되었습니다. 스스로 성공한 프리랜서라고 생각하지는 않지만 그래도 '내 한 몸 건사할 수 있게 되었다'고는 생각하고 있어요.

각자 자신의 분야에서 영역을 넓혀 나가다 보면 필연적으로 화면과 음성이 결합된 영상 매체와 마주하게 된다. 그중에서도 유튜브는 전 세계 교류의 장을 확장시키고 그 방식을 다채롭게 만드는 중요한 가교로 기능하고 있다. 평범한 회사원에서 전문 번역가로, 다시 작가로 변신하는 도전을 이어 온 서메리가 스스로의 표현 영역을 넓히고자 유튜브를 선택한 것은 어쩌면 당연한 것이다.

본업과 유튜버 사이에서 중심 잡기

서메리 님의 채널은 어떤 특징이 있나요?

주로 책과 영어에 대해 이야기하고 있습니다. 저라는 사람을 주제로, 제가 좋아하는 것들을 구독자들과 나누며 자유롭게 소통하는 채널을 만들고자 했어요. 책과 영어가 제 직업과 밀접한 관련이 있다 보니 그런 이야기가 많은 것 같아요.

유튜브의 채널 카테고리 중에서 어디에 속하나요? 교육에 어울릴 것 같은데요.

지금은 인물 브이로그로 분류되어 있어요. 아직 유튜브에는 교육 카테고리가 없다고 하더라고요. MCN을 통해서 들은 바로는, 이제 곧 교육 카테고리를 만들려는 단계라고 하네요.

MCN에 가입했나요?

가입 제안을 받아서 미팅까지 가졌지만 결과적으로 가입하지 않게 되었어요. 아직까지 유튜브가 주된 활동 영역이 아니다 보니 제가 여기에 몸을 던져 올인하지 않으면 서로 윈윈하기 힘들 것 같더군요.

영상은 얼마나 자주 올리나요?

아이디어를 내서 기획하고 촬영과 편집까지 마치는 데 하루 반에서 이틀 정도 걸려요. 라이브 방송을 포함해서 일주일에 영상 1편 정도 업로드하고 있어요. 한 주는 일반 영상, 한 주는 라이브 방송, 이런 패턴이죠.

업로드 주기에 여유를 두네요.

일주일에 영상 하나면 주기가 짧은 편은 아니죠. 라이브 방송을 빼면 일반 영상은 2주에 한 번 올리는 셈이니까요. 하지만 구독자들은 제가 본업에 소홀하고 유튜브 활동에만 집중하는 걸 원치 않을 거예요. 전업 유튜버가 보여 줄 수 없는 콘텐츠를 보여 주는 게 제 채널의 본질이니까요. 예를 들면 최근에는 제 책이 나오는 과정을 꾸준히 찍어 둔 영상이 있는데 그걸 편집해서 소개할 계획이에요.

겸업으로 유튜브 채널을 운영하는 크리에이터들에게 시사하는 바가 있네요. 그들은 공통적인 부담을 가지고 있거든요. 시청자들이 유튜브 활동에 헌신하기를 원한다고 생각하는 거지요. 하지만 서메리 님의 구독자들은 애초에 본업의 일상을 궁금해하고 서메리 님의 상황을 이해해 준다는 것이군요.

처음에는 영상을 자주 올려 달라거나 왜 이렇게 천천히 올리느냐는 댓글도 있었어요. 하지만 친숙한 구독자들은 제가 뭘 하는 사람인지 잘 아니까 이해해 주는 것 같아요.

물론 영상을 많이 올린다고 해서 채널이 무조건 잘되는 것은 아니지만 그렇다고 너무 업로드하지 않아도 채널이 노출되지 않으니 불리한 면이 많지요. 하지만 서메리 님의 경우는 업로드 주기나 영상의 개수에 매달릴 필요는 없겠네요.

구독자들이 저를 기다려 주니까 가능한 일이겠죠. 영상은 당연히 주기적으로 올려야 하지만, 중심을 잘 잡아야 할 것 같아요. 유튜브를 처음 시작하는 사람들을 위한 팁 중에는 며칠마다 몇 분짜리 영상을

:: 책과 독서도 얼마든지 영상 매체의 콘텐츠가 될 수 있다. 영상을 통해 '읽기'라는 활동의 매력을 전달하는 것이다.

꼭 올려야 한다는 모종의 법칙이 있더군요. 하지만 자신에게 잘 맞는 업로드 주기를 파악하는 것도 정말 중요해요.

유튜브를 시작한 계기는, 블로그와 같은 인터넷 공간에서 자신을 표현하다가 플랫폼을 바꾼 것뿐이네요.

네, 맞아요. 글과 영상, 각각의 방식에 어울리거나 효과적인 이야기가 따로 있으니까요. 자연스레 영상 매체로 넘어오게 되더라고요.

영어는 발음도 중요한데 글로는 설명하기 쉽지 않죠.

단순히 영어뿐이 아니랍니다. 제 생각이나 생활에 대한 에세이를 쓰고 있는데 브이로그 영상으로 만들면 조금 더 생생한 전달이 가능하더군요. 저는 기계치라서 촬영 장비도 따로 없고 휴대폰으로 찍고 있어요. 유튜브가 대중화된 덕분에 저 같은 사람도 도전할 수 있는 것 같아요.

본업을 유지하면서 유튜브 채널을 운영하는 경우 한정된 시간과 에너지를 어떻게 배분하고 어느 쪽을 우선시해야 할지 고민하다가 결국 본업과 유튜브 모두 느슨하게 된다. 특히 본업과 전혀 상관없는 채널을 운영할 경우 이런 함정을 피하기 어렵다. 서메리는 유튜브 채널 속에 작가 겸 번역가라는 자신의 커리어를 적극 녹여 내어 극복한 케이스다. 아울러 자신에게 적합한 기준과 원칙을 만들어 두었기에 흔들리지 않고 시간과 에너지를 배분하며 3가지 일을 소화할 수 있었다. 모두가 권하는 성공 법칙이 있더라도 결국 이 세상에 나와 똑같은 채널은 없다. 그러므로 자신에게 가장 잘 맞는 길을 개척해 나가는 배포가 필요한 것이다.

포장보다 내용물이 중요하다

가볍게 유튜브에 도전했다가 생각처럼 되지 않아 그만두는 사람이 많습니다. 이 새로운 플랫폼에서 자신의 자리를 찾은 비결이 뭐라고 생각하세요?

저는 장비나 기술이 부족하기 때문에 콘텐츠에 더욱 집중했어요. 많은 사람이 유튜브를 시작하려면 장비부터 갖춰야 한다며 부담을 느끼죠. 게다가 인터넷에는 정보가 넘쳐서 오히려 판단을 흐리게 만들기도 해요. 유튜브 활동을 어떻게 시작하면 좋을지 정보를 찾아보면 필요한 장비는 기본이고 업로드 주기, 업로드 시간, 인기 있는 주제 등에 대한 정보가 많아요. 게다가 영상 시작에는 이렇게 말하라는 둥, 끝날 무렵에는 꼭 "구독과 좋아요, 눌러 주세요"를 강조하라는 둥 세세한 사항이 법칙처럼 언급되죠. 그런데 굳이 이런 조언에 얽매일 필요가 없어요. 내가 가진 콘텐츠에 집중하고 이를 어떻게 하면 진정성 있게 전달할 수 있을지 고민하는 게 더 중요하다고 생각해요. 예를 들면 저는

"구독과 좋아요, 눌러 주세요"라는 멘트를 잘 못하겠더라고요. 화려한 영상이나 편집 기술보다 내용에 집중하려고 노력하다 보니 오히려 시청자들은 어설픈 모습까지 저만의 개성으로 인정해 주고 진정성을 알아주더라고요. 그게 제 채널이 살아남은 이유인가 싶어요.

콘텐츠 기획은 어떻게 하세요?

사소한 아이디어는 일상에서 계속 샘솟아요. 이런 걸 찍어 볼까, 저런 걸 찍어 볼까. 이렇게 떠오르는 수많은 아이디어 중에서 생각만 하고 버려지는 것과 진지하게 실행에 옮길 만한 것이 나뉘지요. 이렇게 나뉘는 기준은 '그 영상이 보는 사람에게 도움을 될 것인가'예요. 물론 시청자들은 유튜브 영상에 돈을 지불하지 않죠. 하지만 돈보다 소중한 시간을 투자하는 것이니 제가 찍고 싶은 영상보다는 구독자에게 도움이 되는 영상을 찍으려고 하는 편이에요. 브이로그나 에세이는 실용적인 장르는 아니지만 생각을 조금 넓게 하면 다르게 볼 수 있어요. 순수하게 제가 하고 싶은 이야기만 하면 그건 일기가 되어 버리거든요. 제 에세이의 챕터에는 '번역료는 얼마다'처럼 실용적인 정보가 가미되어 있어요. 그리고 읽는 이나 보는 이의 마음을 편안하게 만들어 줄 수 있는 콘텐츠를 담으려고 해요. 그게 에세이와 일기의 차이라고 생각해요. 편집할 때 나 혼자서만 재미있다고 생각되는 부분은 버리게 되더군요. 독자친화적인 영상을 만들려고 노력하는 편이에요.

그게 어려운 부분입니다. 나만 재미있는 것인지, 다른 사람들도 재미있어 할지 판단하는 것 말이죠.

맞아요. 뜻대로 안 될 때도 있죠. 반응이 좋을 거라고 기대하며 업로드했는데 큰 피드백이 없을 때도 있고, 별 기대 없이 올린 영상이 아주 큰 호응을 받을 때도 있고요. 업로드에는 매번 리스크가 있죠. 하지만 영상을 만들 때만큼은 시청자들 위주로 생각하는 편이에요.

서메리의 영상에서는 유난히 정성이 느껴진다. 전업 유튜버도 아닐 뿐더러, 편집에 공을 들였거나 많은 제작비가 들어간 것 같지 않은데도 크리에이터의 세심한 배려가 전달된다. 이는 '콘텐츠의 진정성을 잃어서는 안 된다'는 그의 신념이 반영된 결과일 것이다. 아울러 불특정 시청자를 타깃으로 하는 것이 아니라 책과 영어 공부처럼 뚜렷한 목적을 가진 소비층을 겨냥하고 있기에 크리에이터와 구독자 사이에 끈끈한 소통이 이루어질 수 있었다.

영상 매체로 새롭게 소비되는 독서 문화

책을 읽어 주는 콘텐츠를 하고 있잖아요. 라이브 방송 중간에 책을 읽는 것 말고 시청자와의 또 다른 소통이 있나요?

네, 중간중간 소통하고 있어요. 책에 대한 설명도 하고 댓글도 읽지요. 실시간 접속자 수는 대체로 200명이 넘는데 라이브 방송이 끝날 즈음 보면 총 3000~4000명이 접속했더라고요.

채널에서 라이브 비중이 50퍼센트로 높은 편인데요. 라이브 위주라 채널 노출이 힘들 것 같아요.

라이브 방송을 처음 시작한 건 구독자 수가 3만 명 정도 되었을 때예요. 그전까지는 그저 영상만 업로드했는데 구독자들이 라이브도 해 달라고 요청하더군요. 제가 유튜브 활동을 처음 시작할 때만 해도 라이브 방송을 하게 되리라고는 생각하지 못했어요. 그런데 의외로 라이브 요청도 많았고, 막상 해 보니 호응이 좋더군요. 그런데 아무 주제도 없이 라이브 방송을 진행하기는 힘드니까 책을 정하게 되었죠.

라이브 준비는 어떻게 이루어지나요?

읽었던 책 중에서 재미있었던 걸 고르거나, 읽지 않았던 책이라도 시청자들과 함께 읽고 싶은 책을 골라요. 혹은 "베스트셀러니까 이 책으로 이야기해 봐요"라고 솔직히 털어놓기도 하고요.

서메리 님의 라이브 방송은 일종의 북클럽이군요. 북클럽에서 주거니 받거니 펼쳐지는 토론은 채팅으로 소화하는 건가요?

맞아요. 시청자들이 자기 생각도 올리고, 책을 읽지 않은 사람은 질문을 하지요. 그 질문에 제가 답하기도 하고 때로 다른 시청자가 채팅으로 답변해 주기도 해요.

실제로 책을 읽고 참여하는 사람이 많나요?

어떤 책이냐에 따라 달라요. 어려운 책이나 현대 작품은 읽지 않은 사람이 많아요. 그런 경우에는 제 설명이 주가 되죠. 《어린 왕자》처럼 많이들 읽은 책은 서로 소통하는 부분이 많고요.

책 소비층은 매체 소비자 중에서도 보수적이라고 할 수 있잖습니까. 여전히 책을 읽고 있다는 점에서요. 지금은 종이 매체가 다른 매체에게 밀리고 있는 상황이지요. 그런데 유튜브라는 영상 매체를 통해 책 읽기를 하고, 책을

:: 어떻게 하면 영어를 잘할 수 있을지, 좋은 발음을 가질 수 있는지 궁금해하는 시청자가 많다. 그래서 때로 원서를 낭독하면서 노하우에 대해 설명하기도 한다.

콘텐츠화하는 게 아이러니하면서도 흥미롭습니다.

책을 읽는 사람이 점점 줄어들고 있는 게 사실이죠. 예전과 달리 책이 아니어도 정보를 얻을 수 있는 수단이 너무 많으니까요. 그런 이유에서 모든 사람이 다독가가 되어야 할 필요는 없어요. 그리고 책도 음악이나 여행처럼 취향의 영역이 되고 있다고 생각해요. 정보가 목적이 아니더라도 나와 같은 취향을 가진 사람끼리 어울리고 소통하고 싶은 마음은 있잖아요. 같은 음악을 좋아하는 사람들처럼 말이죠. 유튜브에서 북클럽을 열면 지리적인 한계를 넘어 전 세계와 소통이 가능해요. 덕분에 새로운 콘텐츠로 자리를 잡은 것 같아요. 책을 실용 목적이 아닌 취향 목적으로 소비하는 층이 있는 거죠.

출판계의 불황은 어제오늘의 일이 아니다. 요즘 시대에 누가 책을 읽느냐고 묻는 사람도 많다. 그럼에도 불구하고 문자로 표현된 이야기를 상상만으로 그려 나가는, 오직 독서만이 줄 수 있는 즐거움은 건재하다. 더 나아가 재미있는 영화를 보고 나서 친구와 그 영화에 대해 수다를 떨듯이, 책을 읽은 후 각자 느낀 점이나 기억에 남는 장면, 혹은 읽을 때마다 달라지는 해석에 대해 이야기를 나누고 싶을 때가 있다. 이런 수요와 욕구는 유튜브라는 장에서 해소되고 있다. 특히 서메리 채널의 독서 라이브는 다양한 사람이 모여 댓글을 통해 자신의 독서 체험을 나누거나 따뜻함과 힐링을 얻는다는 점에서 랜선 북클럽의 역할을 톡톡히 해내고 있다.

유튜브 활동과 본업의 시너지 효과

비슷한 취향을 가진 사람들이 모여서일까요? 독서 라이브의 댓글창은 진지하면서도 너무 무겁지 않은 편안한 느낌을 주더군요.

처음 유튜브를 시작할 때 지인들이 충고하기를 악플이 많이 달릴 테니 마음을 단단히 먹으라고 했어요. 그런데 제 채널에는 악플이 거의 없어요. 내용 자체가 자극적이지 않아서기도 하고, 시청자들의 시청 목적이 뚜렷하니까요. 제 채널의 댓글창은 주로 진지하게 토론하는 분위기랍니다.

대부분의 유튜버가 악플 때문에 마음고생을 많이 하는데 의외의 케이스네요.

아예 없지는 않죠. 저는 소심해서 별것 아닌 이야기에 상처를 받곤 했어요. 지금은 그렇지 않아요. 유튜브 활동을 시작하려는 이들에게 말하고 싶은 건, 악플을 크게 두려워하지 말라는 거예요. 유튜브 생태계가 그렇게까지 끔찍한 정글은 아니랍니다. 제가 힘들었던 것은 기계를 잘 다루지 못해 생기는 문제들이었어요. 영상을 촬영했는데 음성이 전혀 녹음되지 않아서 처음부터 다시 찍기도 했죠. 편집도 힘들어요.

기술적인 부분이 어려운 거군요. 촬영하고 편집하는 데 어느 정도 시간이 소요되나요?

저는 영상 중간중간에 재미로 일러스트를 넣습니다. 그 일러스트 작업에 따라 소요되는 시간이 달라져요. 하지만 컷 편집은 2~3시간 정도면 끝납니다.

장비 때문에 고민하는 이들에게는 희망찬 이야기네요.

처음 유튜브를 시작하기 전에는 촬영용 카메라를 구입하려고 했지만 제가 기계에 대한 지식이 적다 보니 과하다는 판단이 들었어요. 일단은 스마트폰으로 시작해 보고 구독자가 1만 명 정도 생기면 좋은 카메라를 마련해야겠다고 생각했지요. 그런데 막상 써 보니 요즘 스마트폰 카메라의 화질이 너무 좋은 거예요. 그래서 카메라를 구입하지 않고 있어요. 장비보다는 콘텐츠에 더 투자해야 한다고 생각해요.

3가지 일을 하고 있으면서도 여유가 느껴지네요. 악플이 좀 달려도 괜찮아, 구독자 수가 크게 늘지 않아도 괜찮아, 이런 여유 말이죠. 흔들리지 않을 수 있는 자신만의 원칙이 있나요?

유튜브 외에 본업으로 바쁠 때가 있잖아요. 사실 요즘도 책 출간 문제로 정말 바쁘거든요. 그래도 일주일에 1회 업로드 원칙을 지키려고 노력해요. 다른 일을 제치더라도 업로드부터 하려고 애쓰지요. 구독자와, 그리고 저 자신과의 약속이니까요. 하지만 전업 유튜버들이 받는 스트레스에 비하면 제 스트레스는 아무것도 아니죠.

서메리 님은 다른 일이 유튜브 활동에 방해가 된다기보다는 오히려 유튜브 채널에 상승효과를 미치는 것 같습니다.

처음에는 스스로 유튜버라고 생각하지 않았어요. 다른 일을 하는 사람의 일상을 유튜브에 공유하는 정도로만 여겼죠. 그런데 어느 순간 부터 이게 하나의 직업처럼 되더군요. 유튜브 영상을 통해 책 작업 의 뢰를 받기도 하니까요. 어떤 이들은 제 책을 보고 나서 유튜브 채널 을 구독하기도 하고요. 제가 하는 모든 일이 하나의 연결 고리에 묶여 서 어느 하나를 뺄 수 없게 되었어요. 이제는 "직업이 뭔가요?"라는 질 문을 받으면 "번역가입니다" "작가입니다"라고 답하기보다 "크리에이 터입니다"라고 대답할 수 있을 것 같아요. 제 일들이 서로 상호 작용을 일으키고 덕분에 시너지 효과가 나서 이제 어느 하나를 떼고 생각하기 힘들어졌어요.

창의적인 직종에 종사하는 사람들은 유튜브가 도움이 될 수 있겠군요.

맞아요. 책과 영상과는 거리가 있잖아요. 그런데도 이런 큰 시너지 가 나는데 다른 직업을 가진 사람들이 유튜브 활동을 하면 분명히 도 움이 될 거라고 생각해요. 저는 친구들에게 "지금 하는 일 그만두고 유 튜브를 해 봐"가 아니라 "지금 일과 병행해서 유튜브를 해 봐"라고 조 언해요.

:: 본업이 작가 겸 번역가이다 보니 오프라인에서 진행되는 북토크 행사도 활발하게 참여하고 있다.

번역가, 작가, 유튜버의 수입 비중은 어느 정도인가요?

지금은 작가, 유튜버, 번역가 순인 것 같아요. 하지만 유튜브 수익이 어디부터 어디까지인지 구분하기 모호해요. 저는 영상 시청으로 발생하는 수익은 많지 않지만 제 채널을 통해 독서 관련 강연 요청이나 협업 제안을 많이 받거든요. 강연을 공지하면 구독자들이 찾아와 주는 경우도 많아요. 책이 출간되면 온라인 북토크를 열고 채널에 영상을 올리는데, 이걸 본 사람들로부터 다시 강연 요청이 들어오죠. 유튜브 활동이 본업의 수익에도 영향을 주고 있어요. 제가 책만 냈다면 여전히 저를 모를 사람들이 유튜브 영상을 보고 강연을 요청해 주니까요. 이 모든 것이 유튜브 때문에 가능한 일이죠. 그래서 직업 간의 수익 비중을 나누기 애매해요.

유튜브와 관련해 가장 오해가 많고 비약도 심한 부분이 바로 '수익' 문제다. "잘나가는 유튜버는 과연 얼마를 벌까?" "구독자 수나 조회 수가 일정 이상 되었을 때 유튜버의 수익은 시간당 얼마로 환산될까?"와 같은 질문에는 정답이 없다. 모든 유튜버의 수익 구조가 제각각 다르기 때문이다. 유튜브 자체에서 발생하는 애드센스 광고료만 따지면 모두가 꿈꾸는 유튜브 대박은 극소수의 잔치일 것이다. 그러나 유튜브를 통해 발생되는 부가적인 활동과 그에 따르는 수익은 잘 알려져 있지 않다. 광고나 협업, 강연 등으로 파생되는 수익은 채널의 성격에 따라 천차만별이기 때문이다. 서메리의 경우, 작가라는 본업과 유튜브 활동이 밀접하게 영향을 주고받으며 시너지를 창출하는 매우 바람직한 사례이다.

유튜브는 모르겠지만 유튜버의 미래는 밝다

유튜브 영상에서 얼굴을 노출하는 데 대한 부담감은 없었나요?

처음에는 부담이 컸죠. 그래서 처음에는 애니메이션 느낌으로 제 일러스트와 목소리만 노출하려 했어요. 그런데 영상을 만들다 보니, 애초에 유튜브를 시작한 이유가 나라는 사람을 보여 주려는 건데 얼굴이 나오지 않으면 무슨 의미일까 싶더군요. 그래서 연출 방향을 틀어서 얼굴을 공개하게 되었어요.

끼가 많은 편은 아니군요.

저는 지금도 끼가 있는 편은 아니라고 생각해요. '노잼' 콘텐츠를 만드는 끼 없는 유튜버지만 그래도 저 같은 사람도 유튜브를 한답니다.

유튜버를 하려면 성격이 적극적이어야 한다는 편견이 있는데 그렇지만은 않군요.

물론 용기는 필요한 것 같아요. 제 주변에도 재미 삼아 유튜브를 시작하겠다는 친구들이 있거든요. 끼도 많은 소위 '인싸'들이죠. 그런 친구들은 채널을 시작하기 쉬워요. 하지만 저 같은 소심한 사람들은 용기가 필요해요. 하지만 그 단계를 극복하면 괜찮은 것 같아요. 없는 쇼맨십을 무리하게 보여 주기보다는 있는 그대로의 모습을 보여 주는 것도 괜찮다고 생각해요. 유튜브 영상에 제가 어색해하는 모습이 담겼지만 구독자들은 흔쾌히 받아들이고 아예 '서로봇'이라는 별명까지 붙여 주었어요. 끼 없는 사람이 끼를 억지로 만들어 내면 결국 어색해지게 되죠.

있는 그대로의 나 자신을 보여 줘야 하는군요. 너무나 공감합니다.

유튜브에서 성공하려면 버티는 힘이 있어야 해요. 하기 싫을 때 버티려면 꾸미지 않은 모습이어야 하고요. 초반에는 반응도 없고 채널을 지속하기가 힘들죠. 그런데 예를 들어 "구독과 좋아요, 눌러 주세요"라고 말하지 못하는 제가 그것까지 억지로 했다면 더욱 버티기 힘들었을 것 같아요.

어떻게 그 구간을 버텼나요?

유튜브를 왜 시작했는지 목표를 떠올렸어요. 구독자 수와 조회 수만이 내 목적이 아님을 기억하려고 노력했어요. 물론 열심히 영상을 만들어서 업로드했는데 아무도 봐 주지 않으면 보람도 없고 시간 낭비를 한 것 같죠. 그렇지만 최악의 경우 제 영상을 한 명도 보지 않았다고 해도 내가 하고 싶은 일을 했으니까 절대 시간 낭비는 아니라고 생각했죠. 그러다가 어느 순간 제 모습 그대로 좋아해 주는 이들이 생겨날 때 '내가 방향을 잘 잡았구나' 싶더군요.

보통은 어떻게 하면 구독자가 늘고 돈을 벌 수 있을지 외적인 요인에 매달리곤 하죠. 하지만 그보다는 본질적으로 '내가 하고 싶은 바를 해냈다'는 작은 성취감을 가지면 성공은 저절로 따라온다는 것이겠죠.

맞아요. 물론 저도 구독자 수나 조회 수에 욕심이 있지만 그게 전부가 아님을 명심하려고 해요.

유튜브 활동을 시작하기 전부터 유튜브를 즐겼나요?

저는 유튜브를 아예 보지 않았어요. 필요에 의해서 한두 번 본 적은 있지만 구독한 채널은 없었어요. 그저 책 읽고 글만 쓰던 사람이었어요.

처음 채널을 시작했을 당시와 어느 정도 자리를 잡은 지금, 어떤 점이 다른가요?

유튜브를 시작하기 전에 벤치마킹을 위해서 제가 구상했던 콘셉트의 채널들을 찾아보았어요. 주로 앉아서 책을 소개하거나 영어 영상을 만드는 이들을 참고했죠. 그런데 유튜브 활동을 하면 할수록 구독자들이 제 채널을 좋아하는 이유가 '다른 유튜버와 달라서'임을 알게 되었어요. 그래서 요즘은 다른 유튜브 채널을 보기는 하지만 되도록 벤치마킹은 피하려고 해요. 다른 유튜버의 콘텐츠나 영상을 보고 좋아서 따라 하게 되면 오리지널리티(Originality)를 만드는 데 방해가 되더군요. 서툴러도 제 진정한 모습을 보여 주면 구독자들은 금방 알아주더라고요.

회사에 다녔을 때보다 현재 직업적 만족도가 높은가요?

네, 매우 만족해요. 창의적인 일을 할 수 있다는 게 좋아요. 예를 들면 같은 영상이라도 방송국에서 만들면 규모는 훨씬 크겠지만 유튜브에서는 자유도가 압도적으로 높지요. 제가 할 수 있는 일, 하고 싶은 일을 할 수 있으니까요. 단점이라면 꼬박꼬박 나오는 월급이나 휴가가 없으니 불안정하다는 거죠. 그래도 그만큼의 보상이 있으니까요.

채널의 목표가 궁금합니다.

제가 책 읽는 것을 워낙 좋아하는 탓에, 퇴사하고 가장 하고 싶었던 일이 책과 관련된 것이었어요. 유튜브 활동도 마찬가지랍니다. 사람들에게 책의 재미를 알려 주고 함께 책을 읽을 수 있는 사람이 되고 싶어요. 디지털로 아날로그의 매력을 알려 주는 유튜버가 되고 싶다고나 할까요. 저는 책을 만드는 사람이니 저를 보여 주려면 책이 빠질 수 없죠.

플랫폼으로서의 유튜브의 장래는 어떻게 보세요?

현재로는 유튜브에 비견할 플랫폼이 없죠. 하지만 영원할 것이라고 생각하지는 않아요. 단, 이런 점은 생각해 보아야 해요. 블로그가 한창 흥할 때 소위 파워블로거라 불리면서 승승장구했던 이들이 유튜브에서도 좋은 성과를 내고 있거든요. 플랫폼이 바뀌어도 100퍼센트 성공한다고 단언할 수는 없지만 크리에이터들의 본질은 같아요. 다른 플랫폼이 부상하더라도 유튜브에서 단련된 사람들이 더 잘 적응할 것이라고 생각합니다. 그래서 유튜브는 모르겠지만 유튜버의 비전은 밝다고 생각해요. 유튜브를 시작하고 싶지만 용기가 없는 이들에게 용기를 낼 가치가 충분히 있다고 이야기하고 싶어요.

서메리 채널의 가장 인상 깊은 부분은 보는 이로 하여금 절로 기분 좋게 만드는 편안한 웃음, 그리고 상냥하고 지적인 내공이 묻어나는 목소리다. '이 정도로 친절하면서 관록마저 느껴지는 자신감으로 콘텐츠를 만들어 내는 크리에이터라면 분명히 남다른 자신만의 철학과 고집이 있을 것이다.' 이 예상은 틀리지 않았다. 모두들 책의 시대는 끝났다고 믿고 있을 때 보란 듯이 영상 매체를 통해 독서 문화를 부활시킨 그의 힘은 바로 내면의 단단한 중심에서 나오는 것이었다. 롱런하는 크리에이터가 되기 위해 필요한 것은 트렌드를 좇기보다, 나의 본질을 파악하고 그것을 잃지 않는 중심이다. 그리고 그런 유튜버야말로 플랫폼의 전환기에도 살아남아 오히려 더 크게 성장할 수 있을 것이다.

소재는 결코 고갈되지 않는다.
우리 삶과 일상이 콘텐츠니까

– 직장 브이로그 채널 〈택배아저씨 Taek-A〉

| 택배아저씨 |

택배 기사로 일하면서 유튜브 크리에이터를 겸하고 있다. 그의 채널 〈택배아저씨 Taek-A〉는 약 6만 명이 구독하고 있으며 총 누적 조회 수는 980만 뷰를 돌파했다(2022년 5월 기준). 채널명처럼 '택배 아저씨'들의 직장 생활과 노고를 소개함으로써 택배업계에 작게나마 도움이 되기를 희망한다. 더불어 소비자들에게는 유용한 택배 관련 정보를 전달하고자 노력하고 있다.

한국처럼 택배 문화가 발달한 나라가 또 있을까? 2018년에 우리나라 국민이 이용한 1인당 택배 서비스는 평균 49회라고 하니 한국인의 라이프스타일에서 택배는 결코 뗄 수 없는 부분으로 자리 잡았다. 가족보다 택배 아저씨가 더 반갑다는 우스갯소리가 생길 만큼, 직접 쇼핑을 나갈 수 없는 바쁜 현대인들에게 택배업 종사자들은 가깝고 소중한 존재가 되었다. 생수처럼 무거운 물건을 주문할 때 한번쯤 궁금했을 것이다. 엘리베이터도 없는 우리 집까지 이 무거운 짐을 지고 올라오는 사람은 얼마나 고생일까? 무더운 날에, 혹은 폭우 속에서 많은 배달 물건을 어떻게 들고 나를까? 유튜브 채널 〈택배아저씨〉는 많은 이의 마음 한 켠에 자리 잡은 고마움과 궁금증에 답을 준다. 채널을 개설한 지 6개월도 지나지 않아 3만 구독자를 향하며 탄탄한 성장세를 이어 가고 있다.

소박한 출발이었지만 자부심과 포부는 크다

채널명이 채널의 성격을 그대로 알려 주고 있네요.

저는 한 택배 회사에서 4년째 근무하고 있는 현직 택배 기사입니다. 그리고 택배 업무를 하면서 겪는 다양한 일들을 올리는 브이로그 채널을 운영하고 있습니다. 시청자들에게 정보도 주려고 하고요. 주변 친구들과 대화를 하다 보면 택배 업무에 대해 잘 모르더라고요. 예를 들어 물건이 분실되면 어떻게 처리해야 하는지 전혀 모르더군요. 그래서 채널을 시작한 것입니다.

택배와 관련한 유용한 정보를 주기 위해서 시작했군요.

네, 그 외에도 개인적인 목적이 몇 가지 있었습니다. 택배 기사는 배송 업무로도 돈을 벌지만 온라인 사업자를 상대로 직접 영업도 해야 하거든요. 대형 화주들이라고 하죠. 유튜브에 각종 영업하는 사람들이 많이 진출하지 않습니까. 보험 영업이나 자동차 판매를 하는 사람들 등 다양한 종사자들이 유튜브 채널을 개설하더군요. 저도 영업의 목적이 컸습니다. 유튜브를 통해 제 얼굴을 보여 주고 좋은 정보도 알려 주면 여러 온라인 판매 업체와 거래할 수 있지 않을까 생각했지요.

유튜브 채널을 통해 얼굴이 알려지면 신뢰도가 높아지겠군요.

네. 그리고 마침 유튜브를 시작하던 시기에 아이도 태어났습니다.

:: "현직 택배 기사가 택배와 관련된 '꿀팁'과 다양한 정보를 알려 주면 더 효과적이지 않을까?"라는 기획으로 시작한 유튜브 활동.

아기 영상을 찍어서 남기고 싶은데 그러려면 영상 제작을 연습해야 했습니다. 그래서 이 채널부터 시작한 것이기도 하지요.

아기는 몇 살인가요?

이제 18개월이 되었어요. 저는 인생의 터닝 포인트를 군대에서 한 번, 그리고 아이가 태어나면서 한 번 겪었어요. 아이가 태어난 뒤 생각과 행동이 모두 변했어요. 가정에 좀 더 신경을 쓰게 되고 책임감도 생겼죠. 제가 9년 연애 끝에 결혼한 터라 새로운 느낌이 없었는데 아기가 생기니까 삶 전체가 바뀌더라고요.

육아가 힘들지 않나요?

힘들긴 하죠. 아이가 100일이 될 때까지는 밤에 잠을 잘 자지 않거

:: 종종 일상 브이로그를 제작하기도 한다. 택배아저씨 인생의 터닝 포인트를 마련해 준 아이와의 한때.

든요. 2시간마다 밥을 먹여야 하는데 말이 2시간이지 먹이고 트림 시키고 재우면 다시 울고, 그러길 밤새 반복하죠. 그래서 아내와 함께 한 명씩 불침번을 서면서 키웠어요.

그렇게 육아와 택배 일과 유튜브 활동을 동시에 하는 건가요?

네, 그래서 잠이 많이 줄었어요. 유튜브를 시작하기 전에는 하루 일과를 마치고 친구들과 술도 한잔 먹을 여유가 있었는데 아기가 태어나니까 밖에서 술 마실 상황도 안 되네요. 대신에 아내는 좋아하죠. 제가 아기를 봐주지 않더라도 편집 때문에 집에 있으니까요.

실제로 영업에 유튜브 활동이 도움이 되나요?

아직까지는 도움이 되지 않았어요. 유튜브 시작의 목적은 영업이었는데 방향이 다르게 흘러갔어요. 택배업에 종사하려는 사람들이 채널에 많이 유입되다 보니 지금은 개인적인 목적보다는 택배업과 관련된 모든 걸 다루는 쪽으로 목표가 넓고 커졌어요. 특히 최근 택배 기사를 알선해 주는 사기꾼이 많이 생겨서, 어떻게 해야 그런 함정에 빠지지 않는지 도움을 주고자 애쓰고 있습니다. 사실 택배라는 분야는 인맥이 없으면 어떻게 일자리를 알아봐야 할지도 알기 힘들어요. 처음 택배 일을 시작하려는 사람들에게서 도움이 되었다며 감사 메일이 많이 옵니다.

제가 이 채널을 4월부터 시작했는데 생각 이상으로 빨리 많은 사람들이 구독해 주었어요. 그런데 택배와 관련된 정보뿐 아니라 제가 살아가는 이야기, 그리고 아기 이야기도 많이 좋아해 주더라고요. 그래서 일상 브이로그도 담고 있습니다.

사실 특수 직종 종사자의 유튜브 채널은 생각보다 많다. 그리고 영업을 위한 채널들은 더욱 많다. 그럼에도 〈택배아저씨〉와 같은 주목과 사랑을 받는 채널을 찾아보기는 드물다. 왜일까? 우리가 은연중 가지고 있던 택배 종사자에 대한 고마움이 있을 것이다. 그리고 무엇보다 자신의 직업을 소개하는 건강하고 활기찬 방식이 인기의 이유일 것이다. 그는 새벽부터 밤까지 식사도 거르면서 고생할 거라는 자기 직업에 대한 편견을 이용해 '감성팔이'를 하지 않는다. 대신 당당하고 밝은 얼굴로 고된 택배업의 하루를 여과 없이 보여 준다. 본인의 직업에 만족하고 순간순간 최선을 다하는 모습이 전달하는 긍정적 에너지가 이 채널의 성장세의 바탕에 있는 것이다.

본업과 유튜버 활동의 성공적인 양립

그전에도 유튜브를 많이 봤나요?

간간이 보긴 했지만 작년 말부터 본격적으로 빠져서 봤습니다. 그
때만 해도 유튜브를 시작할 생각은 전혀 없었어요. 올해 초부터 한번
해 볼까 싶어 편집 프로그램 등을 공부하기 시작했죠.

**유튜버가 된 지금은 단순한 시청자가 아닌 창작자이기도 하지 않습니까?
어떤 점이 변했나요?**

시각 자체가 완전히 변해 버렸어요. 아무 생각도 없이 영상을 볼 때
와 제가 직접 편집해서 만들 때와는 모든 것이 다르죠. 광고나 영화를
볼 때면 '편집은 이렇게 했구나, 저런 식으로 클로즈업을 했네'처럼 영
상을 만드는 시선에서 바라보게 되더군요. 이제는 아무 생각 없이 영상
을 보지 못해요. 일처럼 느껴지죠. 스트레스를 풀기 위해 예능 프로그
램을 봐도, 자막이나 효과음을 어떻게 썼는지 그런 걸 자꾸 생각하게
돼요.

예전에는 보이지 않던 것들이 보이는군요.

그렇죠. 유튜브를 시작하고 나서 오히려 다른 채널의 영상을 많이
못 보는 것 같아요. 처음 시작할 때는 다른 채널을 보면서 이렇게 저렇
게 편집하는 걸 배우는 게 재미있었는데, 요즘은 제 영상을 만드느라
다른 채널을 볼 시간이 부족해서 고민이에요. 다양한 영상을 많이 봐야
저도 배우고 발전적으로 적용할 수 있을 텐데 말이죠.

정말 대단해 보입니다. 운전하고 배달하면서 촬영과 편집까지 직접 하고 있으니까요. 택배업은 시간이 매우 귀한 일 아닌가요? 어떻게 병행하고 있나요?

많은 사람이 그렇게 이야기합니다. 보통 택배 기사라면, 제때 밥도 못 먹고 힘들게 뛰어다니는 안쓰러운 이미지잖습니까. 최근에는 회사 차원에서 이런 이미지를 개선하려고 애쓰기도 하지요. 실제로 4년 전보다 일이 많이 편해졌습니다. 제가 일을 많이 안 하기도 하고요. 원래는 거래처를 늘리기 위해 계속 영업을 해야 하는데 유튜브를 시작하고부터 많이 못한 건 사실입니다. 영업이 부족해지더라도 시간을 쪼개서 유튜브 활동을 해 보자는 거였죠. 유튜브가 너무 재미있어요. 저는 기계 욕심이 있어서 이전부터 풀프레임 카메라를 가지고 있었어요. 요즘은 그걸 팔이 아픈 줄도 모르고 들고 있어요. 편집이 재미있어서 잠도 자지 않고 몰두하고 있죠.

본업에 집중해야 하는데 오히려 유튜브 쪽으로 기우는 것 같네요. 잘되면 유튜버 활동만 하고 싶나요?

제 채널명이 '택배아저씨'잖습니까. 하던 일을 그만두고 유튜브를 할 생각은 없어요. 콘셉트가 무너지니까요. 제가 유명인이 아닌 이상 브이로그만 하긴 힘들다고 봅니다. 아직 구독자 수가 2만 7000명인데 현실적으로 생계를 유지하기는 힘들어요. 협찬 광고가 얼마나 들어올지 모르겠지만요. 저는 가정이 있기 때문에 재미있다고 유튜브에 전념하기에는 리스크가 큽니다.

채널이 사랑받는 이유가 직업적 특성을 반영하고 있기 때문에 이 요소를 빼기는 힘들군요. 본인의 소망은 어떤가요? 전업 유튜버로 생계가 해결된다면 전념하고 싶은가요?

그런 생각도 들죠. 제가 살면서 무언가를 이렇게까지 즐겁게 집중해서 한 건 처음입니다. 4~5시간 동안 책상 앞에 앉아 있는 게 처음이에요. 유튜브가 안정적인 수입을 가져다준다면 좀 더 집중하고 싶어요. 그런데 사실 제가 택배 일을 좋아하는 마음도 크거든요. 자부심과 보람도 있고요. 유튜브를 시작하면서 좀 더 제 일에 대해 책임감과 긍지를 가지게 된 것 같습니다. 우리 모두 각자의 분야에서 작은 일이라도 최선을 다해 자기 몫을 한다면 그 작은 조각들이 모여서 크고 좋은 나라를 만들지 않을까 싶어요.

유튜버의 비전에 대해서는 어떻게 생각하세요?

한동안 유지될 것 같아요. 물론 새로운 플랫폼이라는 게 어느 순간 갑자기 등장하지 않습니까. 유튜브를 대체할 새로운 플랫폼이 등장하면 유튜브도 위협을 받을 수 있다고 생각합니다. 사람들이 네이버 블로그에서 유튜브로 넘어온 것처럼요. 나이가 어리거나 아르바이트만 해도 먹고살 수 있는 사람이라면 유튜브 활동만 바라봐도 괜찮은데 부양할 가족이 있거나, 직장 생활을 경험한 사람은 전업으로 하기가 쉽지 않죠. 직장 생활을 하다 보면 씀씀이가 커지는 부분도 있으니까요.

원래부터 쾌활한 성격인가요?

영상에서 보여지는 성격 그대로입니다. 긍정적으로 생각하려고 많이 애쓰죠. 속 편하게 살아요. 남들보다 손해를 보기 싫어한다거나 이

기려고 아등바등하기보다 남들에게 져 주면서 긍정적으로 사는 게 편한 것 같아요.

학창 시절에는 어떤 학생이었나요?

남들이 어떻게 보는지 모르겠지만 저는 어렸을 때 지금 성격과 똑같았다고 생각해요. 친구들과 노는 걸 좋아했고 반장도 많이 했지요. 중학교 1학년 때 연극부 동아리 활동을 하면서 서울시가 주최하는 대회에 나가 상도 받았어요. 성인이 되어서도 제가 모임을 주최하는 편입니다. 굉장히 쾌활하죠.

남들 앞에 선다는 부담이 없군요.

군복무를 하고 회사 생활을 하면서 잠시 위축되었다가 유튜브를 시작하면서 숨어 있던 관종 기질이 다시 나온 것 같아요.

스스로를 관종이라고 생각합니까?

그런 게 없으면 힘들 것 같기는 합니다. 유튜브를 처음 시작할 때 스마트폰 카메라 앞에서 혼자 떠드는 게 어색했는데 지금은 카메라를 켜면 주변 사람은 눈에 들어오지도 않아요.

그건 관종이라서가 아니라 일에 집중하기 때문 아닌가요? 한정된 시간 안에 여러 일을 해야 하니 매순간 집중하는 것이라고 봅니다. 일과가 빡빡한가요?

일주일에 영상 2편을 업로드하고 싶지만 퀄리티가 만족스럽지 못해 일주일에 1편 정도만 올립니다. 하루나 이틀을 정해서 촬영하고요.

직장 브이로그를 찍을 때는 미리 기획을 하는 편입니다. 들어갔으면 좋겠다는 장면을 상상했다가 일하면서 잠깐잠깐 그 부분을 촬영합니다. 제 영상 중에 조회 수 40만 회를 넘긴 게 택배 기사의 하루를 보여 주는 영상이고, 11만 회를 넘긴 건 폭염주의보가 발효된 날에 찍은 직장 브이로그입니다. 그런 영상들은 미리 기획해서 일하다가 도중에 잠깐씩 1~2분 촬영을 한 겁니다. 택배를 차에 싣는 장면, 배달하는 장면, 나오는 장면을 풀숏으로 찍을 때는 미리 카메라를 가져다 놓고 차에 다가가는 장면, 짐을 들고 나오는 장면 등을 찍고는 카메라를 회수하죠. 이런 식으로 짧은 영상들을 모아서 만듭니다. 어쨌든 택배 일을 하고 있으니까 무턱대고 카메라를 들고 다닐 수도 없습니다. 계획을 잘 짜야 두 가지 일을 다 할 수 있어요.

출퇴근 시간이 궁금하네요.

10시까지 출근합니다. 일을 마치는 시간은 요일마다 달라요. 일주일 중 화, 수요일이 가장 바쁘고 그런 날은 오후 8시쯤 퇴근해요. 다른 날은 오후 6~7시면 퇴근합니다. 만일 촬영한 게 있으면 집에 돌아와서 저녁을 먹고 바로 편집 작업에 들어가죠. 보통 새벽 2시, 늦으면 3시에 잠들고 아침 8시쯤 일어납니다. 카메라를 들고 출근하는 횟수가 점점 잦아지는 것 같아요. 구독자가 많아지니 영상 욕심이 나서 이것저것 찍고 싶어져요. 영상을 찍어 놓은 게 없으면 불안하기도 하고요.

택배아저씨는 직장 브이로그라는 콘셉트로 시작한 만큼 택배 현장의 모습을 고스란히 담아낸다. 분초를 다투어 무거운 박스들을 배달하면서 카메라를 들고 촬영까지 하다니, 언뜻 생각해도 혼자 힘으로 가능할까 싶다. 그런데 그는

:: 택배 업무에 집중하다 보면 제대로 된 촬영이 힘들다. 그래서 계획을 잘 짜야 업무 도중에도 틈틈이 촬영을 할 수 있다.

힘들다고 하소연하기는커녕 이 모든 일이 즐겁다고 말한다. 그가 단지 남들의 관심과 시선을 즐기기 위해 유튜브 활동을 한다면 본업과는 점점 거리가 멀어질 수도 있다.

실제로 많은 직장 브이로거들이 유튜브의 세계에 빠져들어 퇴사하기도 한다. 하지만 택배아저씨는 자기 직업에 대한 자부심과 긍지를 잊지 않고 있다. 아울러 유튜브를 통해 택배업계에 기여하려는 포부도 가지게 되었다. 우리는 유튜브를 통해 미처 몰랐던 다양한 직업의 세계를 엿볼 수 있다. 그중에서도 그의 채널은 전문 직종의 세계와 유튜브가 조화롭게 양립된 이상적인 케이스라고 할 수 있다.

직장 브이로그도 결국 삶을 다루는 것

택배 기사라는 자기 직업에 대해, 즉 전문 분야에 대해 이야기하는 거니까 처음 몇 번은 잘될 수 있습니다. 하지만 장기적으로 그 주제만으로 영상을 만드는 건 힘들지 않을까요?

맞습니다. 저는 유튜브를 시작할 때부터 그런 고민을 했어요. 언젠가는 소재가 고갈되어 콘텐츠가 끝날지도 모르겠다는 걱정도 해요. 그런데 생각해 보면 또 할 게 많거든요. 아직까지 소재에 대한 걱정은 하지 않고 있어요. 제가 일상 브이로그도 하잖아요. 많은 조회 수가 나오지 않을 수 있지만, 일상 브이로그는 매일이 소재입니다. 그 브이로그에 직장 생활을 녹여 내는 것이죠. 폭우, 폭염, 한파가 온 것처럼 특별한 날에 택배 기사들은 밖에서 어떻게 일하는지 보여 주는 기획도 있고, 크리스마스이브에 산타 복장을 하고 배송하는 이벤트도 생각하고 있고요. 그런 면에서 저는 남들이 생각하지 못하는 걸 찾으려 해요. 다른 택배사와 우리 회사의 차이에 대해서도 인터뷰할 거고요. 택배 일은 매우 힘들다는 인식이 있잖아요. 택배 기사들의 전 직장은 무엇이었는지 들어 보면 정말 다양한 사연이 있어요. 서울대를 나와서 좋은 회사에 다니다가 지금은 택배 일을 하는 사람도 있어요. 그런 재밌는 이야기들을 영상에 담고 싶어요.

특별한 직업과 관련된 기획들이 나오는군요.

저는 SNS는 전혀 안 했어요. 순수한 브이로그는 유명인이나 옷 잘 입는 잘생긴 사람에게 어울린다고 생각합니다. 제 채널에서 택배 일을 분리한다는 건 곤란해요.

일하면서 촬영도 하려면 아무래도 힘들죠?

일하면서 촬영한 날은 그냥 일만 한 날보다 2배는 더 힘든 것 같아요. 촬영을 하지 않은 날에는 편집을 하기 때문에 유튜브를 시작한 뒤로는 밖에서 술을 못 마셔요.

밖에서 알아봐 주는 사람도 있나요?

네, 깜짝 놀랐어요. 배달하고 나오는데 누가 기다리고 있다가 사진을 같이 찍어 달라는 거예요. 뭔가 쑥스럽기도 하고 기분이 좋기도 했어요. 배송 일을 하다 보면 고객의 얼굴을 보는 것은 물론이고, 배달 장소나 시간을 조율하기 위해 서로 문자를 주고받게 되는데요. 어느 날 유튜브를 본 고객한테 문자 메시지가 도착한 적이 있어요. '기사님, 유튜브 잘 봤어요.'라고 말이죠. 제가 거래하는 거래처 사장님도 제 영상을 봤다고 해요. 여러 가지로 재미있어요.

직장에서의 하루도 우리의 일상이다. 브이로그라는 장르는 언뜻, 사건 사고 없는 개인의 일상을 담담히 그려 내는 풍경화처럼 인식되지만 실제로는 그 범위가 한없이 넓다. 특히 깨어 있는 시간의 대부분을 일하며 보내는 현대인에게 '일상 브이로그'란 곧 '직장 브이로그'일 수도 있다. 택배아저씨의 직장 브이로그는 단순히 물건을 배달하는 일에서 그치지도 않고, 매일 반복되는 일과만 다루지도 않는다. 한 사람의 역동적인 활동 반경을 다양한 시각으로 담아낸다. 그가 접하고 만나는 세계의 모든 것이 브이로그의 소재가 된다. '택배 일만 소재로 삼으면 언젠가는 이야깃거리가 떨어지지 않을까'라는 물음은 기우에 지나지 않는다. 창작자에게 콘텐츠란 결국 그가 세상을 바라보는 시각에 따라 극히 제한적일 수도, 무궁무진할 수도 있다.

초보자는 적극적으로 도움을 구하라

친구들도 택배아저씨 님이 유튜버라는 걸 알고 있나요?

친한 친구들은 알죠. 택배 일을 시작하게 된 것도 친구들 덕분이거
든요.

가족들은 본업과 유튜브 활동의 병행을 지지해 주나요?

아기가 태어난 이후에는 가족과의 시간을 많이 가지기 위해 일을
늘리지 않을 생각이었어요. 그런데 상황이 그렇지 못하네요. 제가 유튜
브를 시작하면서 여러 사람을 만나야 하기 때문에 아내가 '독박육아'
를 하고 있어요. 고맙게도 아직까지는 온화하게 봐주는 것 같아요. 제
가 워낙 이 일을 좋아하고 또 노는 게 아니라 생산적인 일을 하는 거니
까요.

**유튜브에 대한 대중의 인식이 많이 좋아진 것 같아요. 관종이란 오해도 없
어졌고요.**

맞아요. 어머니, 아버지 세대도 유튜브를 많이 보니까요. "일 그만두
고 유튜버 할 거야"라고 하면 부모님은 반대하겠지만, 유튜브 활동과
택배 일을 함께하고 있으니 별 말씀 안 해요. 오히려 주변 사람들에게
"내 아들이 유튜버"라고 자랑하고 영상도 챙겨 보시더라고요. 유튜브
활동을 시작하고 나서 전반적으로 삶에 활력이 돈다고 해야 할까요?
일할 때도 유튜브 생각을 하니까 힘든 것도 모르게 되고요. 어느 날은
당일 찍은 영상을 편집하는데, 저도 모르게 웃으면서 편집하고 있더라
고요. 저는 유튜브 덕분에 긍정적인 에너지를 많이 받은 것 같아요.

내가 주도적으로 하는 일이니 더욱 그렇죠? 아무리 택배가 개인 사업자라도 유튜브처럼 혼자서 모든 걸 다 할 수는 없으니까요.

그런 부분도 있고, 구독자 수가 늘어나는 것에 기쁨도 느끼죠. 처음에는 숫자에 강박적으로 집착했는데 지금은 그저 감사해요. 구독자도 많이 늘고 댓글이 달리면 함께 얘기도 나누어요. 그러다 보니 생각이 긍정적으로 변해요. 세상엔 아직까지 좋은 사람이 많구나 싶고요. 제 채널에는 악플이 많지 않아요. 유튜버라기보다 택배아저씨가 이런 모습들을 보여 준다는 느낌이어서 그럴 거예요. 전업 유튜버보다 좋게 봐주는 것 같아요.

악플 때문에 멘탈이 흔들린 적은 없겠군요.

악플도 악플 나름인데요. 논리적인 댓글은 피드백으로 받아들여요. 하지만 다짜고짜 욕하는 사람도 없지는 않아요. 제 직업 특성상 본인이 알고 있는 택배업계 상식과 제가 보여 주는 모습이 다르면 "너는 틀렸다"고 하는 것 같아요. 그래도 제 채널에는 10대 시청자가 많지 않아서 그런지 무턱대고 욕하는 악플은 거의 없어요.

업무와 관련하여 유튜브 영상으로 나가지 말아야 할 내용이 있을 수도 있으니 조심해야겠네요.

그렇죠. 송장에 개인 정보가 찍혀 있기 때문에 영상을 2번, 3번 검토하고 아내에게도 검수받은 뒤에 업로드하고 있습니다. 초창기에 하차 분류 작업을 할 때 상자를 툭툭 던지는 장면이 있었는데 그것 때문에 욕을 많이 먹었어요. 따로 사과 영상도 만들었고요. 제 딴에는 리얼한 모습을 있는 그대로 보여 주고 싶었는데 사람들은 '왜 내 물건을 던지냐?'는 식으로 반응하더라고요. 솔직히 물건을 던지지 않으면 일을 할수가 없어요. 하나의 물건이 배달되려면 얼마나 많은 사람의 손을 거치는데요. 기계에도 던져지고요. 아무튼 그런 면들은 조심해야 하죠. 갑론을박이 펼쳐질 만한 것은 영상에 나오지 말아야 해요. 예를 들어 제가 택배 상자를 고객님 문 앞에 툭 던져 놓고 오면 그게 갑론을박의 대상이 되거든요. 저는 그 고객과 오랫동안 알고 지냈기 때문에 그 시간에 집에 있지 않다는 것을 이미 알고 있지요. 게다가 아파트 비밀 번호도 알고 있어서 문 앞에 두고 가는 걸 서로 이해하고 있거든요. 그런데 이런 전후 사정을 모르는 사람들은 '어, 집 안에 사람이 있는지 없는지 확인도 안 하고 물건을 문 앞에 던져 놓네?'라며 비난할 수 있어요. 그래서 편집하기 전에 모든 영상을 아내에게 보여 줘요. 일반적인 시각으로 살펴보게끔 하죠.

브이로그란 본디 리얼해야 하지만 택배아저씨 님의 경우는 가공할 수밖에 없군요.

처음에는 '무조건 리얼해야 해'라고 생각했습니다. 하지만 지금은 보는 사람도 많으니 논란의 여지가 생길 부분은 아예 빼자는 식으로 되는 거죠.

힘들었던 일은 없나요? 몇 편의 영상만으로 대박이 터진 케이스인데.

조회 수에 비해 구독자 전환율이 높았어요. 택배 기사로서 유튜버를 하는 사람이 아무도 없었으니까요.

:: 유튜버 활동을 함께하지만 그래도 본업은 어디까지나 택배 일이다. 그러므로 배달 업무를 소홀히 할 수는 없다.

특수 직종에 종사하는 사람은 유튜버 도전에 유리하겠군요.

지금은 정말 다양한 직종의 사람들이 유튜버를 하고 있어요. 1~2년 전과 지금은 판이 완전히 달라요. 그래서 어떤 사람은 유튜브가 이미 레드오션이라고 하더군요. 저는 2019년 4월부터 시작했는데 사실 진입에 큰 어려움을 느끼지 못했어요. 유튜브는 누구나 언제든 진입해도 좋다고 생각해요. 단지 남들이 하는 것, 예를 들어 'ASMR이나 먹방이 인기가 많으니 나도 해 볼까?'라는 접근보다는, 특별한 지식처럼 남들이 모르는 걸 알고 있을 때 유튜브를 하면 좋겠다 싶어요.

자기만의 개성이나 노하우가 있는 사람이 좋다는 거군요.

네, 초보 유튜버들을 위한 카페에서 봤는데, 저는 다른 채널에 비해 구독자 전환율이 상당히 높은 편이더라고요.

그런 카페가 도움이 되나요?

네, 저는 큰 도움을 받았어요. 제가 처음 유튜브를 시작했을 때 한창 유튜브 열기가 뜨거웠어요. 시청 지속률은 몇 퍼센트대로 만들어야 한다, 썸네일은 어떻게 만들어라 등등 유명 유튜버의 팁들이 한창 돌았어요. 그런 조언이 실제로 도움도 많이 되었고요. 어쨌든 저도 그대로 해서 단기간에 2만 6000명의 구독자를 모았으니까요. 막무가내로 시작하기보다 채널 운영에 대한 정보를 많이 모으는 게 중요해요. 처음 유튜브를 시작하면 내 영상을 노출시키는 게 힘들잖아요. 그래서 관련 채널에 부지런히 댓글을 달아야 해요. 댓글을 달 때 내 아이디나 프로필이 채널의 특성을 쉽게 알 수 있도록 직관적이어야 다른 시청자들이 제 채널을 방문하고 구독 버튼을 누른다고 하더군요. 이런 팁들을 그대로 적용했죠. 특히 구독자를 1000명까지 모으기가 가장 힘들다고 하잖아요. 저는 그런 조언대로 했어요. 유튜브 관련 책이 많이 나와 있어서 저도 여러 권 샀어요. 채널명을 만들거나 다른 기초적인 부분에서 여러 루트로 도움을 받았죠.

짧은 시간 동안 많은 구독자를 모으고 꾸준한 사랑을 받은 택배아저씨는 어떤 점이 다를까? 첫째, 그의 겸손한 마음가짐에 주목하지 않을 수 없다. 유튜버를 시작하기로 결심한 후 3개월 동안 처음 발을 들이는 분야에 대해 낮은 자세로 선배들의 조언을 경청하고 자신의 전략을 짰다. 그리고 촬영 기법과 편집 기술을 차근차근 연마하며 채널 개설을 준비했다. 실제로 다양한 플랫폼에 초보 유튜버들의 모임이 개설되어 있다. 하지만 그 구성원 중에서 실제로 자기 채널을 열고 중요한 조언들을 적시에 적용하여 모임의 취지를 살리는 사람은 많지 않다. 때로는 자기 채널의 발전을 위한 정면 승부보다 친목을 도모하며 남의 채널에 기대어 가려는 사람도 있고, 남을 평가하는 것에 급급한 훈수꾼도 있다. 택배아저씨는 수많은 선배 유튜버의 크고 작은 목소리 중에서 옥석을 가려 자신만의 금과옥조로 삼았다. 겸손하게 준비하는 자세를 견지했기에 단기간에 관심을 얻고 그 관심을 꾸준히 이어 나갈 수 있었다. 아울러 그의 긍정적인 마인드 또한 성공의 비결이다. 대박이 터진 채널을 유지하기 위해서는 생각보다 강인한 멘탈이 요구된다. 스스로의 실력에 비해 외부의 기대가 크다고 느끼면 지레 주저앉기도 한다. 택배아저씨는 그 모든 부정적인 에너지를 누르고도 남을 긍정 에너지가 있었기에 한결같이 감사하는 마음으로 채널을 운영할 수 있었다.

유튜브로 새로운 기회를 얻다

유튜브 활동을 하면서 제일 즐거웠던 경험은 무엇인가요?

저는 모든 면이 재미있어요. 전혀 몰랐던 사람들이 제 채널을 본 뒤 연락을 주어 새로운 만남을 가지기도 해요. 조만간 저희 회사 임원과 식사 만남도 예정되어 있어요. 홍보 팀에서 먼저 연락해 주었는데 회사에서 저를 주목하고 있더라고요.

그렇군요. 요즘 기업체들이 유튜브 홍보에 열을 올리고 있는데 좋은 기회가 생기겠네요.

네, 앞으로 무슨 일이 어떻게 펼쳐질지는 몰라도 일단은 재미있어요. 미래에 대한 비전이 있으니까 흥미가 더 생기네요. 유튜브가 아니었다면 상무님이 갑자기 찾아와서 제게 악수를 청할 일은 없었겠죠. 회사 사무실에서 연락이 왔기에 저는 '홍보 팀에서는 별 얘기 없었는데 왜 그러지?'하고 걱정했거든요. 그런데 임원진이 저를 좋게 보고 있다며 식사 자리를 마련하자고 하기에 정말 놀랐죠.

수익 구조는 어떻게 되는지 물어봐도 되나요?

저는 아직 유튜브에서 수익을 지급받지 못한 상황이에요. 수익이 승인되는 기준은 구독자 1000명, 시청 시간 4000시간 이상인데 제 채널의 경우는 급속도로 성장하다 보니 신청이 늦어졌거든요. 그래서 수익금이 지급되는 핀 번호도 받지 못했어요. 아직은 사이버머니 상태죠. 최근에는 몇 가지 PPL 광고를 찍고 있어요. 생활용품이나 택배 서비스 등 다양한 광고 의뢰가 들어오고 있습니다. 새로운 세상이 열리는 것 같아서 재미있어요. 구독자 수에 비해 좋은 조건으로 다양한 제안을 해 줘서 감사하게 생각하죠.

조만간 유튜브 수익이 본업보다 더 높아질 것 같은데요.

네, 긍정적으로 생각하고 있어요. 사람이 꿈을 가진다는 건 중요한 일인 것 같습니다.

채널의 비전이나 최종 목표가 궁금합니다.

일단 채널명처럼 현업에 종사하는 택배 기사들만 구독해도 좋을 것 같아요. 이 업계에서 제 채널이 도움이 되었으면 좋겠어요. 택배 기사를 'SM'이라고 하는데 '서비스 매니저(Service Manager)'의 준말이에요. 저는 한 명의 SM에 지나지 않지만 택배 일 하는 모든 이에게 좋은 영향을 미치고 싶어요. 언론에 비춰지는 택배업계의 모습과 실제 모습은 정말 달라요. 사실과 다른 편향된 정보만 제공되는 상황에서 제 작은 목소리나마 진실을 전달할 수 있다면 좋을 것 같아요.

택배인의 얼굴이 되었으면 좋겠네요. 택배업이 얼마나 큰 업계인가요. '택배' 하면 '택배아저씨'라는 공식이 생겼으면 좋겠습니다. 밝은 인상과 긍정적인 에너지가 한 업계를 대표하는 얼굴에 잘 어울립니다. 유튜버로서도 행복해 보이거든요.

네, 행복합니다. 물론 잠을 충분히 잘 수 없어 힘들긴 하지만 모든 게 재미있어요. 새로운 편집 기술을 배우면 그걸 적용한 결과물이 나오는 게 재미있어요.

수많은 사람 앞에서 항상 웃는 얼굴을 유지한다는 것은 쉽지 않다. 증명사진을 찍기 위해 억지웃음을 웃어 본 사람은 알 것이다. 어색한 표정 때문에 결국 얼굴 근육이 아파지게 되는 경험 말이다. 길을 걸으면서 주변을 둘러보면 마음에서 우러나오는 밝은 웃음을 찾기가 얼마나 힘든지 깨닫게 된다. 그래서일까. 택배아저씨의 웃음 띤 편안한 얼굴은 왠지 모르게 기분이 좋아지게 만든다. 물론 택배업이라는 유인 요소도 있지만 이 채널의 가장 큰 매력은 그가 보여 주는 자연스러운 미소의 힘이다. 밝고 건강한 마음가짐에서 비롯된 건전한 직업윤리와 힘찬 그의 발걸음을 보며 우리는 열심히 산다는 게 얼마나 아름다운 일인지 새삼 깨닫게 된다. 그리고 자기 자리에서 열심히 자기 몫을 다할 에너지를 얻는다.

여러 온·오프라인 플랫폼과의 연계로 다채로운 유튜브 활동을 꾀하다

- 교양 미술 채널 〈김찬용의 아싸티비〉

| 김찬용 |

국내 최고의 도슨트(전시 해설가) 중 한 명. 도슨트는 작가와 작품에 대한 지식과 비하인드 스토리를 소개함
으로써 관람객들이 더 즐겁고 풍부하게 작품을 감상할 수 있도록 돕는다. 그의 채널은 미술사에 관한 시청자
들의 교양과 시야를 넓혀 주고 있으며 더불어 전시 해설가라는 직업의 세계에 대해서도 엿볼 수 있다. 3만 명
의 구독자, 총 누적 조회 수는 150만 뷰를 기록하고 있다(2022년 5월 기준).

과거에는 미술이 여유 있는 사람들만 향유하고 누릴 수 있는
사치스러운 분야 혹은 전문적인 지식을 가진 사람들만 이해할 수 있는
그들만의 리그로 인식되기도 했다. 하지만 교육 수준이 향상되고 삶
의 질을 추구하는 사람들이 늘어나면서 다양한 문화생활에 대한 욕구
도 커졌다. 자연히 미술관을 찾는 이들이 꾸준하게 늘어났다. 10여 년
전만 해도 레오나르도 다빈치, 빈센트 반 고흐, 파블로 피카소 등 널
리 알려진 예술가의 전시만 흥행했다. 하지만 지금은 다르다. 마크 로
스코, 알베르토 자코메티, 데이비드 호크니 등 근대 예술가는 물론이고
현시대에 활동하고 있는 예술가의 다양한 미술 전시가 큰 성공을 거
두고 있다. 덕분에 국내의 미술 전시 문화도 질적으로 더 향상될 전망
이다. 이와 같은 흐름 속에서 유튜브 생태계에도 문화 예술 관련 채널

들이 속속 등장하고 있다.

반려동물, 육아, 영화, 게임 같은 장르에 비하면 문화 예술은 고리타분한 교양이나 비주류로 취급받는다. 그중에서도 특히 미술 전문 채널은 시장 규모가 매우 작은 편이다. 그럼에도 불구하고 더 많은 대중이 미술이란 분야에 관심을 가질 수 있도록 간결한 소개와 유머러스한 편집으로 정보를 전달하는 채널이 있다. 이미 10여 년 이상 국내외 미술 현장에서 최정상급 도슨트(전시 해설가)로 활동하며 자신의 브랜드를 구축한 김찬용이 그 주인공이다. 그가 운영하는 채널 〈김찬용의 아싸티비〉는 다양한 미술 및 전시 정보를 공유하고 있으며, 전업 도슨트 활동의 확장 가능성의 실험 무대이기도 하다.

영화 채널에서 미술 채널로의 변신

유튜브 생태계에서 쉽게 찾아볼 수 없는 미술 전문 채널을 운영하고 있는데요.

네, 채널명은 '아트 인사이드 TV'의 줄임말이기도 하고 '인싸, 아싸'라는 유행어를 활용한 중의적인 네이밍입니다. 미술계에서 '아싸'처럼 활동하고 있는 제가 예술계 안팎의 이야기를 전달하겠다는 취지이지요.

사실 '아싸티비'나 '아싸TV'가 검색하기 더 쉬운 채널명이지 않을까요? 현재의 채널명을 고집한 이유가 있나요?

특별한 의도라기보다는 철저하게 현실적인 이유였습니다. 사실 처음에는 영화 채널이었는데 미술 채널로 방향을 틀면서 채널명에 '티비'나 'TV'를 활용하려고 했습니다. 그런데 이미 동명의 채널이 운영되고 있더라고요. 현재에는 그 채널이 활동하지 않기 때문에 그 이름을 사용하지 못하는 점이 더 아쉽긴 하지요. 하지만 지금의 채널명으로 벌써 1년 반이 넘도록 활동했기 때문에 이제 이름에 대한 미련은 없어요. 그리고 '아싸티비'나 '아싸TV'라고 검색해도 제 채널이 상위에 노출되기도 하고요. 다만 여전히 '티비'란 이름이 왠지 아쉽다는 의견이 있어서 채널명 변경에 대한 지속적인 피드백을 받고 있습니다.

처음에는 영화 채널을 운영했다고 했는데 왜 미술 채널로 전환하게 되었나요?

저는 전업으로 유튜브 크리에이터를 하는 사람들과 상황이 다를 겁니다. 왜냐하면 저는 12년째 도슨트로 활동하고 있는데요. 미술에 관심이 없는 사람들은 도슨트가 무슨 뜻인지, 무슨 일을 하는지, 심지어 직업의 하나인지도 모르는 경우가 많아요. 특히 제가 활동을 시작할 당시에는 국내 도슨트의 90퍼센트 이상이 재능 기부, 즉 자원봉사였습니다. 도슨트를 직업으로 삼는 사람이 없었던 거죠. 하지만 저는 관람객들이 작품을 온전히 즐길 수 있도록 중간자 역할을 하는 도슨트가 굉장히 가치 있고 책임감이 필요한 일이라고 생각해요. 그래서 이 일이 번듯한 직업의 하나로 자리매김할 수 있도록 지금까지 버티며 활동을 해 왔어요. 원래 제 목표는 도슨트 활동을 직업으로 삼아 생존한 사례가 되고 싶었습니다. 하지만 10년 정도 활동하니, 다른 분야와 마찬가지로 도슨트도 고용주에게 투자 가치가 있으려면 브랜드 효과가 필요하다는 걸 깨닫게 되었지요. 그래서 브랜드 확장을 위해 2016년부터

:: 도슨트의 역할은 관람객들이 작품을 더 깊고 더 흥미롭게 감상할 수 있도록 돕는 것이다.

SNS 및 유튜브 활동을 시작했습니다.

첫 채널을 운영할 때는 기획, 촬영, 편집을 모두 직접 했어요. 그러다 보니 퇴근 후 밤을 새며 작업해도 일주일에 영상 하나 만드는 게 고작이었죠. 그마저도 지금과 달리 교육 방송 느낌이 없지 않아서 채널이 오래 지속되지 못하고 결국 시들어 버렸습니다. 유튜브에 '아트인사이드'를 검색하면 구독자 수 100명 남짓의 채널이 남아 있답니다. 여하튼 그렇게 채널 활성화를 위한 방법을 모색하다가 더 대중적인 장르로 구독자를 모은 뒤 장르를 전환하는 방법을 떠올렸습니다. 그렇게 〈10분 극장〉이라는 영화 채널이 시작되었지요. '내용은 궁금한데 끝까지 다 보기에는 시간이 아까운 B급 영화를 10분 분량으로 소개해 주면 사람들이 좋아하지 않을까?'라는 생각이었는데 실제로 시청자들의 반응이 좋아서 채널 개설 후 반년 만에 구독자를 2만 명 가까이 모을 수 있었어요. 그 채널에 있던 영화 영상을 모두 삭제하고 2018년부터 미술 채널로 바꾼 것이 현재의 〈김찬용의 아싸티비〉입니다.

2만 명이나 구독하는 채널이 기존 영상을 삭제하고 전혀 다른 장르로 전환되면 크리에이터 입장에서는 아깝기도 하고 구독자들의 반발도 있었을 것 같은데 어땠나요?

네, 예상한 것처럼 반발이 심했지요. 장르를 전환하고 한 달 사이에 5000명가량이 구독을 취소했거든요. 그럼에도 불구하고 기존 영상 삭제를 강행한 이유는 영화 영상 일부가 저작권에 위배되어 수익 창출이 불가능하다는 경고를 2번 받았거든요. 당시 저는 영화 영상 저작권에 대해 안이하게 생각하고 있었습니다. 그런데 유튜브 자체 필터에 검열을 받고 나서 유튜브 저작권 교육 영상을 찾아보게 되었고 이후로도 궁금증이 생겨서 더 자세히 알아보았어요. 예고편에 쓰인 영상과 이미지라 할지라도 임의로 사용하면 3차 창작물로 인정받기 어려울 수 있음을 알게 되었지요. 사실 영상 편집을 잘하면 이런 문제를 피해 갈 수도 있었습니다. 하지만 영화 채널을 개설한 목적이 안정적인 미술 채널을 만들기 위해서 구독자를 모으는 실험이었기 때문에 아무런 미련 없이 영상들을 지웠죠. 물론 문제가 되지 않을 만한 영상을 만들어 올리면서 반년 정도 더 활동하면 5~6만 명의 구독자를 모을 수도 있었을 겁니다. 하지만 그런 욕망 때문에 편법까지 동원하고 싶지 않았어요. 그래서 깔끔히 정리해 버렸죠.

1인 사업체로서 자기 자신이 브랜드 가치를 지녀야 한다는 깨달음은 비단 연예인이나 개인 사업자에게만 해당되는 이야기는 아니다. 평생직장의 꿈이 무너진 지금, 조직에 속하든 혹은 프리랜서로 일하든, 직업인으로서의 자기 가치를 드높이고 이를 증명할 수 있는 사람만이 직업적 안정성을 유지할 수 있다. 자기라는 브랜드의 가치를 높이기 위해 실험적으로 채널을 시작했고 상당한 성과를 거두었음에도 불구하고 본래의 취지를 위해 과감히 이를 접은 김찬용의 결연한 결정은 사실 납득하기 힘들다. 하지만 자신의 꿈을 위해 오랫동안 무보수에 가까운 일을 묵묵히 이어 왔고, 결국 국내 최정상급 도슨트 중 한 명으로 올라선 그의 이야기를 듣고 나니, 눈앞의 작은 이익에 휘둘리지 않는 단단한 심지를 이해할 수 있었다.

팀과 함께 닦아 가는 유튜버의 길

앞서 설명한 것처럼 본업과 함께 유튜브 채널을 운영하는 건 많은 노력이 필요하지요. 현재는 채널을 어떻게 운영하고 있나요?

본업을 가진 상태로 유튜브의 기획, 촬영, 편집, 운영을 직접 다 하는 건 사실상 불가능하다고 생각해요. 저는 운이 좋게도 도슨트라는 일에 관심을 가진 기업이 투자를 해 준 덕분에 기획 및 촬영은 제가 하지만 영상 편집과 채널 운영은 별도의 편집자와 운영자가 맡아 주고 있습니다.

그럼 채널에 대한 소유권은 기업에게 있나요, 아니면 김찬용 님에게 있나요?

투자를 받은 채널이 운영되는 형태는 계약마다 다를 것이라는 생각합니다. 계약서상 채널 소유권은 제게 있지만, 채널 장르를 미술 분야로 바꾼 이후 업로드된 영상물에 대한 소유권은 투자한 기업에 제공되는 형태입니다. 또한 이 채널을 통해 발생하는 수익은 계약서에 명시된 기준에 따라 분배하게 되어 있고요.

모든 것을 본인이 직접 운영 관리하지 않는다면 그에 따른 장단점도 있을 것 같습니다.

현재로서는 장점이 더 크게 보이는 것 같아요. 앞에서 설명한 것처럼 저는 본업의 비중이 더 크고, 본업의 확장성을 실험하기 위해 유튜브 활동 같은 다양한 시도를 하는 것이지요. 그래서 유튜브 활동에만 시간을 쏟을 수는 없어요. 그런데 금전과 인력을 지원받아 팀으로 채널을 운영하면 실패에 대한 리스크와 신경 써야 할 문제들이 줄어들어요. 덕분에 다른 업무들을 훨씬 효율적으로 진행할 수 있는 것 같아요. 굳이 단점을 꼽아 보자면 혹시라도 채널이 기대 이상으로 성장했을 때 혼자 운영할 때보다 가져갈 수 있는 수익이 줄어든다는 거겠죠?

촬영 장비나 편집은 어떤 식으로 운영되고 있나요?

처음에는 편집자가 투자사에서 제공해 준 카메라로 촬영 및 편집을 해 주었습니다. 그런데 제가 다른 업무가 많다 보니 서로 촬영 일정과 시간을 맞추는 게 오히려 비효율적이라는 생각이 들었습니다. 그래서 지금은 제가 스마트폰을 이용해 혼자서 촬영하고 그 영상과 기획 내용을 편집자에게 전달하면 그분이 자유롭게 재미 요소를 첨부하여 편집하고 있습니다. 그렇기 때문에 저로서는 혼자서 다 할 때보다 장점이 훨씬 크죠. 저는 편집점을 고민하는 데 시간이 많이 들었는데 그 노력을 덜어 주는 것만으로도 이득이 큰 것 같아요.

그렇다면 본업인 도슨트 업무와 유튜브 활동의 비중은 얼마 정도인가요?

저는 제가 하는 모든 일이 도슨트 업무의 연장이라고 생각해요. 유튜브도 그 일환으로 받아들이고 있고요. 다만 단순히 시간 투자 비율만 이야기하자면 7 대 3 정도인 것 같습니다. 물론 수익 비율로는 5 대 5가 될 것 같네요.

함께 채널을 운영하면 수익이 감소하게 되는데 여기에 대해선 어떻게 생각하나요?

제 모든 시간을 유튜브 활동에 투자한다면 지금의 수익에 불만이 있을 겁니다. 수익의 규모가 커지면 서로 생각하는 바가 달라질 수도 있을 거고요. 하지만 제 목표는 유튜브 활동으로 큰돈을 버는 게 아니라 도슨트라는 직업이 생존할 수 있는 새로운 가능성을 찾는 것입니다. 현재 함께 일하는 팀은 맡은 바를 충실하게 수행해 주고 있기 때문에 눈앞의 금전적 이득보다는 함께 이뤄 낼 가치를 더 보게 됩니다. 사실 저는 물질에 대한 욕망 자체가 크지 않아서 더 쿨하게 받아들이는 것 같네요.

투잡으로서 유튜버 활동을 추천하는 입장인가요?

상황에 따라 다를 것 같아요. 본업의 연장이나 확장의 형태로 유튜브 활동을 병행한다면 분명 득이 될 거라 봅니다. 하지만 본업과는 완전 별개의 활동으로 유튜브를 활용한다면 양쪽 모두에서 소모되는 부분이 생기지 않을까 싶어요.

유튜브는 고립된 플랫폼이 아니다. 유튜브 활동을 중심으로 부수적인 가능

성이 파생되거나 여러 갈래의 가지가 뻗어 나올 수 있다. 본업과 유튜브 활동이 촘촘한 거미줄처럼 서로 연계되어 시너지 효과를 이루어 낼 때 유튜브 생태계는 더욱 풍요롭고 다채로워질 것이다. 유튜브를 독립적인 활동으로 이해하는 고정 관념에서 벗어나, 본업과 연계할 수 있는 제2의 거점으로 바라보면 어떨까? 김 찬용의 사례는 훌륭한 예시가 되어 준다.

아싸에서 인싸가 된 계기

본업도, 부업인 유튜브 활동도 모두 사람들 앞에서 말하고 설명하는 일이 네요. 학창 시절에도 말하는 걸 좋아했나요?

어렸을 때는 작은 체형에 몸도 약해서 초중고를 지나 군대에서까지 늘 괴롭힘을 당하며 살았어요. 그래서 소수의 사람들과 관계를 맺고 내향적으로 지내는 성격이었죠.

지금 겉으로 보이는 모습과는 사뭇 다른데 성향이 변한 계기가 있었나요?

저는 밖에서 괴롭힘을 많이 당했지만 안에서는 사랑을 많이 받았어요. 가족, 형제, 친구 등 곁에 있는 사람들이 상처받은 저를 감싸 주었기 때문에 아무리 괴롭힘을 당해도 우울한 삶을 살지 않았어요. 군대를 전역한 후 대학교에 복학한 이후부터는 일방적인 집단 괴롭힘을 겪는 일은 없어졌어요. 그리고 학교 동기들과 그림을 그리고 서로의 작품에 대해 비평하고 피드백을 주고받는 과정에서 많은 대화를 나누다 보니 자연스럽게 의견을 내는 경험이 쌓였지요.

:: 작품의 배경이나 작가와 얽힌 비하인드 스토리를 설명하면 관람객들은 더욱 집중한다.

오프라인에서 미술 작품을 관람객에게 소개하는 일을 하고 있으니, 유튜브 영상을 촬영할 때에도 편하게 말을 잘하는 것 같습니다. 본인의 성격은 유튜버로서 적합하다고 생각하나요?

적합이라고 하긴 뭐하지만 현재의 제 성격이라면 무리 없이 소화할 수 있다고 생각해요. 많은 관람객에게 작품을 소개하는 일을 해 왔고, TV와 라디오의 몇몇 프로그램에도 출연한 경험이 있어서 지금 채널의 콘셉트를 꾸려 갈 만한 수행 능력은 갖췄다고 생각합니다.

그럼 유튜버에 가장 적합한 성향이나 성격은 무엇이라고 생각하나요?

그것도 채널 장르와 콘텐츠 특성에 따라 다른 것 같아요. '관종' 성향이 필요한 채널이 있는가 하면, 반대로 음성이나 자막이 중심이 되는 콘텐츠가 있겠지요. 후자의 경우 자신을 드러내기보다 혼자서 조용히 정보를 수집하고 정리하는 능력이 더 중요하지 않을까요?

롤 모델로 삼고 싶은 유튜버가 있나요?

롤 모델이라고 하기에는 형태가 다르지만 영화 리뷰 유튜버 중 빨강도깨비 님의 영향을 많이 받았습니다. 2015년 한 온라인 매거진에서 주최한 연말 파티에서 칼럼 필진 중 한 명으로 만나게 됐는데요. 당시 빨강도깨비 님이 유튜버의 가능성에 대해 다양한 이야기를 해 주었어요. 이후 3년여 동안 시행착오와 실험을 거쳐 현재의 채널과 시스템을 갖추게 되었으니, 어쩌면 제 채널의 탄생에 중요한 역할을 했다고 볼 수 있겠습니다.

그의 영상이나 전시 해설은 전문 분야를 다루고 있음에도 대중적이고 흥미진진하다. 유창하고 자신감 넘치는 언변을 자랑하는 그가 학창 시절 괴롭힘을 당했으리라고는 상상조차 할 수 없었다. 자기 자신과 소중한 지인들로 구성된 좁은 둥지 안에서 그는 작지만 깊고 심오한 세계를 구축했을지 모른다. 그리고 그 어떤 외향적인 성격의 소유자보다 더 넓고 멀리 파급되는 영향력의 바탕을 얻었으리라. 세상에는 셀 수 없이 다양한 성격의 유튜버들이 존재한다. 사교적이거나 외향적인 성격이 아니라도, 끼가 없더라도 자신만이 전달할 수 있는 메시지는 있을 것이다. 그렇다면 도전해 보자. 세상 어딘가에 나의 작은 목소리를 듣고 싶어 하는 사람들이 있을지도 모르니까.

다양한 플랫폼과의 연계와 그 가능성

유튜브 외에도 활용하는 플랫폼이 있나요?

많은 유튜버가 영상 매체로서 연계가 가능한 아프리카TV나 트위치 같은 플랫폼을 활용하더군요. 저는 유튜브를 중점으로 네이버TV와 연계하고 있어요. 아울러 제 직업과 효율적인 연계가 가능한 블로그, SNS, 오디오 앱 등의 온라인 활동에 오프라인 강연이나 집필을 한 덩어리로 엮어 서로 영향을 주고받을 수 있도록 활용하고 있어요.

유튜브 채널의 규모를 키우는 데 더 집중할 수도 있을 텐데 그 대신 다양한 플랫폼을 동시에 운영하는 이유가 뭔가요?

제게 유튜브는 제가 시도해 볼 수 있는 다양한 방식의 가능성 중 하나입니다. 그간의 시도로 유튜브 생태계 안에서 미술 콘텐츠의 가능성을 확인해 본 결과 다른 장르에 비해 한계가 뚜렷하다는 것을 판단할 수 있었죠. 그리고 이 장르적 리스크를 돌파하기 위해서는 좀 더 확장된 형태로 다방면 노출이 필요하다고 생각했어요. 미술이라는 장르의 특성상 정제된 이미지와 텍스트를 활용해 정보를 전달할 때 더 효율적인 대상이 있어요. 반면 현장에서 전시를 즐기는 이들에게는 눈앞에 작품이 있으니 영상보다는 오디오로 정보를 전달해야 더 효과적이겠죠. 수요가 다양한 만큼 효율적인 접근법을 찾기 위해 이것저것 시도를 했습니다. 당연히 처음부터 효과를 누릴 수는 없었지요. 하지만 다양한 플랫폼을 연계한 지 1~2년이 지난 지금, 흥미로운 결과를 목도하고 있습니다.

재미있는 결과란 무엇인가요?

단적으로 제 채널은 소형 채널이다 보니 유튜브 광고 수익이 사실상 없는 수준이에요. 그 수익만으로는 유지가 불가능하죠. 하지만 미술 전문 채널이라는 특성이 뚜렷하고, 다른 플랫폼과 다양하게 연계되

:: 유튜브의 가능성은 무한하지만 영상 매체 외에도 다양한 플랫폼과의 연계를 시도하고 있다.

어 있기 때문에 기업들로부터 미술 관련 콘텐츠의 제작 의뢰가 많이 들어옵니다. 광고 외의 수익 규모가 커지고 있어요.

유튜브 활동을 시작하기 전과 후에 유튜브를 바라보는 시각이 어떻게 달라졌나요?

이전에는 유튜브를 아프리카TV나 1인 방송에 특화된 관중들만이 성공할 수 있는 유사 플랫폼이라고 생각했습니다. 그런데 유심히 관찰하고 채널을 운영해 본 결과 유튜브는 1인 방송 중심의 플랫폼과 다르게 다양성이 존중되는 공간이더군요.

분명 스트리밍 위주의 플랫폼보다는 다양한 콘텐츠가 공존하고 있지요.

비슷한 스펙의 스마트폰이어도 아이폰과 갤럭시 시리즈를 보는 시선이 다른 것처럼, 1인 방송과 라이브 콘텐츠에 특화된 아프리카TV와 제작 콘텐츠에 특화된 유튜브는 분명하게 다른 지점이 있다고 봅니다. 물론 요즘에 와서 아이폰과 갤럭시가 서로 변별력을 잃고 닮아 가는 것처럼, 요즘 미디어 플랫폼들도 과포화 상태에 도달하고 있다고 생각합니다.

과포화 상태라면 유튜브의 미래에 대해 부정적인 입장인가요?

제가 처음 유튜브에 관심을 가졌던 4~5년 전에 비하면 확실히 지금은 진입과 유지가 힘들어졌습니다. 유튜브 시스템이 시행착오를 개선하고 안정화되면 오히려 많은 유튜버가 필터링될 것 같습니다.

옥석이 가려진다는 이야기군요.

생태계의 성격이 달라진다고 해야 할까요. 초기의 유튜브에는 저작권 문제에 대하여 취약한 지점이 있었고 암묵적인 편법도 성행했습니다. 그 덕분에 오히려 자유롭게 영상을 업로드하고 수익을 창출했던 부분이 없다고 할 수 없죠. 최근에는 유튜브가 이 부분에 대해 점점 정교한 시스템을 구축하고 있습니다. 100퍼센트 창작된 영상이거나 특정 기획사에 소속된 크리에이터가 아니라면 거의 모든 유튜버가 저작권에서 자유로울 수 없을 거예요. 저 역시 정당하게 영상을 제작하기 위해서 저작권 협회에 미술 작품 이미지 사용 허락을 받았지요. 그 결과 영상 한 편을 제작하는 데 수백만 원을 지불하기도 했습니다. 아직까지는 저처럼 사전에 먼저 사용 허락을 구하는 이들에게만 사용료가 부과되지만, 이에 대한 규정이 체계화되면 그동안 편법으로 영상을 제작했던 채널들이 유튜브로부터 경고 및 저작권 폭탄을 받을 수 있어요. 그러면 채널을 잃게 되는 일도 점점 많아질 겁니다. 군소 유튜브 채널은 생존하기 점점 더 힘들어지고, 그렇게 유튜브 생태계가 대형 채널 중심으로 재편되면 기존에 가졌던 다양성이라는 매력을 잃고 특정 콘텐츠와 채널만 생존하는 상황이 올 수도 있을 겁니다. 물론 똑똑한 구글은 유튜브의 업그레이드나 새로운 형태의 플랫폼을 제시하겠죠? 저는 구글이 이러한 딜레마를 극복할 수 있는 어떤 해법을 내놓을지 내심 기대하고 있어요.

최근 유튜브 영상물에 대한 세밀하고 까다로운 필터링이 자리를 잡으면서 대형 채널이 하루아침에 사라지는 사례가 생겨나고 있다. 규정과 저작권으로부터 자유롭기 위해서는 MCN의 도움을 받거나 탄탄한 자본력이 바탕이 되어야 하고 이것이 가능하려면 채널이 어느 정도 성장해야 한다. 결국 영세한 신규 크리에이터가 유튜브 생태계에 진입하는데 또 다른 걸림돌이 될 수 있다는 의미다. 유튜브는 트렌드에 민감한 소수만의 놀이터에서 수많은 눈이 지켜보는 대중적인 플랫폼으로 진화했다. 어디선가 제2의 유튜브가 될 소수의 놀이터가 탄생하게 될지도 모른다. 영원한 플랫폼은 존재하지 않는다.

유튜브는 여전히 블루오션이다

유튜브 활동을 하면서 저작권 문제 외에 겪은 또 다른 고충이 있나요?
힘들다기보다는 늘 끌어안고 있는 고민이 있습니다. 제 채널은 다양한 현대 미술 및 전시를 소개하는 데 중점을 두지요. 하지만 미술품을 비롯한 모든 창작물의 저작권 보호 기간은 작가가 세상을 떠난 뒤

70년까지입니다. 즉 작가 사후 70년이 지나야 저작권 문제에서 자유로울 수 있지요. 하지만 근대 미술을 다루는 영상 한 편을 만들려면 앞서 설명한 것처럼 수백만 원의 저작권료가 필요한 상황이어서 특정 시기 이후의 미술 작품은 다룰 수가 없어요. 바로 이 지점이 고민입니다.

힘든 상황에서도 유튜브 활동을 통해 즐거웠던 적도 있겠죠?

물론 유튜브를 통해 즐거운 경험과 다양한 영감을 얻고 있습니다. 아무래도 가장 즐거웠던 기억은 그동안의 미술 콘텐츠를 인정받아 대기업으로부터 영상 제작을 의뢰받았을 때입니다. 그리고 그렇게 제작한 영상 결과물에 대해 만족스럽다는 피드백을 받았을 때도 즐거웠습니다. 함께 고민하고 노력했던 팀원들 모두 뿌듯해했어요.

궁극적으로 〈김찬용의 아싸티브〉 채널을 통해 이루고 싶은 목표가 있나요?

사실 몇 달 전만 해도 팀원들과 모여 회의할 때마다 이번 달에는 구독자 몇 명, 올해에는 구독자 몇 명, 이렇게 수치적인 목표에 대해서만 고민했습니다. 그런데 최근에는 '이 채널을 통해 우리가 무엇에 도전하고 무엇을 성취할 수 있을까'라는 가치적인 목표에 중심에 두고 있어요. 국내 미술계에서 도슨트라는 직업은 불모지나 다름없지요. 그런데 저라는 캐릭터와 브랜드를 통해 이 직업을 세상에 인지시키고, 더 나아가 직업인으로서 도슨트를 꿈꾸고 도전하는 이들에게 이바지할 수 있으면 좋겠습니다. 그렇게만 된다면 이 채널의 소기의 목적을 이룬 것이라고 할 수 있겠지요.

유튜브를 시작하려는 이들에게 해 주고 싶은 말이 있다면요?

지금은 유튜브의 여러 장단점이 분석되고 있습니다만 그래도 유튜브는 여전히 무한한 가능성을 가진 매체라고 생각합니다. 그 매체를 어떻게 수용하고 받아들여 자신만의 방식으로 해석하느냐에 따라 얻게 될 삶의 가치도 다를 것입니다. 경제적으로 크게 성공한 유튜브 크리에이터를 바라보며 뛰어들기에는 현재 유튜브 시장은 레드오션에 해당합니다. 하지만 자기 삶에 새로운 자극을 선사하거나, 자신이 하는 일을 세상에 알리거나 남긴다는 가치를 중점에 두고 유튜버 활동에 도전한다면 기대 이상의 블루오션을 만날 수도 있습니다. 막연한 탈출구나 도피처가 아닌 명확한 의도와 신념을 가지고 시작한다면 결국 답을 얻게 되지 않을까요?

단순히 금전적 이득을 취하는 수단으로만 활용하기에는 유튜브가 선사할 수 있는 경험과 매력이 참으로 무궁무진하다. 어떤 캐릭터, 어떤 주제로 시작하든 유튜브는 나의 꿈과 이상을 영상으로 구현할 수 있는 훌륭한 매체다. 처음에는 세상에 메시지를 던지고 싶어서 시작했지만 나중에는 오히려 자신이 얻는 메시지가 더 많을 수도 있다. 수익과는 무관하게 브랜드 확장을 위해 시작한 채널들도 의외의 협업 제안을 통해 부가 수익을 창출하기도 한다. 유튜브라는 바다는 누군가에게는 레드오션이겠지만 꿈꾸는 누군가에게는 설렘으로 충만한 블루오션이 되어 줄 것이다.